【目次】

Ⅳ 所領支配の激変で〝国衆〟へと移行する武家

寛正元年（１４６０）～寛正４年（１４６３）

Ⅴ 堀越公方の武蔵進軍と相次ぐ実力者の死去

寛正４年（１４６３）～応仁３年・文明元年（１４６９）

Ⅵ 北関東の激戦と成氏の古河没落

文明２年（１４７０）～文明４年（１４７２）

Ⅶ 駿河今川氏の内乱鎮定へ出陣する上杉軍

文明５年（１４７３）～文明８年（１４７６）

以下の史料集については、略号で示した。
『戦国遺文 古河公方編』戦古／『戦国遺文 下野編』戦下／『戦国遺文 房総編』戦房／「戦国期山内上杉氏文書集」（拙著『戦国期山内上杉氏の研究』所収）山内／「扇谷上杉氏文書集」（拙編『扇谷上杉氏』所収）扇谷／「長尾景春関係史料」（拙編『長尾景春』所収）景春
『神奈川県史資料編3上』神／『新編埼玉県史資料編5』埼／『埼玉県史料叢書11』埼11
『群馬県史資料編5』群5／『群馬県史資料編7』群／『足利義政文書集（1）（2）』義政

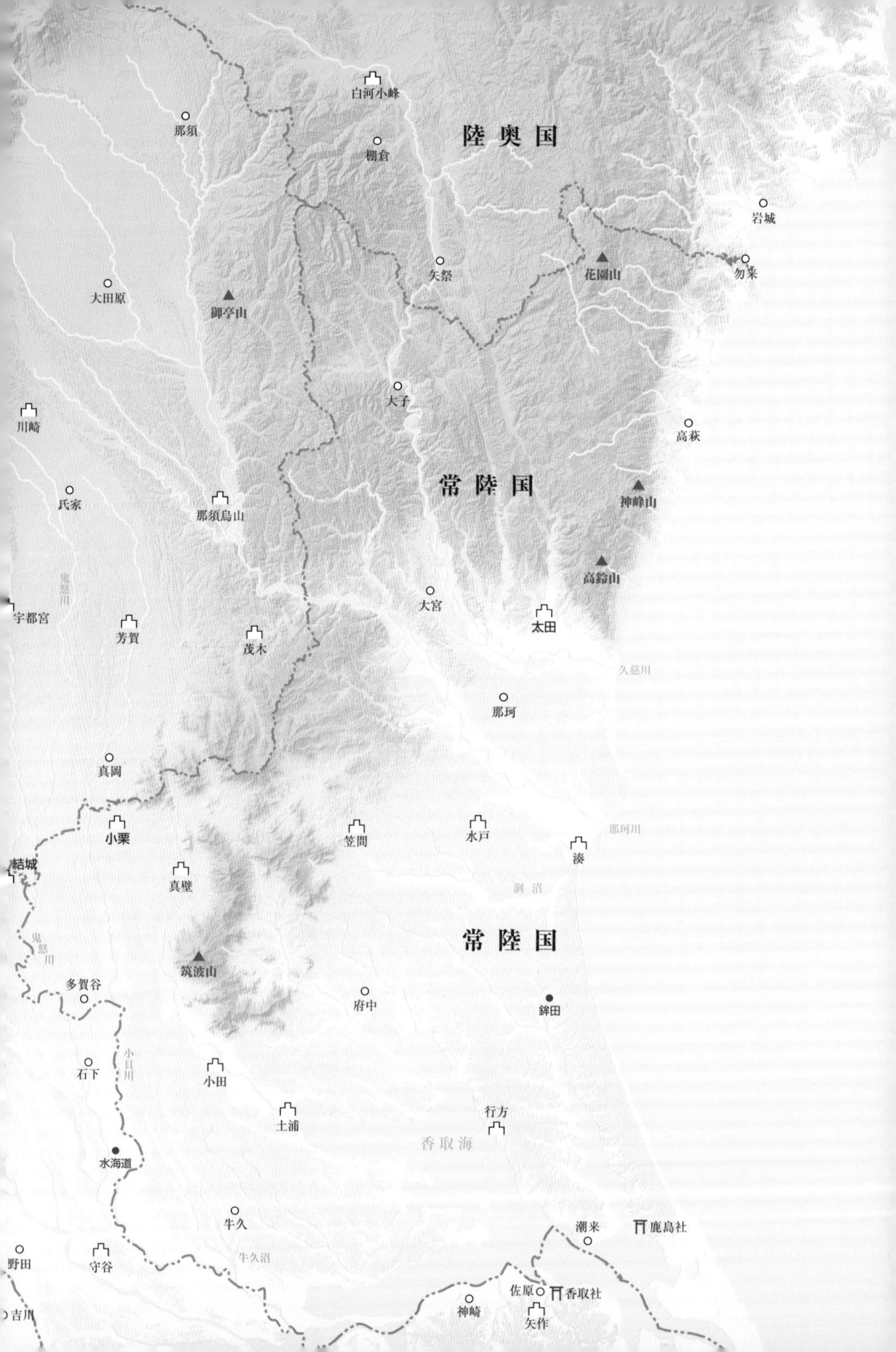

白河小峰
那須
陸奥国
棚倉
岩城
矢祭
花園山
勿来
大田原
御亭山
大子
川崎
高萩
常陸国
神峰山
氏家
那須烏山
鬼怒川
高鈴山
宇都宮
大宮
太田
芳賀
茂木
久慈川
那珂
真岡
小栗
笠間
水戸
那珂川
湊
結城
真壁
涸沼
鬼怒川
常陸国
筑波山
多賀谷
府中
鉾田
石下
小貝川
小田
行方
土浦
香取海
水海道
牛久
潮来
鹿島社
野田
守谷
牛久沼
佐原
香取社
神崎
吉川
矢作

享徳の乱関連中世関東地図①
越後国
太郎山
高原山
下野国
武尊山
男体山
塩谷
中禅寺湖
日光
沼田
多気山
鹿沼
赤城山
白井
榛名山
三宮原
利根川
河原田
厩橋
大胡
栃木
上野国
鹿田
桐生
鑁阿寺
足利
樺崎
赤見
阿内
島名
高崎
滝
倉賀野
福島
伊勢崎
金山
矢場川
勧農
渡良瀬川
佐野
小山
思川
世良田
館林
神流川
大塚
五十子
蓮沼
舞木
羽継原
海老瀬口
長井
古河
下総国
深谷
須賀
羽生
御嶽
針谷原
栗橋
荒川
用土原
熊谷
忍
高柳
関宿
鉢形
騎西
久喜
松山
吉見
会下
武蔵国
苦林
浅羽
毛呂
秩父
坂戸
岩付
日野
河越
入間川
大宮
見沼

吉川
我孫子
手賀沼
佐原
香取社
神崎
矢作
印西
印旛浦
森山
東庄
前崎
小金
境根原
松渡
椿海
国府台
下総国
臼井
本佐倉
多古
旭
飯沼
市川
葛西
船橋
馬加
小堤
千葉
小弓
太日川
栗山川
江戸内海
木戸川
東金
村田川
小西
養老川
八幡
土気
作田川
上総国
袖ケ浦
小櫃川
一宮川
長南
一宮
木更津
真里谷
君津
造海
夷隅川
久留里
小田喜
伊南
大野
大原
鹿野山
金谷
勝浦
勝山
加茂川
安房国
稲村
館山
白浜

享徳の乱関連中世関東地図②
河越
入間川
大宮
見沼
荒川
志木
蕨
入間
膝折宿
奥多摩
所沢
赤塚
青梅
多摩川
江古田原
村山
石神井
練馬
平塚
石浜
二宮
立川
浅草寺
江戸
府中
隅田川
高幡
分倍河原
世田谷
甲斐国
品川
武蔵国
丸子
奥三保
津久井
小沢
町田
多摩川
川崎
鶴見川
小机
七沢
厚木
横浜
溝呂木
相模国
丹沢山
戸塚
大山
岡崎
島河原
秦野
富士山
金沢
平塚
藤沢
鎌倉
篠窪
六浦
南足柄
小磯
花水川
相模川
境川
御殿場
二宮
逗子
横須賀
浦賀
酒匂川
小田原
駿河国
箱根山
相模湾
三崎
真鶴
三島
沼津
狩野川
駿河湾
堀越御所
韮山
修善寺
伊東
土肥
伊豆国
河津
大島

Ⅰ　将軍足利義政・関東管領と足利成氏が争う

享徳3年（1454）〜康正元年（1455）

足利成氏《あしかがしげうじ》が関東管領《かんとうかんれい》の上杉憲忠《うえすぎのりただ》を謀殺

享徳《きょうとく》の乱《らん》のきっかけは、**享徳三年（一四五四）十二月**二十七日の夜、鎌倉公方《かまくらくぼう》足利成氏が関東管領の上杉憲忠を謀殺した事件にあった。足利成氏の召し出しに応じて、上杉憲忠が西御門御所《にしみかどごしょ》に参上したところ、成氏の奉公衆《ほうこうしゅう》が庭で憲忠を謀殺したのである。憲忠に随行していた家宰《かさい》の長尾実景《ながおさねかげ》・景住《かげすみ》父子らも討ち取られた。

この事件について、成氏はのちにこう言っている。「憲忠は謀乱を企て、ついに分国に下って挙兵の準備のために長尾昌賢《しょうけん》（景仲《かげなか》）を上野《こうずけ》に派遣して、さまざまな計略を廻らせていたので、緊急な対応が必要となって誅殺《ちゅうさつ》した（戦古一一七）」。ちなみに「鎌倉大草紙《おおぞうし》」は、「上杉方が成氏攻撃のための軍備を調《ととの》えていたため、それへの先制攻撃として成氏方の軍勢が西御門を襲撃した」と記述しているが、西御門御所は成氏の御所で、憲忠はそこに参上したのであるから、これは作者の誤解釈である。

上杉方は成氏方との政治対立において、以前の江《え》の島《しま》合戦の時と同じく足利成氏への武力攻撃を選択した。その軍事行動の中心を担ったのは、山内《やまのうち》上杉氏の宿老で前家宰の長尾昌賢であった。それには、永享《えいきょう》の乱以来、ともに上杉方の先陣を務めてきた山内上杉氏一族の庁鼻和《こばなわ》上杉性順《うえすぎせいじゅん》（憲信）、扇谷《おうぎがやつ》上杉氏当主の上杉顕房《あきふさ》も同行していた。一方で、扇谷上杉氏の隠居の上杉道朝《どうちょう》（持朝《もちとも》、顕房の父）も、相模における拠点の糟屋館《かすややかた》（伊勢原市）で軍

西御門跡◆鎌倉幕府の大蔵西門があった場所。この近隣に関東管領上杉憲忠が殺害された足利成氏の館があったとされる　神奈川県鎌倉市

備を調えていた。再び上杉方からの攻撃の危機に接した成氏は、江の島合戦の時とは異なり一種の先制攻撃に出た。それが憲忠主従の謀殺であった。

しかしなぜ、両勢力間が緊張状態にあったにもかかわらず、憲忠は成氏からの御所参上要請に従ったのであろうか。その際に注目されるのは、一ヶ月ほど前の**十一月**二十三日に東日本で大地震が起こり、上野・上総《かずさ》・陸奥《むつ》会津《あいづ》で強震があったこと、その半月ほど前の十二月十日には鎌倉でも地震があったらしいことである（『大日本地震史料　増訂』）。地震の続発で世上は混乱し、それによって政治勢力間でも疑心暗鬼に陥ったなかで、謀殺という強行手段がとられたとも考えられる。それでもなぜ、憲忠は成氏からの参上要請に従ったのか疑問は残るが、災害復興のための何らかの政策協議と考えれば納得もできるだろう。

いずれにしろ、成氏方は、御所に参上した上杉憲忠主従を謀殺するという挙に出た。さらに、上野の岩松持国《もちくに》ら味方軍勢に山内上杉氏の本拠山内庄《やまのうちのしょう》（鎌倉市）を攻撃させた（戦古一九）。これに対して上杉方は、ただちに成氏方に対して軍事行動を開始した。彼らにとっては当初からの予定の遂行であるとともに、憲忠謀殺に対する報復でもあった。それにあたって室町幕府に支援を求めているが、おそらく憲忠謀殺後、すぐさま幕府に連絡をとったのであろう。幕府にその連絡がもたらされたのは、翌**享徳四年（康正元年）正月**五日のことで（「康富記」）、それを主導したのは長尾昌賢であったろう。家宰の長尾実景が殺害されたため、前任者であった昌賢がそれに返り咲いた。

こうして上杉方は、永享《えいきょう》の乱・結城《ゆうき》合戦と同じく、成氏方との抗争を幕府と鎌倉公方との抗争という構図にもっていった。

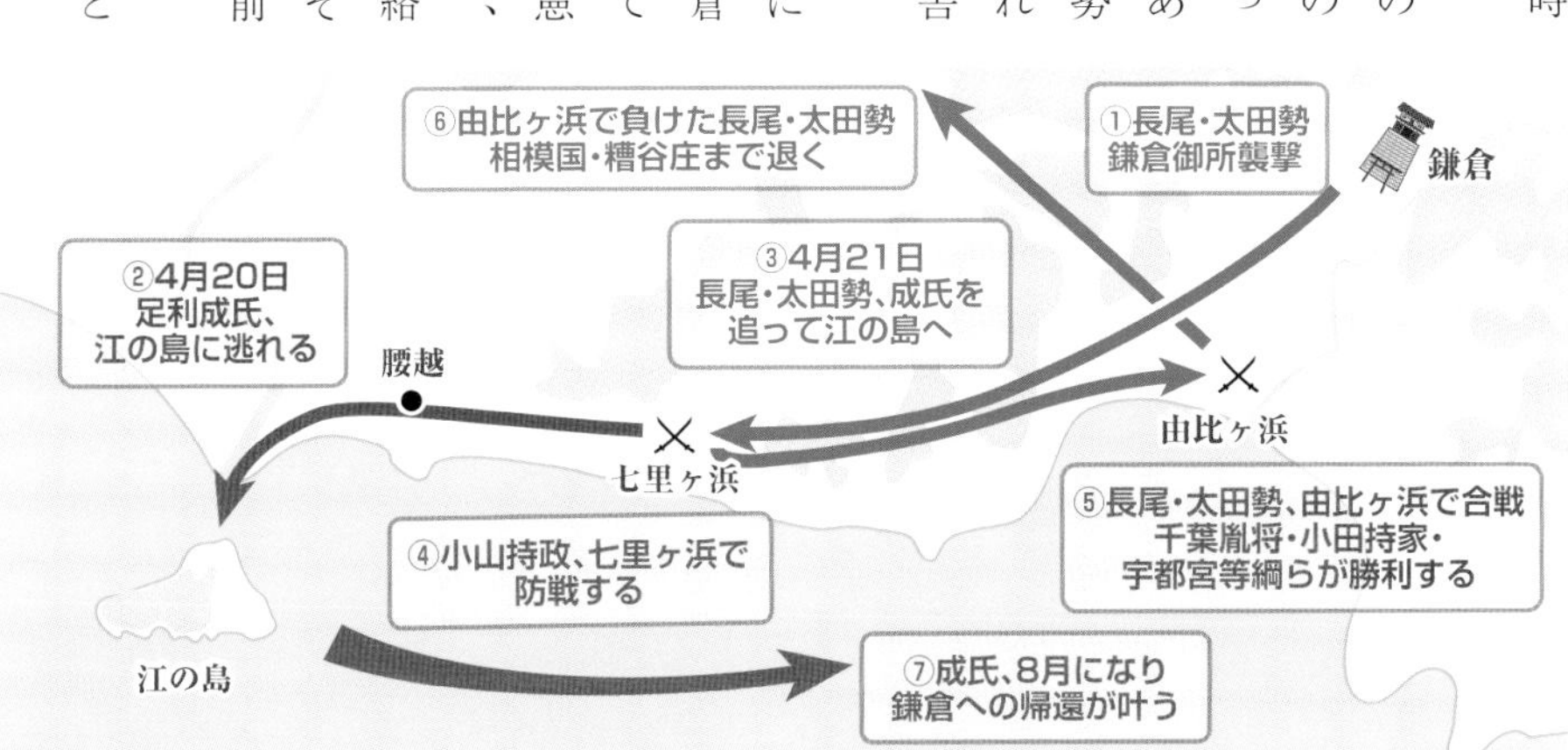
⑥由比ヶ浜で負けた長尾・太田勢
相模国・糟谷庄まで退く
①長尾・太田勢
鎌倉御所襲撃
鎌倉
②4月20日
足利成氏、
江の島に逃れる
③4月21日
長尾・太田勢、成氏を
追って江の島へ
腰越
由比ヶ浜
七里ヶ浜
⑤長尾・太田勢、由比ヶ浜で合戦
千葉胤将・小田持家・
宇都宮等綱らが勝利する
④小山持政、七里ヶ浜で
防戦する
江の島
⑦成氏、8月になり
鎌倉への帰還が叶う
江の島合戦経過図

高幡《たかはた》・分倍河原《ぶばいがわら》で激戦、上杉軍の大将数名が戦死する

上杉方の軍事行動の開始をうけて、足利成氏は自身への叛乱と認識し、その討伐を図った。**享徳四年（康正元年、一四五五）正月**五日、糟屋庄から進軍してきた上杉道朝の軍勢を迎撃するため、御一家・一色直清《いっしきなおきよ》と奉公衆《ほうこうしゅう》・武田信長を大将とした軍勢を派遣し、あわせて武蔵荏原郡芝郷《むさしえばらぐんしばごう》（港区）の稲荷大明神に戦勝祈願の願文《がんもん》を捧げた（戦古二〇）。翌六日に両軍は島河原（平塚市）で合戦となり、成氏方が勝利し、敗れた上杉道朝らは伊豆三島（三島市）に後退した。

これが戦乱の幕開けとなり、室町幕府・上杉方と足利成氏の抗争が始まった。結果として、二十八年後の文明十五年（一四八三）まで足かけ二十九年におよんで続くことになる。この戦乱の名称について、当時は「今度一乱《こんどいちらん》」と記されているだけだが、現在では、一方の主役である足利成氏が、享徳から康正《こうしょう》に改元された後も文明十年（一四七八）まで二十三年間も「享徳」年号を使用し続けたことから、「享徳の乱」と呼ばれている。この島河原合戦が、享徳の乱の幕開けを告げるのであった。

一方、すでに上杉方は上野で軍備を調えていた。扇谷上杉顕房・庁鼻和上杉性順・長尾昌賢を中心とした軍勢であったが、すぐに行動したわけではなかったようだ。それらの軍勢が、鎌倉を目指して武蔵に進軍を開始したのは、おそらく中旬頃と思われる。京都への連絡をとったり、島河原合戦の結果をうけて進軍を開始したのであろう。すでに上州一揆《じょうしゅういっき》・武州《ぶしゅう》一揆らの軍勢を味方に従えており、その数は数万騎と称される大軍であった。

この間の十六日、幕府は上杉方支持を表明し、信濃《しなの》守護・小笠原光康《みつやす》などに上杉方支援のための出陣を命じている。おそらく上杉軍の進軍は、そうした幕府から支持を獲得したこと

高幡不動尊◆東京都日野市

高幡不動尊境内にある上杉堂・上杉憲顕（秋）の墓◆東京都日野市

を踏まえてのことであろう。その際、上杉軍には幕府軍であることを示す、将軍から与えられる「武家御旗《ぶけのみはた》」がなかったため、「袋相」という場所に在陣した時、結城合戦の際に岩松長純《ながすみ》（持国の同族、のちに家純）が下賜《かし》されたものを掲げたという（「松陰私語」）。

これに対して成氏は、自ら迎撃のために出陣した。その間、成氏も常陸《ひたち》の佐竹義人《さたけよしひと》や武蔵豊島《としま》氏ら関東諸家に対して参陣命令を出し、味方勢力の糾合《きょうごう》に努めた（戦古二一～三）。上杉軍が上野から武蔵に入って、武蔵国府（府中市）まで進んでくると、成氏軍は多摩川を挟んで着陣した。それぞれが高幡（日野市）・分倍河原（府中市）に在陣し、二十一日・二十二日の二日間にわたって合戦が繰り広げられた。

この合戦でも成氏方が勝利し、上杉方では大将の一人であった庁鼻和上杉性順が二十二日の合戦で戦死。もう一人の大将の扇谷上杉顕房とその同族の小山田上杉藤朝《ふじとも》は、合戦で深手を負い、入東郡夜瀬《にっとうぐんやせ》（入間市）または多西郡由井《たさいぐんゆい》（八王子市）まで後退したが、二十四日に自害した。犬懸《いぬがけ》上杉憲顕も合戦で負傷したのか、二十一日に所領の武蔵国荏原郡池亀《えばらぐんいけがめ》（大田区）で自害している（「上杉系図大概」ほか）。山内上杉氏宿老の大石憲儀は二十二日の合戦で戦死し、その同族の大石重仲も合戦で負傷、二十五日に死去している。

このように、上杉方は大将二人を始め、それに匹敵する有力者も数名が戦死、もしくは負傷のすえに自害しており、その損害がいかに甚大であったかがわかる。

足利成氏軍勢催促状◆享徳4年正月14日、成氏が豊島三河守に宛てたもの　国立公文書館内閣文庫蔵

紺糸威餓鬼胴具足（三つ巴九曜紋章散）◆室町時代末期の作。長尾氏の家紋・九曜紋が掲げられた鎧　栃木県足利市・長林寺蔵／写真提供：足利市教育委員会

天皇下賜《かし》の「天子御旗《てんしのみはた》」、幕府の「武家御旗《ぶけのみはた》」、成氏の「御旗」

上杉方は、幕府からの支持を取り付けることには成功したものの、緒戦の二方面における合戦で、いずれも大敗を喫してしまった。ただ、長尾昌賢は戦死を免れ、残兵を率いて逃亡した。**享徳四年（康正元年、一四五五）三月**十九日には常陸小栗城《おぐりじょう》（筑西市）に籠もっている（戦古三五）。その間、昌賢がどのような行程で小栗城に逃れたのかはわからない。合戦に勝利した成氏はそのまま追撃戦を展開し、**二月**十八日に武蔵村岡（熊谷市）に着陣、そこから利根川を越えて上野に入り、三月三日には下総古河《しもうさこが》（古河市）に移った。古河は、有力な与党になっていた下野小山持政《おやまもちまさ》の祇園《ぎおん》城（小山市）と、下総結城成朝《しげとも》の結城城（結城市）の背後に位置する。ここを拠点にして、小栗城攻略をすすめようとした。

その頃、上野に在国していた新田庄《にったのしょう》（太田市など）の岩松持国を中心に、上野でも成氏方と上杉方との抗争が行われている（戦古二八）。それをうけて成氏は、同五日に「三大将」を上野に派遣した（戦古三〇）。「三大将」の人名は明確にならないが、いずれも御一家の岩松持国・鳥山式部大夫《とりやましきぶのだいぶ》・桃井左京亮《もものいさきょうのすけ》であろう。成氏は「大将」に任じると、「御旗」を与えていた。それら三大将は、成氏の代行者として味方への軍事指揮にあたるものであり、そのため成氏配下で最も家格が高い、足利氏一族である「御一家《ごいっか》」の者が任じられている。

同十四日には、成氏に味方した「上州中一揆」が古河陣から退去して本拠に帰還するという事態が起こった（戦古三三八）。出陣の留守に所領の維持が不安になったからと思われる。そのため成氏は、小栗城攻めで味方になっていた外様衆《とざましゅう》の動員を図り、同十九日には南陸奥の白川直朝《しらかわなおとも》に参陣を命じるのであった（戦古三五）。外様衆とは、鎌倉時代以来の大名層を指している。小山・結城・宇都宮・佐竹・千葉といった存在である。

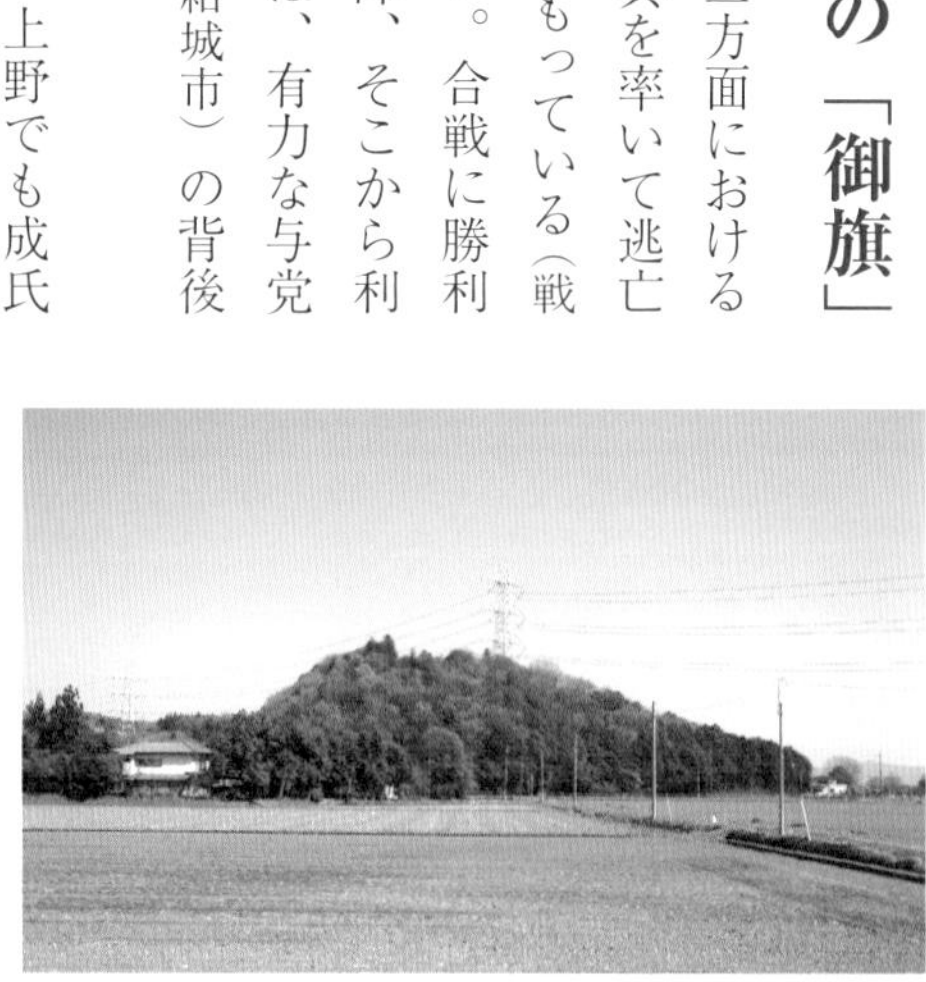

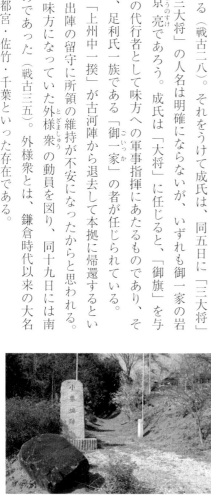

長尾昌賢が、なぜ常陸小栗城（筑西市）に籠もったのか理由はわからない。単に敗走するだけなら出陣地の上野に戻ればよく、さらには、有力な上杉方与党であった越後上杉氏の勢力圏に逃亡するという選択もあったはずである。ところが、具体的な道程は不明ながらも、有力な成氏方になっていた下野小山氏・下総結城氏の勢力圏を抜けて、小栗城に入っている。そこには何らかの戦略があったに違いない。

実は、常陸は上杉方勢力の強い地域であった。この小栗御厨《みくりや》を始め、霞《かすみ》ケ《が》浦《うら》を囲む南野庄・信太庄・田中庄・東条庄、さらに鹿島郡北部などがその勢力圏であった。北方には上杉方と連携した佐竹実定《さねさだ》（義人の次男）、その与党であった水戸江戸通房《みちふさ》、山《やま》入《いり》佐竹義継《よしつぐ》の勢力が展開していた。昌賢は、そうした上杉方与党との連携を図ったのではないだろうか。

足利成氏は**四月**五日、味方の外様衆の軍勢を小栗城攻めに派遣した。その軍勢は、常陸小田持家・下野小山持政と宿老・簗田《やなだ》持助《もちすけ》らから成るものであったという（「鎌倉大草紙」）。ほかにも、下野那須《なす》持資《もちすけ》（下那須氏）・下総結城成朝なども加わっており、かなり激しい攻撃を

右：小栗城遠望◆画面の平地は根古屋（城主・家臣たちの住居地）と伝えられている
左：小栗城空堀跡◆ともに茨城県筑西市

足利成氏軍旗◆『応仁武鑑』の略図を元に考証を重ねて復元制作されたもの　古河歴史博物館蔵

錦旗◆明治の戊辰戦争において掲げられたと伝える錦御旗を参考として掲げた　永青文庫蔵

後花園院画像◆東京大学史料編纂所蔵模写

行って外城《そとじろ》を攻略している（戦古四四）。成氏自身も結城城まで進軍して、小栗城攻略を指揮した（戦古一一六）。

他方、幕府は二月二十日、後花園《ごはなぞの》天皇から成氏追討のための「天子御旗」を獲得し、三月二十八日には新たな山内上杉氏当主・関東管領職に、在京奉公していた上杉房顕を任じ、「天子御旗」を与えて関東に下向させた（「康富記」）。房顕は上杉長棟《ちょうとう》（憲実）の次男で、先に成氏に殺害された憲忠の弟にあたる。憲忠に子はなく、当時、弟のなかで成人していたのは彼だけであったから、順当な人選といえる。この人選は、これまで長尾昌賢ら山内上杉氏宿老《しゅくろう》の意向がはたらいていたと考えられてきた。しかし、そのことを示す直接的な史料はなく、また、検討すべき史料も見出されている。

それは「松陰私語《しょういんしご》」巻五冒頭の記事で、長尾昌賢が越後上杉房定《ふささだ》（清方の子、憲忠の従兄弟）の次男竜若丸《りゅうわかまる》（のちの顕定）を山内上杉氏の後継に要請していたらしい。そこは上野における山内上杉氏の有力家臣である長野入道の宿所で、岩松長純《ながずみ》に提案したものであった。これについて、「松陰私語」の目録部分に「関東再興の始め」の時のことと記されている。この表現がとられているのは、享徳の乱勃発時であることからすると、竜若丸擁立の件も、その時のことであろう。ちなみに、竜若丸は前年の誕生で、わずか一歳未満であった。

岩松長純は懇意であったという理由から、昌賢の要請でこの提案を上杉房定に打診したところ、房定からは拒否された。これに対して、昌賢は再度の要請をしたが、越後長尾氏宿老の長尾（頼景か）・飯沼（頼泰か）は激しく騒ぎ立てて拒否したという。この話は、昌賢の死後、

右：祇園城の空堀　左：小山氏歴代の墓所◆栃木県小山市・天翁院

嫡子景信《かげのぶ》が房顕の後継として再び竜若丸擁立《ようりつ》を図り、以前の経緯から岩松長純（その時は家純）に上杉房定の説得を依頼したことにつながっている。ここからすると、昌賢が竜若丸を山内上杉氏当主に要請したのは、憲忠の死去直後としか考えられないのである。

そうすると、房顕が山内上杉氏の後継に選ばれたのは昌賢らの意向ではなく、あくまでも幕府の決定であった可能性が出てくる。すでに昌賢らが軍事行動を起こしたあとの、三月末の決定であることをみると、むしろそのように考えるのが妥当であろう。房顕は、越後上杉房定を頼って北陸道を経由しての下向であった。幕府はさらに**四月**三日、駿河今川範忠《のりただ》・桃井（讃岐守か）・上杉（四条上杉教房か）に「武家御旗《ぶけのみはた》」を与えて下国させるとともに、そのまま関東への進軍を命じた（「康富記」）。

幕府は先に、上杉房顕に後花園天皇よりの「天子御旗」を与えていたが、それは追討対象の足利成氏を朝敵と位置づけるものであった。同時に、「天子御旗」は幕府だけが使用できるもので、それが与えられるのは足利氏一族を討伐する場合に限られていた。ここで今川範忠らが与えられたのは、それとは異なり幕府軍の大将であることを示す「武家御旗」であった。将軍に代わって軍事指揮を行うものに与えられた。幕府でも大将に任じられたのは、基本的には足利氏御一家であった。今川範忠・桃井讃岐守《もものいさぬきのかみ》はそれに該当する。もう一人の四条上杉教房《のりふさ》は御一家ではなかったが、上杉氏はそれに準じる家格として、永享の乱の頃から「武家御旗」を与えられるようになっていた。

ただし、上杉房顕がいつ関東に到着したのかは、明らかではない。関東での活動が確認される最初は、六月五日の上野三宮原《さんのみやはら》（吉岡町）合戦まで待たねばならない（山内二二）。しかし、**五月**十三日に上野の「白井《しろい》勢」が利根川を越えようとしているといい（戦古参考九）、これは越後上杉勢と推測されるので、その頃には上野に進軍していたのであろう。

結城城本丸跡◆結城氏の居城で結城合戦の舞台となった城　結城市

結城家御廟◆初代の朝光から16代政勝までが葬られている　結城市

小栗城が陥落、北関東で両軍が激戦を繰り広げる

上野では、**享徳四年（康正元年、一四五五）三月**下旬から桐生郷《きりゅうごう》（桐生市）や山上保《やまがみのほ》（前橋市）など北部で上杉方の活動がみられる。同二十四日には岩松持国が西進して、上杉方の那波《なわ》氏との対戦のため西庄師（伊勢崎市）に進軍している（戦古三九）。それらの支援のためであろう、成氏は**五月**十一日、岩松持国らへの援軍として弟の雪下殿《ゆきのしたどの》定尊《じょうそん》を下野足利（足利市）に派遣した（戦古六〇）。同十三日には、成氏方の信濃佐久郡の大井播磨守《はりまのかみ》が、信濃から山内上杉氏家臣の安中《あんなか》氏の所領である上野安中（安中市）に進軍している（戦古参考九）。

また、五月十四日には武蔵大袋原（川越市）で合戦が起きた（山内三）。これに先だって成氏は、**閏四月**初めには武蔵に大将として御一家・吉見三郎を派遣していたから（戦古四九）、成氏方は吉見三郎のもとに武蔵の勢力を糾合したのであろう。この合戦は上杉方の勝利であったようで、成氏方の武蔵荏原郡《えばらぐん》蒲田郷（大田区）の江戸《えど》道景《どうけい》・妙景《みょうけい》父子らが戦死している（「本土寺過去帳」）。両勢力の攻防は、上野・武蔵で激しく展開された。

そうしたなか、成氏方は五月中旬に小栗城の攻略を遂げた。二十日には攻略が確認される（戦古六二）。昌賢らは脱出し、今度は下野天命《てんみょう》（佐野市）・只木山《ただきやま》（足利市）に立て籠もった（戦古一一六）。これは、それよりも西に位置する佐野庄・足利庄、上野佐貫庄・新田庄などが、いずれも成氏方の勢力圏であったため突破できず、同所に立て籠もらざるをえなかったのかもしれない。ちょうどその頃、上杉房顕・房定らの軍勢が上野中部に進軍してきたと思われる。五月二十五日までに、桃井《もものい》左京亮《さきょうのすけ》は上杉房顕の軍勢と合戦したことがうかがえ、これをうけて成氏は自身の上野進軍を表明している（戦古六六～七）。そうして五月晦日に結城城から小山城に陣を移した（戦古六九）。上杉房顕の進軍に歩調を合わせるようにして、武

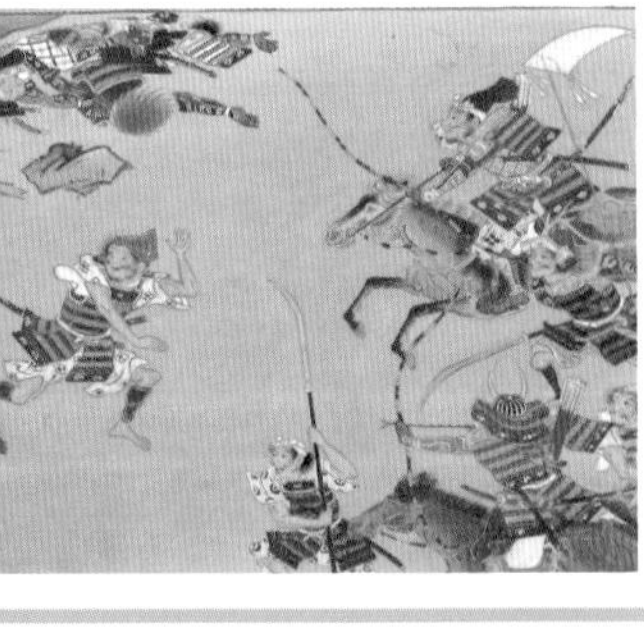

結城戦場物語絵巻◆北関東をはじめとした当時の軍勢の戦いを描く
栃木県立博物館蔵

蔵の上杉軍も上野角淵《つのぶち》（玉村町）まで進軍し、岩松持国らの軍勢に迫った。そのため成氏は、すぐに自身も上野に進軍することを表明している（戦古七〇）。

六月五日、上杉方の拠点であった白井（渋川市）と惣社《そうじゃ》（前橋市）の間に位置する三宮原で、房顕・房定と成氏方とが激突した（三宮原合戦）。この合戦は上杉軍の勝利で、敗北した成氏方は高井要害（前橋市）に後退した（山内二）。上野の上杉方である岩松長純らは、これに合流して合戦に加わっている（「松陰私語」）。この直後から、成氏は岩松持国に対して、支援のために進軍することを繰り返し伝えたが実行されず、六月十一日には、長尾昌賢らが籠もる天命に向けて進軍した（戦古七三〜四）。成氏としては、眼前の敵を放置したまま上野に進軍するわけにはいかなかったのであろう。

上杉房顕率いる上杉軍主力は、高井要害の敵を退散させるかなどして、昌賢らの救援のため、さらに進軍したとみられる。成氏はそれへの対応のためか、六月二十四日には足利に陣を移した（戦古三三八）。**七月**六日になると、岩松持国の所領新田庄にも上杉方の軍勢が侵攻するようになったらしく、持国はそれを撃退している（戦古七九・参考一〇）。しかし、九日に成氏は小山祇園城へ戻っている（戦古三三八）。上杉軍との正面からの対戦を避けたのであろう。成氏が率いていた軍勢は、上杉軍の主力と対戦できるほど多くはないと認識していたようで、軍勢を整えるための帰陣と考えられる。

その一方で、従軍していた那須氏・結城氏・小山氏・佐野氏（下野国佐野庄〈佐野市〉）・舞木《まいき》氏（上野国佐貫庄〈館林市など〉）らを岩松持国らに援軍として派遣している。そして西庄に進軍してきた上杉軍との間で、同月二十五日に穂積原《ほづみはら》（伊勢崎市）合戦が起きた。成氏方の軍勢は五千騎の大軍であったが、合戦は上杉軍が勝利し、敗北した成氏方は足利に後退した（「松陰私語」）。

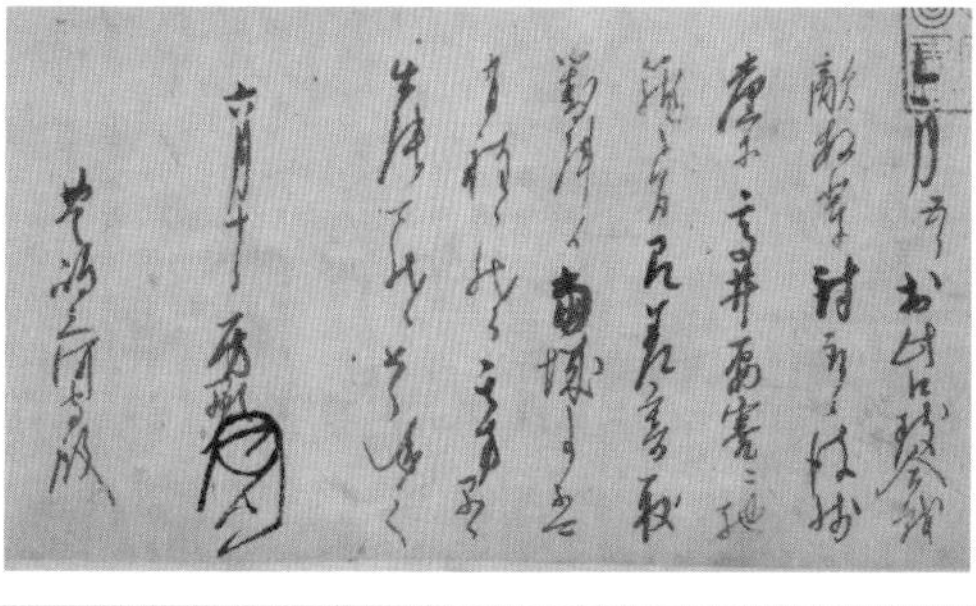

関東管領上杉房顕の軍勢催促状◆享徳4年6月10日、高井要害に籠もる成氏方を攻めるため、房顕が豊島三河守に出兵を要請している　国立公文書館内閣文庫蔵

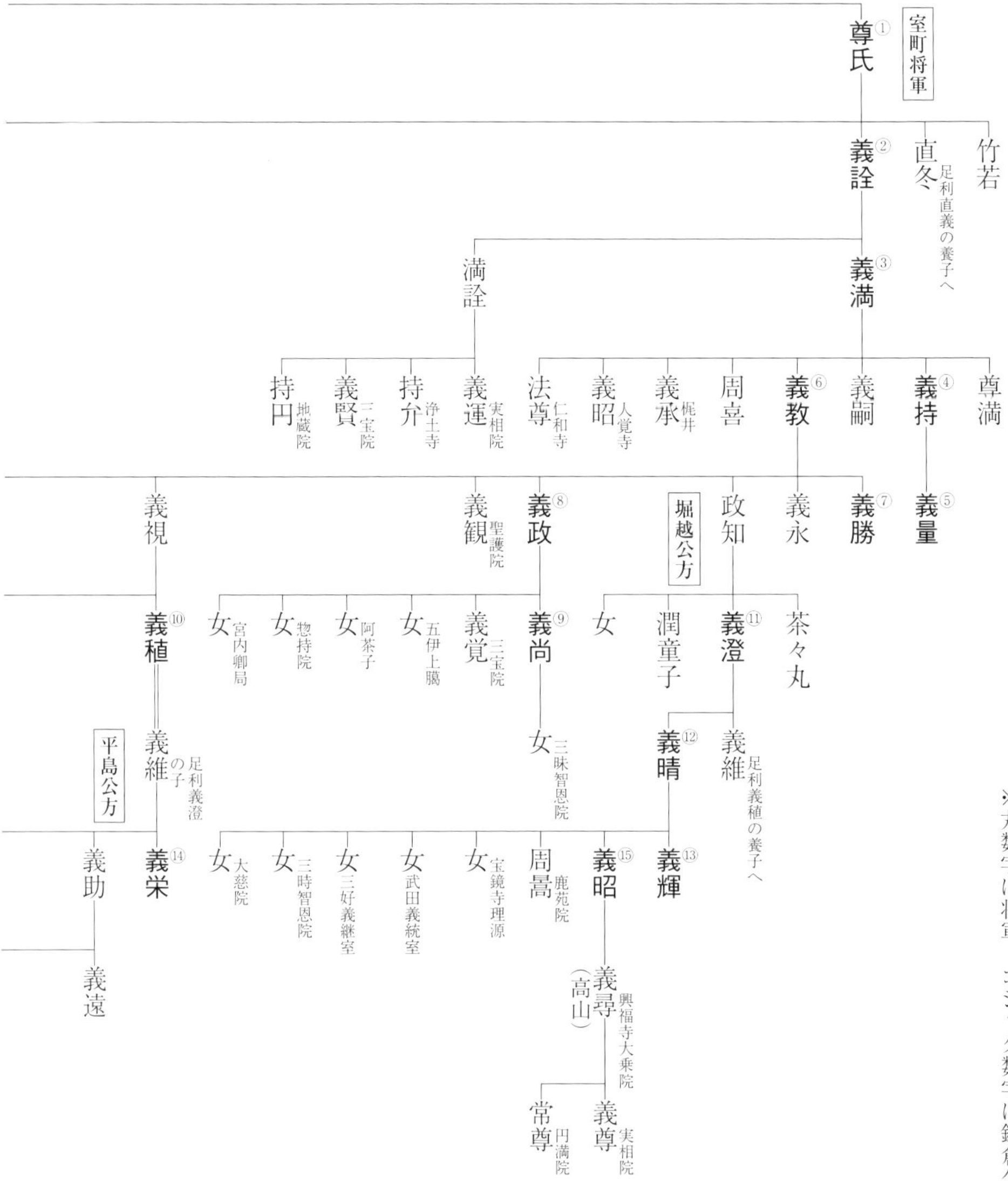

※丸数字は将軍、ゴシック数字は鎌倉公方の代数。

足利氏（室町将軍・鎌倉公方）系図

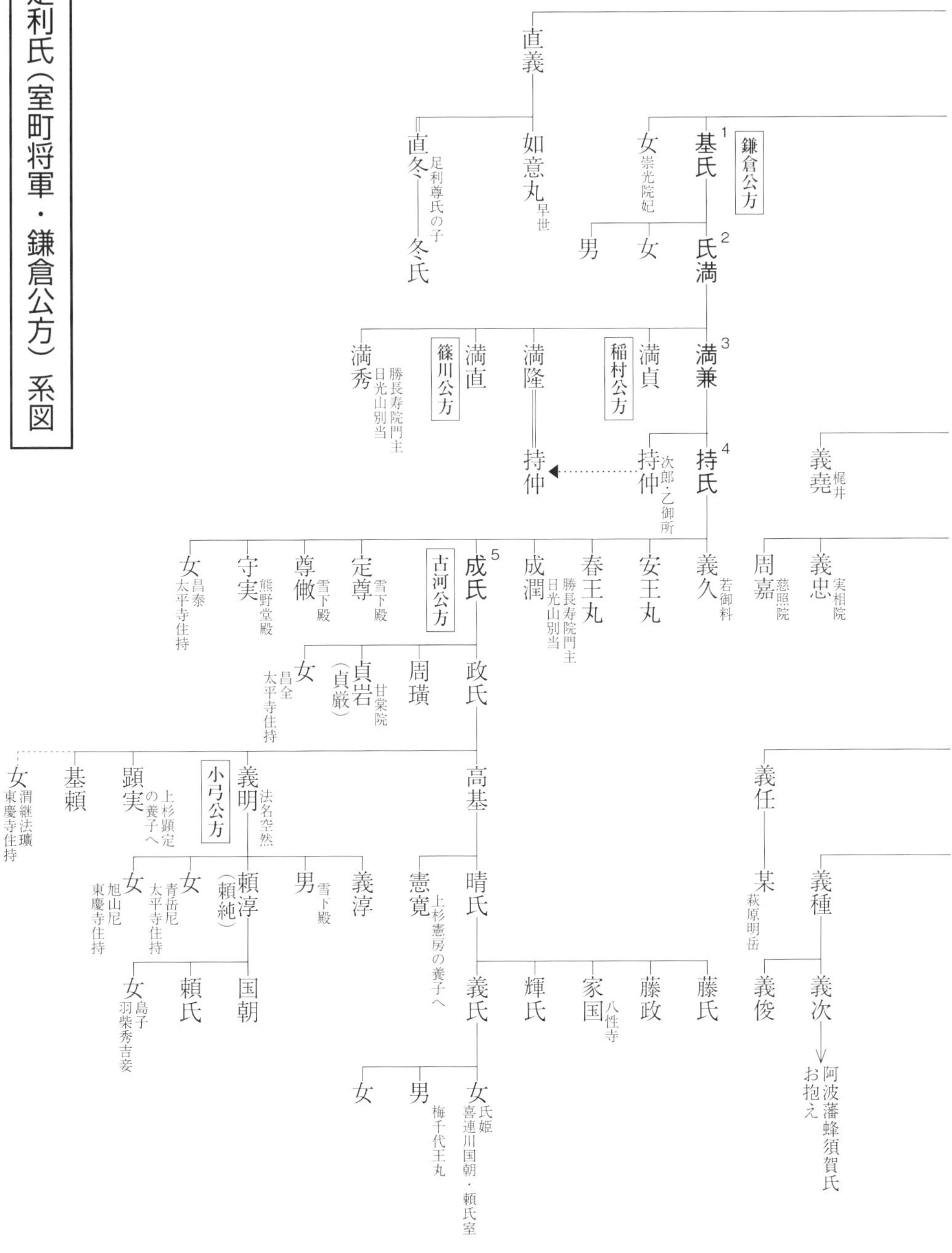

上杉方が鎌倉攻略、成氏は下総古河へ——古河公方《こがくぼう》の成立

この頃、政権の首都・鎌倉は、すでに上杉方の制圧下に入っていた。**享徳四年（康正元年、一四五五）正月**の島河原合戦での敗北後、扇谷上杉道朝は伊豆三島に後退して幕府軍の到着を待った。**四月**二十三日に成氏方との間で三島合戦が起きたが、勝利している（埼11五一三など）。伊豆とその近辺にいた成氏方から攻撃があり、破ったものであろう。

その後、進軍してきた今川軍ら幕府軍との合流をはたし、**閏四月**十五日には相模箱根山（箱根町）に入る（扇谷二二・埼11五一五）。そして相模を東進し、**六月**十六日、鎌倉を守備していた成氏方の木戸・印東《いんどう》・里見氏らを武蔵に追って鎌倉の占領を果たした（「鎌倉大草紙」）。この六月には成氏方の蒲田江戸朗忠《ろうちゅう》（道景の嫡子）が戦死しており（「本土寺過去帳」）、それは上杉軍の進軍にともなう合戦でのことであったろう。

こののち、鎌倉は今川軍が守備することになり、扇谷上杉道朝は武蔵に進軍していった。これによって成氏は鎌倉に帰還できなくなり、**七月**九日には小山祇園城に入っていたが、その後、十二月十三日までの間に古河に帰還している（戦古九二）。以後、古河を基本的な本拠としたため成氏は「古河様」と称され、これを「古河公方」と称している。

「天子御旗」や「武家御旗」を掲げての上杉方による鎌倉占領や穂積原合戦の勝利は、上杉方が幕府からの支援をうけていることを充分に示すものであった。そのため各地の武家は、成氏方と上杉方のいずれに味方するか対応を迫られることになった。

七月末になると、それまで成氏方であった下野の宇都宮等綱《ともつな》が上杉方に転じたため、成氏は那須持資に等綱への攻撃を命じた（戦古八四）。**十月**十五日になると等綱が進軍してきたため、小山持政を迎撃にあたらせている（戦古二三八）。成氏は**九月**二十六日には白川直朝に、

古河城獅子ヶ崎土塁◆わずかに残る古河城の遺構　茨城県古河市

古河公方館跡◆鴻巣御所とも呼ばれ、周囲を囲む堀を御所沼という　茨城県古河市

十月二十八日には那須持資に、相次いで「御旗」を与えている（戦古八六〜七）。宇都宮討伐のためであった。「御旗」を与えるとは大将に任じることで、ここに成氏は外様の大名衆を大将に任じるようになった。そうしたところに、**十二月**朔日、等綱の嫡子明綱が成氏方に応じてきた（戦古九〇）。これによって宇都宮氏では内部抗争が起こり、成氏は同七日、白川直朝に宇都宮への進軍を命じ（戦古九一）、**十二月**十八日には那須持資らの軍勢が宇都宮城（宇都宮市）に向けて陣取りしている（戦古九四）。

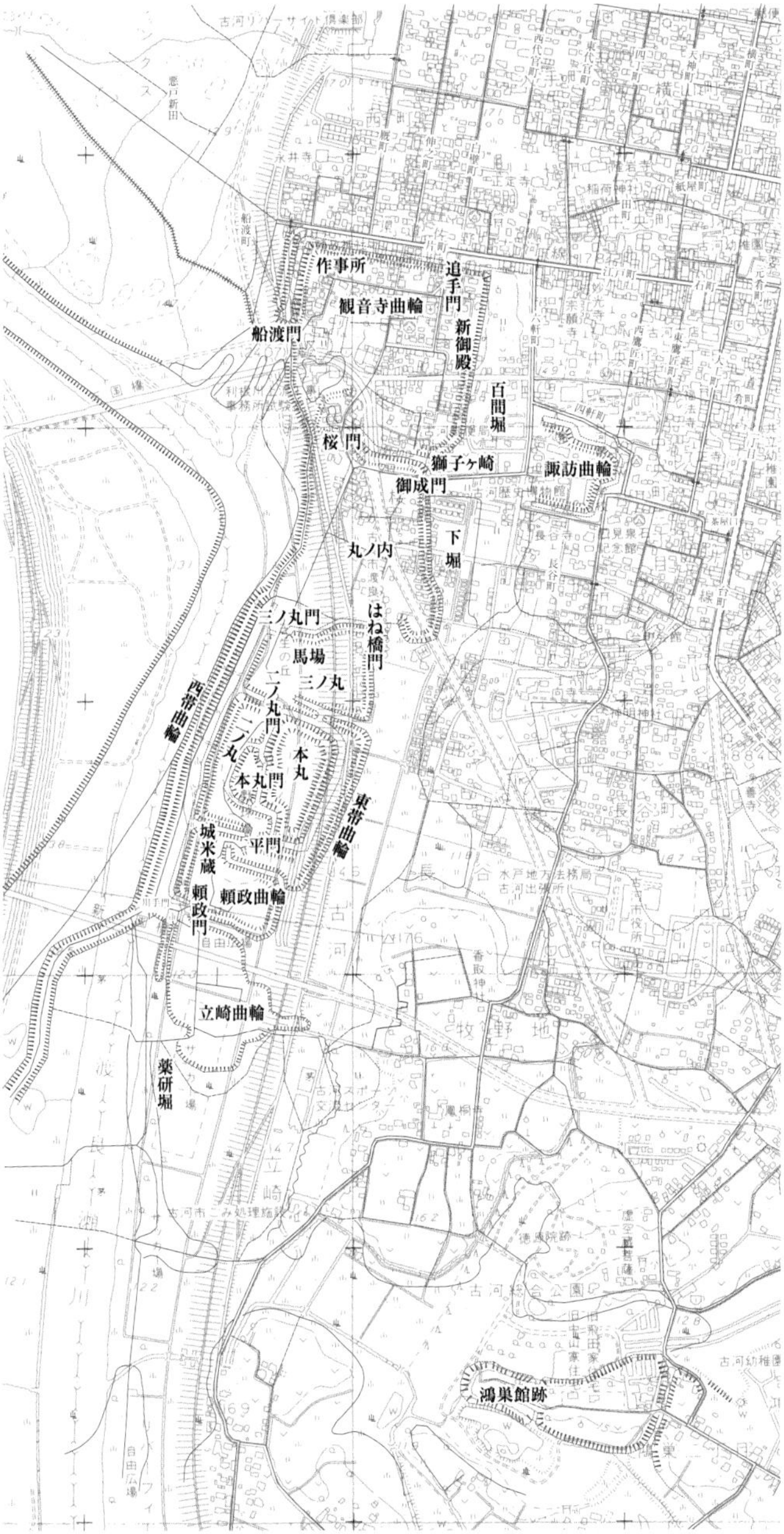

古河城跡範囲推定図◆本図は近世期の範囲で、古河公方の時代は主郭部と三の丸の範囲内と推定されている。右下は古河公方の館である鴻巣御所（鴻巣館）跡である　作図：三井猛氏　茨城県古河市

上杉氏系図

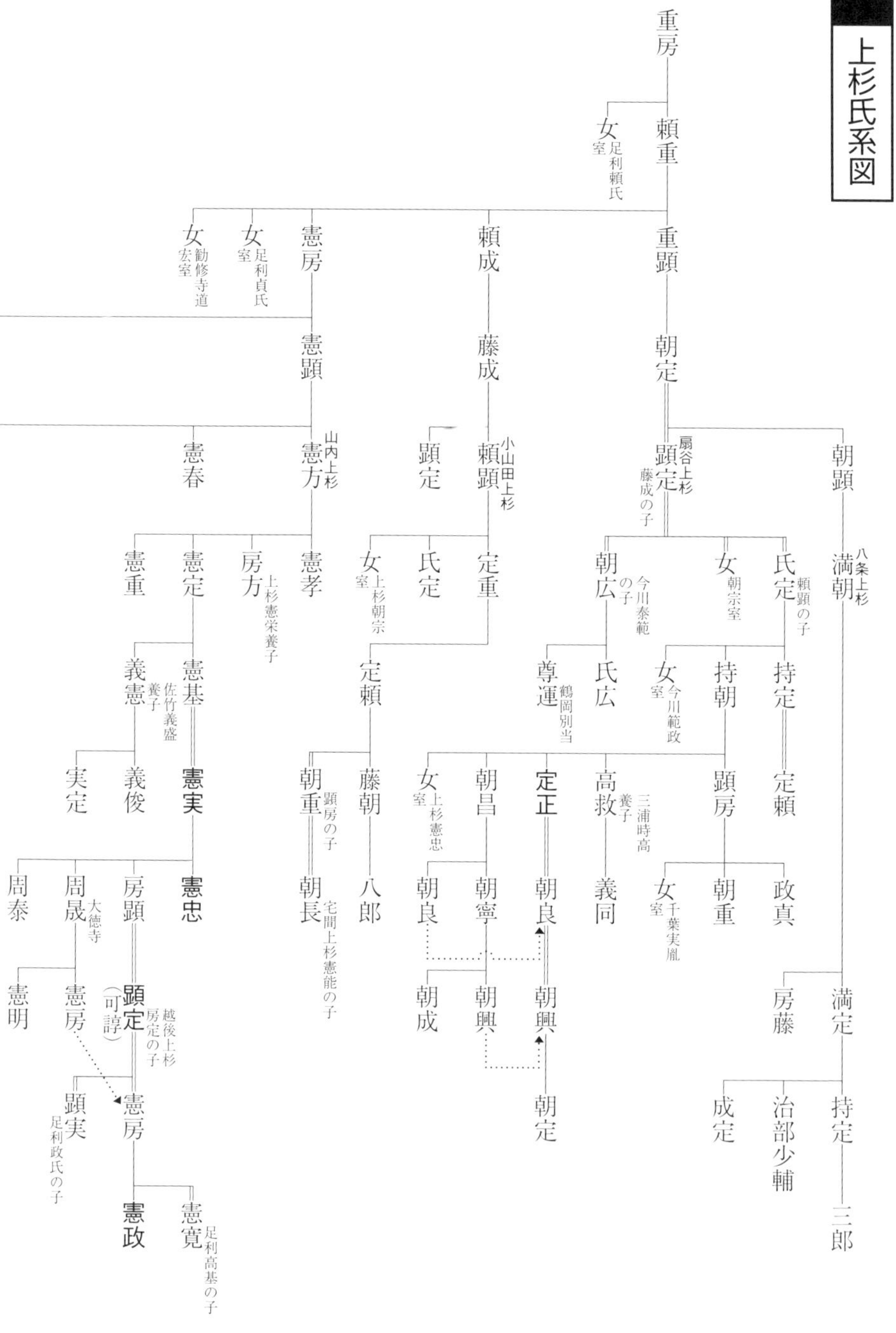
重房
頼重
女 足利頼氏室
重顕
頼成
憲房
女 足利貞氏室
女 勧修寺道宏室
朝定
藤成
憲顕
朝顕
顕定 扇谷上杉 藤成の子
頼顕 小山田上杉
顕定
憲方 山内上杉
憲春
満朝 八条上杉
氏定 頼顕の子
女 朝宗室
朝広 今川泰範の子
定重
氏定
女 上杉朝宗室
憲孝
房方 上杉憲栄養子
憲定
憲重
持定
持朝
女 今川範政室
氏広
尊運 鶴岡別当
定頼
憲基
義憲 佐竹義盛養子
定頼
顕房
高救 三浦時高養子
定正
朝昌
女 上杉憲忠室
藤朝
朝重 顕房の子
憲実
義俊
実定
満定
房藤
政真
朝重
女 千葉実胤室
義同
朝良
朝寧
朝良
八郎
朝長 宅間上杉憲能の子
憲忠
房顕
周晟 大徳寺
周泰
朝興
朝興
朝成
朝定
持定
治部少輔
成定
三郎
顕定（可諄） 越後上杉房定の子
憲房
憲明
憲房
顕実 足利政氏の子
憲政
憲寛 足利高基の子

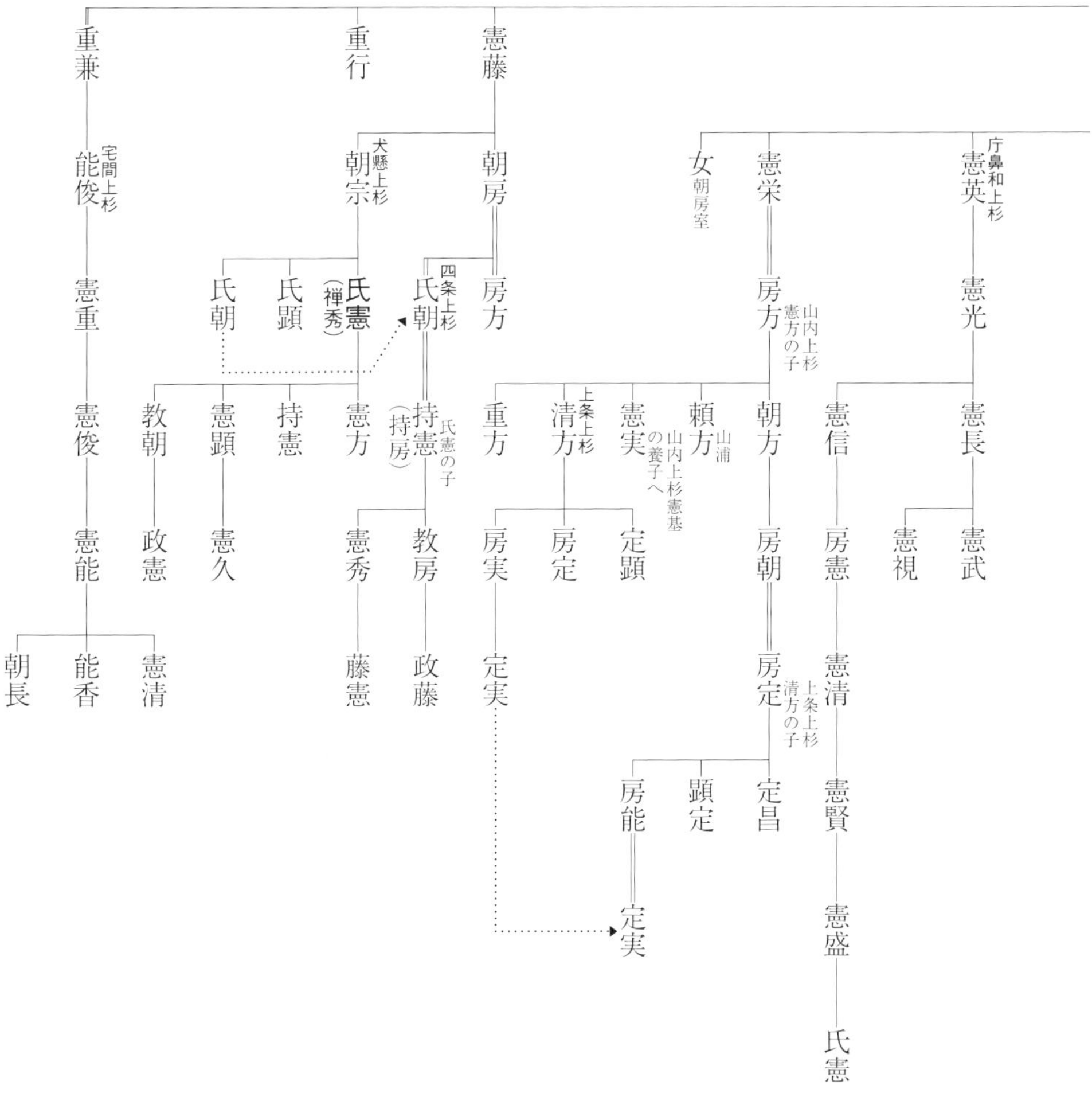
重兼
重行
憲藤
能俊 宅間上杉
憲重
憲俊
憲能
憲清
能香
朝長
朝宗 犬懸上杉
氏憲（禅秀）
氏顕
氏朝
憲方
持憲
憲顕
教朝
政憲
憲久
憲秀
藤憲
朝房
房方
氏朝 四条上杉
持憲（持房） 氏憲の子
教房
政藤
憲英 庁鼻和上杉
憲光
憲長
憲武
憲視
憲信
房憲
憲清
憲賢
憲盛
氏憲
憲栄
房方 山内上杉憲方の子
朝方
房朝
房定 上条上杉清方の子
定昌
顕定
房能
定実
頼方 山浦
憲実 山内上杉憲基の養子へ
清方 上条上杉
重方
定顕
房定
房実
定実
女 朝房室

千葉氏の本宗家滅亡、幕府が東常縁《とうのつねより》を援軍に派遣

一方、**康正元年（一四五五）八月**に入ってから、下総守護千葉氏でも内乱が起こった。上杉方に応じた千葉氏本宗家の胤直《たねなお》・胤賢《たねかた》兄弟に対し、成氏方に立った庶家の馬加《まくわり》千葉康胤《やすたね》（胤直の叔父）らとの抗争であった。康胤には岩橋千葉輔胤《すけたね》（康胤の従兄弟・胤依の子）が味方した。**六月か七月**の二十日に、康胤方は胤直の本拠千葉城（千葉市）を攻略、胤直方は千田庄《ちだのしょう》多古《こ》・島両城（多古町）に後退した（「鎌倉大草紙」「千学集抜粋」）。なお、「鎌倉大草紙《かまくらおおぞうし》」には「三月」とあるが誤記と思われ、状況から判断して六月か七月のことであろう。

康胤方の攻勢は続き、八月十二日に多古城が落城、胤直の嫡子宣胤《のぶたね》、重臣円城寺直重《えんじょうじなおしげ》らが自殺し、胤直は妙光寺に逃れた。同日に島城も落城、胤賢は上総小堤《おんづみ》城（横芝光町）に逃れたが、十五日には胤直が妙光寺で自殺、九月七日には小堤城も落城して胤賢も自殺した。

しかし、本宗家一族は全滅したわけではなく、その遺児実胤《さねたね》・自胤《これたね》兄弟は葛東郡《かとうぐん》市川城（市川市）に逃れた。なお、これらの合戦には扇谷上杉氏宿老の狩野氏や常陸大掾《だいじょう》頼幹《よりもと》が千葉氏本宗家に援軍として参加したが、いずれも戦死している（「本土寺過去帳」）。

こうして千葉氏本宗家は滅亡し、勝利した馬加千葉康胤が千葉氏の家督を継いだ。康胤の擁立主体は千葉氏一族の重臣・原胤房で、彼は葛東郡小金城（松戸市）を本拠とし、その家宰として存在していく。「鎌倉大草紙」は、康胤はこれにより千葉城に入部したと記しているが、疑問である。

十一月十三日、上杉方への援軍として室町幕府から派遣されてきた東常縁が、「東方」（香取郡）を経略した。康胤方の弥富原朗珍《いやとみはらろうちん》・朗嶺《ろうれい》兄弟（胤房の従弟）が戦死している（「本土寺過去帳」）。次いで同二十五日、東常縁は康胤の本拠馬加城（千葉市）を攻略し、これにより

多古城遠望◆舌状台地の先端にあり、当時を物語る遺構の空堀が保存されている　千葉県多古町

島（志摩）城跡◆千葉県多古町

千葉城◆北は都川、西は断崖が囲む天険の要害、亥鼻台に築かれたため亥鼻城とも呼ばれる。胤直が多古に敗走するまで千葉氏代々の居城として両総に覇を唱えた　千葉市中央区　写真提供：千葉市広報広聴課

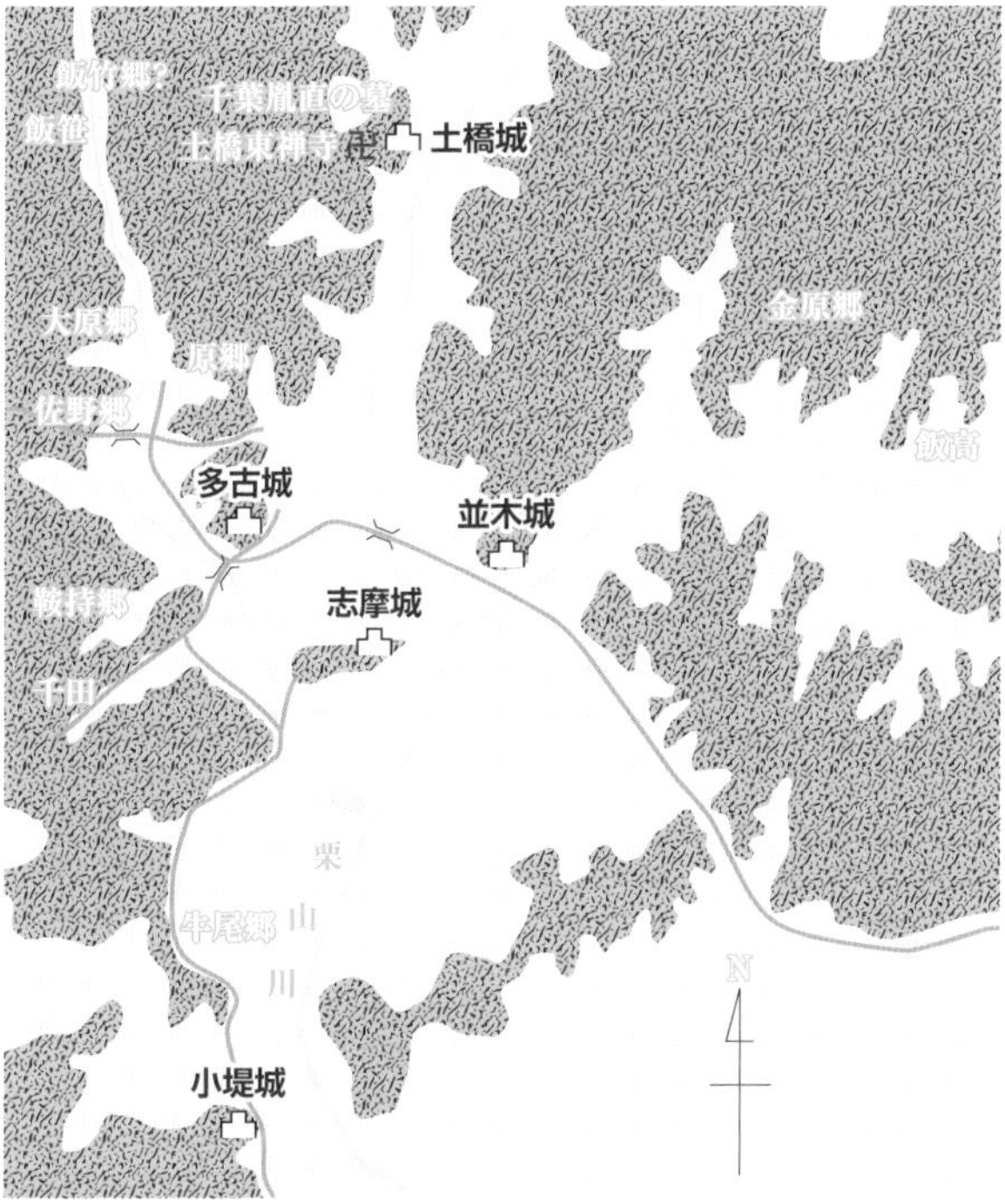

千田庄の城館位置図

千葉胤直・宣胤と眷属の墓◆画面上部のひときわ大きな五輪塔が胤直の墓　千葉県多古町・東禅寺

康胤は千葉に後退した（「本土寺過去帳」）。「千学集抜粋《せんがくしゅうばっすい》」には、康胤の時に千葉平山城（千葉市）を本拠としたことがみえるから、康胤は馬加城落城をうけて千葉平山城を構築し、新たに本拠としたのであろう。また、同日に八幡庄今島田（市川市）で合戦があった。市川城の実胤方と原方との合戦とみられる（「本土寺過去帳」）。

このように、関東の全域で両勢力のいずれに与《くみ》するかをめぐって抗争が展開され、戦乱は関東全域におよんでいった。

千葉氏系図

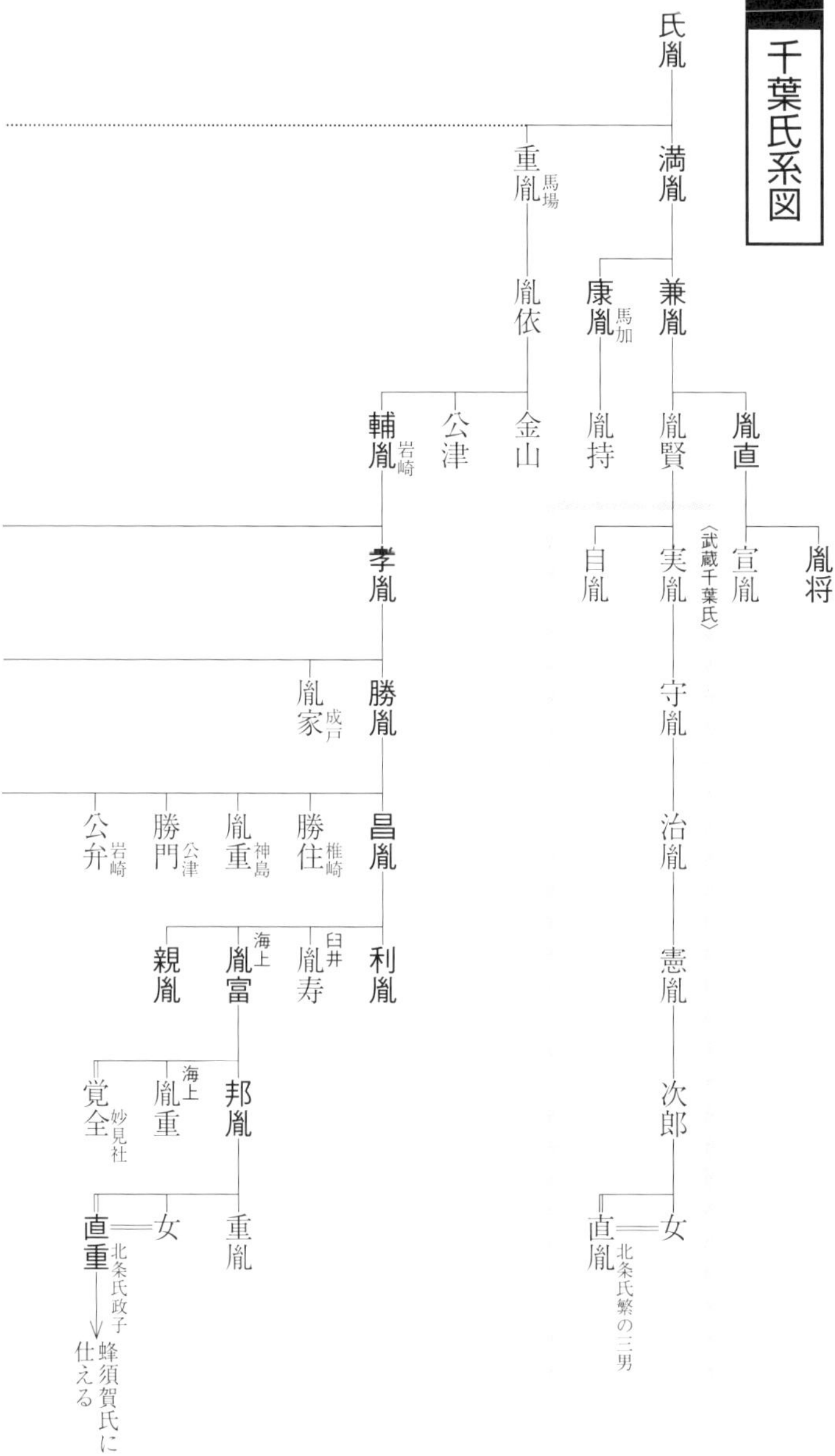

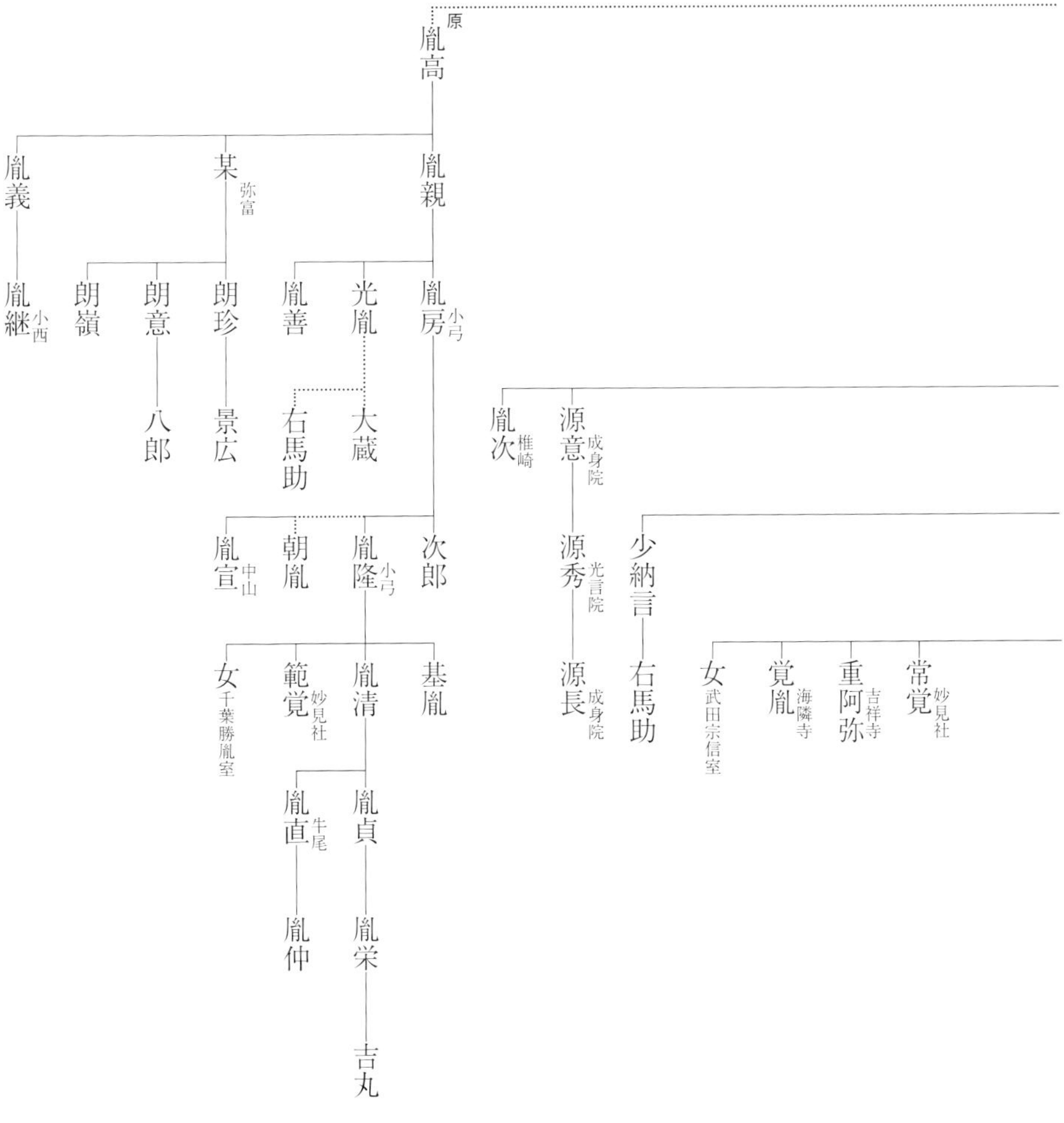
原
胤高
胤義
某 弥富
胤親
胤継 小西
朗嶺
朗意
朗珍
胤善
光胤
胤房 小弓
八郎
景広
右馬助
大蔵
胤次 椎崎
源意 成身院
胤宣 中山
朝胤
胤隆 小弓
次郎
源秀 光言院
少納言
女 千葉勝胤室
範覚 妙見社
胤清
基胤
源長 成身院
右馬助
女 武田宗信室
覚胤 海隣寺
重阿弥 吉祥寺
常覚 妙見社
胤直 牛尾
胤貞
胤仲
胤栄
吉丸

天命《てんみょう》・只木山《ただきやま》から崎西城《きさいじょう》へ、敗走する上杉軍と長尾昌賢

上杉房顕らの、その後の動向は明らかではない。穂積原合戦には勝利したものの、成氏方の新田庄・佐貫《さぬき》庄などを突破することは難しかったようだ。おそらく、那波《なわ》郡・西庄あたりで在陣が続いた。**康正元年（一四五五）十月**十七日、成氏方は下野小野寺（佐野市）に在陣している（戦古三二八）。小山城から進軍してきたもので、長尾昌賢らが籠もる天命・只木山攻略のためとみられる。

昌賢らが両所に籠もってから、すでに五ヶ月が経っていた。とはいえ、上杉方主力軍による救援も困難な状況であった。成氏方は両所の攻略に勢力を注いだようで、両所とも**十二月**十一日には攻略している（戦古三二八）。昌賢らはその後、武蔵に逃れ、崎西郡に移って崎西城（加須市）を構築した。これを伝える史料では、「十二月三日・六日に成氏方による崎西城攻撃があり、同城を攻略して在城衆を逃走させた」とある（戦古一一六）。

これまで天命・只木山攻略を十二月十一日、成氏方の崎西城攻撃を十二月三日・六日と理解してきたが、崎西城に昌賢らが在城していたとすると、日付が整合しない。考えられることは、昌賢らが天命・只木山を脱出したのは十一日よりも以前であったか、崎西城攻城戦の日付は実際は十三日・二十三日などで、史料に脱落があるかのいずれかだろう。崎西城に在城したのは小山田上杉八郎（藤朝の子であろう）、庁鼻和上杉六郎（憲信の兄憲長の子憲武か）・同七郎（弟憲視か）兄弟、そして昌賢の名があげられている。

この崎西城取り立てについて、これまでは庁鼻和上杉氏が行ったもので、そこに天命・只木山を脱出してきた昌賢が合流したとされることが多かった。それは、庁鼻和上杉氏が昌賢と同行しなかったという前提に立ったものであろう。しかし、崎西城に在城した上杉氏一族

庁鼻和城跡の土塁◆国済寺境内の裏手に残る　埼玉県深谷市

庁鼻和上杉憲英墓◆憲英は庁鼻和上杉氏の初代　埼玉県深谷市・国済寺

長尾昌賢木像◆群馬県渋川市・雙林寺蔵

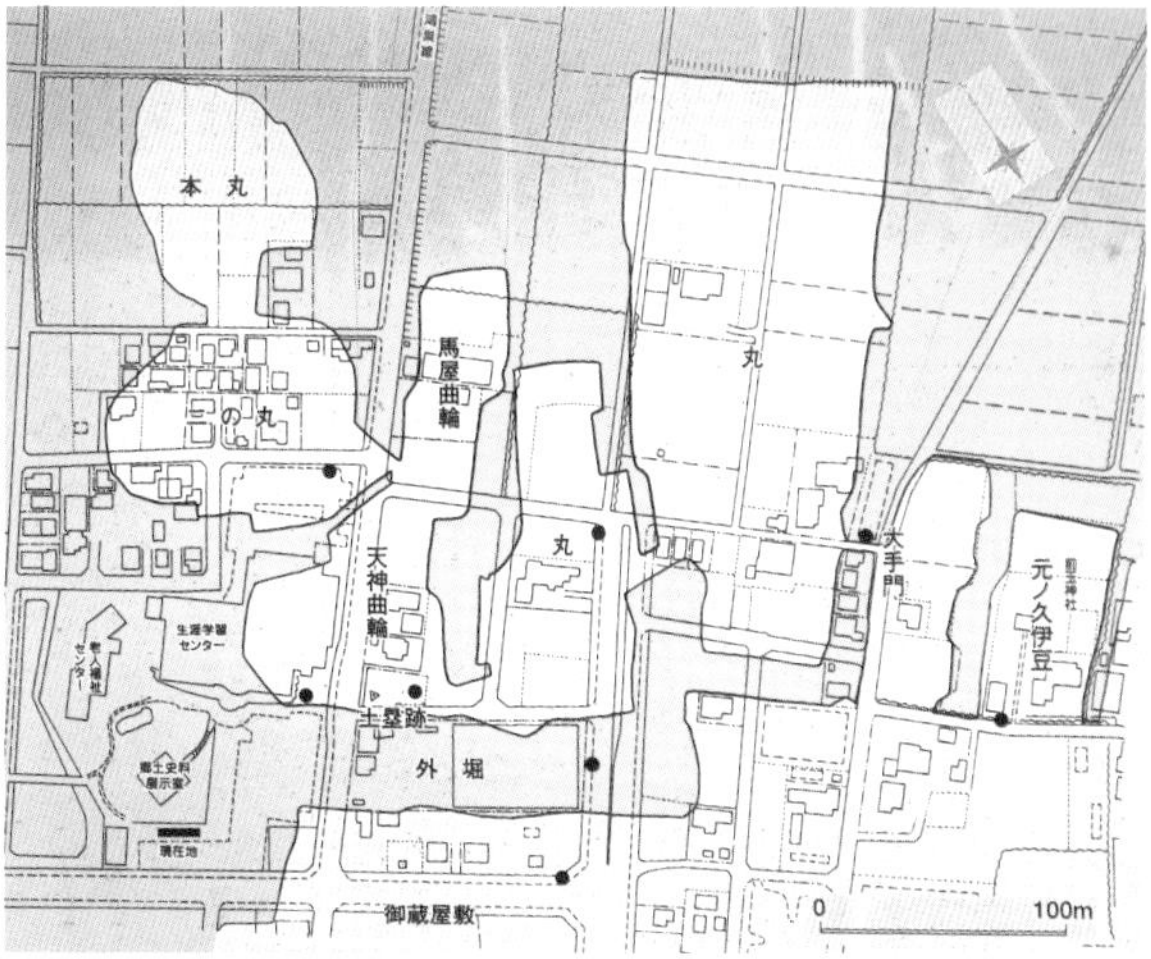

騎西城◆湿地に囲まれた城の周囲を二重の障子堀が巡り堀幅の最大は45ｍにも及ぶ。発掘調査で戦国時代の堀跡から武器・武具が見つかり、漆黒の兜が出土したことでも話題となった　埼玉県加須市

の、それぞれの惣領にあたる庁鼻和上杉性順《せいじゅん》・小山田上杉藤朝《ふじとも》は、いずれも高幡・分陪河原合戦で昌賢と同陣していたことからすると、その一族である彼らはそのまま昌賢と行動をともにしていたとみるべきである。彼らは高幡・分陪河原合戦後、一貫して行を共にしたようで、天命・只木山を脱出したあとは崎西郡に入って崎西城を構築したのであろう。

成氏方による崎西城攻撃の前後、十二月三日に武蔵太田庄須賀（行田市）で合戦があり、上杉方岩松長純の家宰・横瀬《よこぜ》良順《りょうじゅん》が戦死している（群一六一八）。崎西城攻撃が十二月三日、六日であれば、その合戦は同城攻撃とも連動していたとみられる。しかし結局、成氏方は崎西城を攻略した。これによって、成氏は崎西郡を勢力下に置くようになったようだ。昌賢らはここでも脱出を果たすが、その後、どこに在所したのかははっきりしていない。

騎西城土塁◆騎西城は康正元年、長尾昌賢によって構築された平城である。現在見られる遺構は、戦国時代に改修された天神曲輪の土塁のみである。高さは3ｍに及ぶ　埼玉県加須市

Ⅱ　千葉・佐竹・岩松などの一族が分裂し争乱へ

康正2年（1456）

東上野・北武蔵の攻防と勝敗の鍵を握る岩松持国

康正二年（一四五六）正月七日、足利成氏は新田庄の岩松持国に、十一日に自身で上野に進軍する意向を伝えている（戦古九六）。成氏が、東上野の確保を優先的に考えていたことがわかる。上杉房顕は、前年の穂積原合戦のあとも那波郡・西庄《さいのしょう》あたりで在陣を続けていたようで、正月七日に那波郡福島（玉村町）、同二十四日には西庄植木・赤石（伊勢崎市）へ攻撃をしかけている（戦古一三八）。翌二十五日、武蔵の上杉勢が武蔵長井庄（熊谷市）に在陣し、利根川を越える様子をみせていた（戦古一〇一〜二）。この軍勢は、崎西城から後退した長尾昌賢らであったかもしれない。

この武蔵勢は、上野佐貫庄（大泉町・館林市など）・武蔵太田庄（行田市・羽生市など）の経略を目的としていたらしく、そのため、成氏は岩松持国に古戸渡（大泉町）の確保を命じ、下野佐野庄の佐野氏、上野佐貫庄の舞木氏、武蔵長井庄の長井氏、同幡羅郡蓮沼（深谷市）の蓮沼氏に、それへの援軍を命じている（戦古一〇三〜四）。**二月**二十一日になると、上杉方の岩松長純が新田庄北部の鹿田・泉沢（みどり市）に進軍し（群一六二三）、同二十六日には上杉方で上野沼田庄（沼田市）の沼田氏と越後上田庄（新潟県湯沢町・南魚沼市）の上田長尾氏が、赤城山南麓の深巣・赤堀（伊勢崎市）・大胡《おおご》・山上（前橋市）に進軍している（戦古一〇八）。いずれも成氏方は撃退したが、上杉方から新田庄への侵攻が行われている。

沼田城跡◆上野国・越後国を結ぶ最重要拠点に位置する。中世には有力国衆の沼田氏の居城、近世には真田氏の城下町として栄えた　群馬県沼田市

三月十一日、西上野在陣の上杉軍が新田庄に（戦古三一）、同十五日には長尾昌賢の軍勢が新田庄に進軍するといわれている（戦古三四）。西上野の上杉軍とは上杉房顕らの軍勢で、それとは別に昌賢の軍勢が存在していたことがわかる。ここから、昌賢は武蔵に在陣していたようで、先に長井庄に在陣したのは昌賢の軍勢と思われる。こうした上杉方の状況をうけて、成氏方は新田庄・佐貫庄の防衛を固めるとともに、成氏方の岩松持国は嫡子次郎（のち宮内少輔）を西庄に派遣し、上杉方に対抗した。岩松次郎は**四月**四日、西庄の小此木刑部左衛門尉・富塚氏・那波掃部《かもんの》助《すけ》の在所（伊勢崎市）を攻撃して、上杉勢を撃退している（戦古四一〜二・参考七）。那波郡・西庄から新田庄にわたって両軍の攻防が繰り広げられていた。

その後も、これらの地域では攻防が続いたようで、**七月**二十五日にも「上州合戦」があって成氏方が勝利したことが知られるが、具体的な場所などは不明である（戦古一二四）。**九月**三日にも「東上州合戦」があって、ここでも成氏方は勝利したが、依然として上野・武蔵には上杉方の軍勢が「群集」していた。成氏は、それへの対抗のため、弟の雪下殿《ゆきのしたどの》定尊《じょうそん》を大将として、外様の大名層や奉公衆からなる軍勢を派遣した（戦古一二七）。

この成氏方は上野から武蔵に侵攻したらしく、そうして同十七日、武蔵榛沢《はんざわ》郡岡部原（深谷市）で合戦となった。合戦は成氏方の勝利であったらしいが、新田庄の鳥山式部大夫《しきぶのだいぶ》の戦死、岩松持国・次郎（のち宮内少輔）父子の負傷など、損害も少なくなかった（戦古参考一三など）。なお、「鎌倉大草紙」は合戦の日付を「十月十七日」と誤っており、そのため**十月**に榛沢郡人見原（深谷市）で合戦があったとする見解もあるが、誤解であろう。

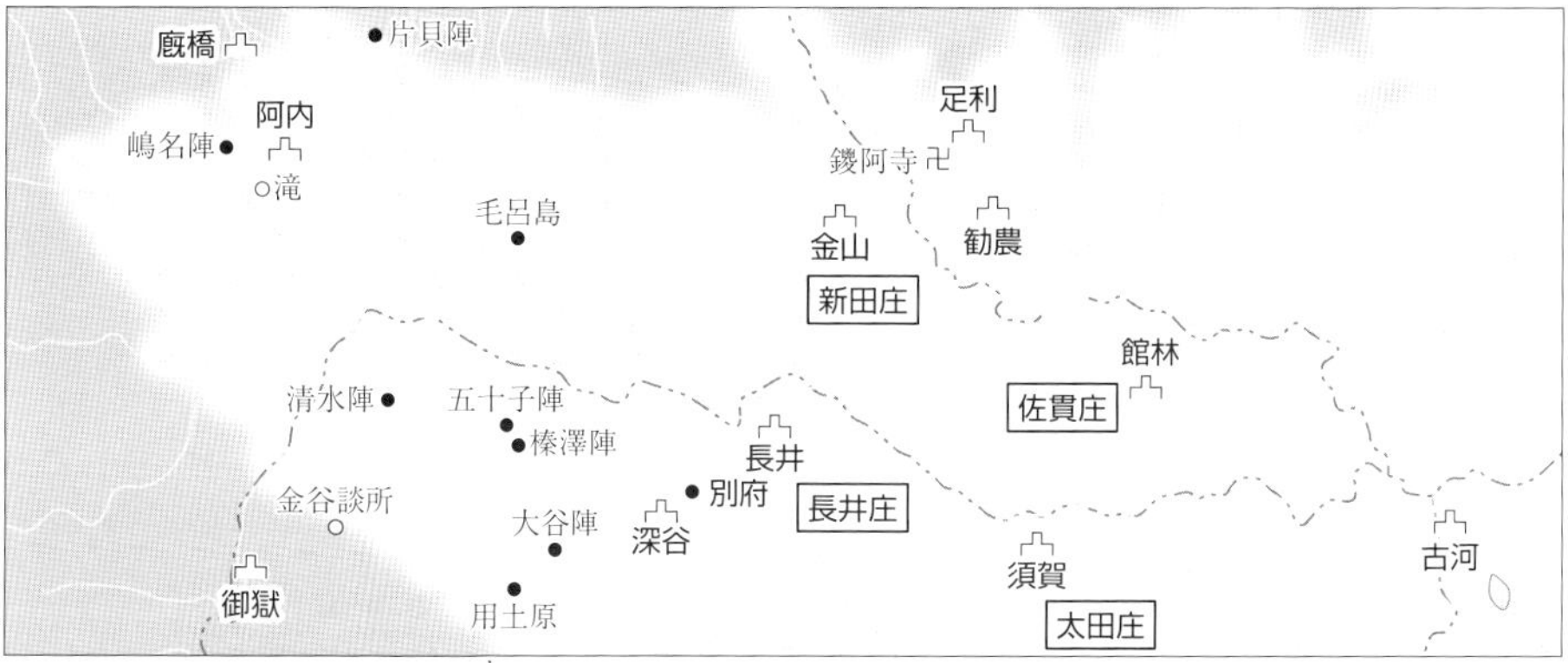

上野・武蔵の合戦関係位置図

武蔵千葉氏の成立と、成氏に攻撃された兄・成潤《せいじゅん》の降伏

房総では、上杉方の千葉実胤《さねたね》・自胤《これたね》兄弟が市川城に逃れていたが、成氏は奉公衆の南図《みなみず》書助《しょのすけ》・簗田出羽守《やなだでわのかみ》を主将とする大軍を派遣して市川城を攻撃し、**康正二年（一四五六）正月**十九日に攻略した。成氏方はさらに、武蔵足立郡の半分も勢力下におさめたという（「鎌倉大草紙」）。実胤兄弟には、下総布川《ふかわ》豊島氏・同森屋相馬氏・武蔵足立氏らが味方した（「本土寺過去帳」）。敗北した実胤兄弟は武蔵に逃れ、山内上杉氏の庇護をうけ、それぞれ武蔵赤塚郷（板橋区）と石浜郷（台東区）を所領として与えられたため、その系統を〝武蔵千葉氏〟と称している。

勝利した康胤は千葉氏家督の立場を確立し、千葉氏は成氏方として存在するようになった。これに対して上杉方では、武蔵南部を勢力圏にしていた扇谷上杉氏が千葉氏に対抗する立場をとるようになった。扇谷上杉道朝《どうちょう》は、**十月**一日に東京湾を渡海して下総・上総に侵攻し（戦古一三二）、上総八幡《やわた》（市原市）での合戦で康胤を戦死させている（「本土寺過去帳」）。これによって千葉氏の家督は、一族の岩橋千葉輔胤《すけたね》が継承し、千葉平山城に入った。

下総の大部分は千葉氏の勢力下に置かれたが、上総山辺郡には東常縁の勢力が進出し、幕府奉公衆の浜春利《はまはるとし》（治敏か）が入部して、やがて土気《とけ》城（千葉市）・東金《とうがね》城（東金市）を拠点とした酒井氏として展開していく。上総西部には、扇谷上杉氏宿老の狩野氏が進出し、伊北庄大野城（いすみ市）・伊南《いなみ》庄伊南城（万喜城、いすみ市）を拠点に展開していった。また、伊北庄小田喜《おたき》城（大多喜町）を拠点としていた一族に小滝二階堂氏があった。

対して成氏方には、長南郡長南城（長南町）を拠点にした上総氏が従った。そして市川合戦後には、成氏の重臣・武田信長が上総西部に入部して天羽《あまは》郡造海《つくろうみ》城（百首《ひゃくしゅ》城、富津市）

馬加康胤・胤持父子の墓◆馬加康胤は、千田庄多古で滅亡した千葉氏惣領・胤直の叔父にあたり、馬加城（現、千葉市花見川区）を本拠としていた　千葉県市原市・無量寺

を拠点にし、さらに畔蒜《あびるの》庄真里谷《まりやつ》城（木更津市）の武田氏を吸収して同地に進出していった。また、御一家の里見義実《さとみよしざね》・一色《いっしき》氏らが安房に入部し、里見義実は白浜城（白浜町）、次いで稲村城（館山市）を拠点にした。こうして、上総・安房でも両勢力の抗争が展開されていた。

下野では宇都宮等綱が上杉方、嫡子明綱は成氏方に属して宇都宮氏は分裂するとともに、成氏方の小山氏・那須氏・陸奥白川氏による等綱への攻撃が行われていた。**康正元年（一四五五）末**になると、東部の茂木保（茂木町）の茂木満知が上杉方の立場をとった（戦古

台東区石浜周辺を望む◆石浜城があったとされる場所は数説あり、一番有力なのは現在の石浜神社周辺である。隅田川（中世は利根川）に面する地で、武蔵と下総を結ぶ交通の要衝だ　東京都台東区

大多喜城ジオラマ模型◆江戸時代の小田喜城（大多喜城）と城下町を復元したもの。真里谷信清・朝信父子が在城したが里見氏によって城を奪われ、近世には本多忠勝が入城している　千葉県立中央博物館大多喜城分館蔵

馬加康胤胴埋塚◆康胤は上杉方に追い詰められ、上総八幡の村田川の畔で自刃したとされる。首は持ち去られ、胴のみ前を流れる雁田川の畔に埋められたと伝える。地元ではそこを胴埋塚と呼び、現在は共同墓地として利用されている　千葉県市原市

九九）。**康正二年二月**には、西北部の日光山（日光市）が成氏に敵対するようになっている（戦古一〇六）。

日光山は、成氏の兄にあたる鎌倉勝長寿院門主《しょうちょうじゅいんもんしゅ》・成潤の管轄下にあり、その成潤は日光山に移って陣所を構えた。成氏方はこれを攻撃し、成潤は降伏して起請文を出してきたものの上杉方の陣に加わっている（戦古一一一六）。成潤のその後の動向は判然としないが、のちに

上総武田氏系図

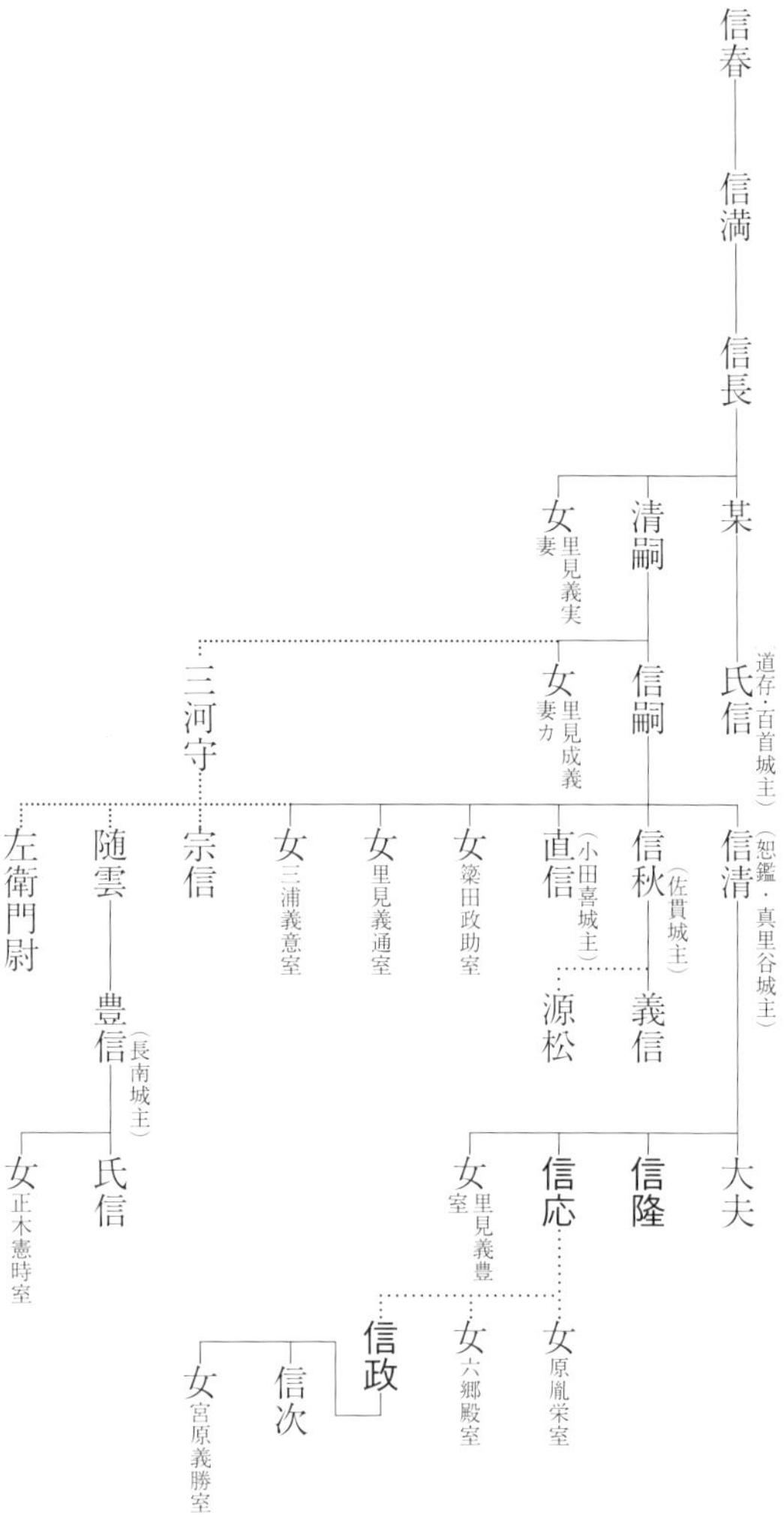

日光男体山と中禅寺湖◆日光山は足利成氏の兄・成潤の管轄下にあったが、成氏方の攻撃によって成潤は遁走した。古河公方足利氏の一族にあっても、このような骨肉の争いが行われていた。かかる事態は幕府・上杉方の誘いや調略の結果とも考えられる　栃木県日光市

上杉方の本陣となった武蔵五十子陣（本庄市）で死去したとする所伝があるので（「源家御所御系図」）、成潤が上杉方の陣に加わった可能性は高い。

三月三日になると、那須持資《もちすけ》が茂木《もてぎ》城を攻撃するようになった（戦古一一〇）。**四月**四日には宇都宮等綱は成氏方に降参し、没落した（戦下六四）。那須持資による茂木城攻めが続く一方で、常陸の上杉方が侵攻しており（戦古一一八）、また那須氏でも分裂が生じたらしく、成氏は宇都宮明綱に茂木氏攻めと那須の敵対勢力への攻撃を命じている（戦古一一九）。**六月**には、宇都宮等綱が再び活動をみせるようになった（戦古一二二）。これは、南陸奥《みなみむつ》の白川直朝・小峰直常が成氏方から上杉方に転じたのをうけてのことで、**七月**二十八日には、白川・小峰軍が等綱・明綱父子を和睦させるためとして、下野に進軍している（戦古一二四）。

十一月八日、成氏方の塩谷《しおのや》安芸守の要害（塩谷町）が上杉方から攻撃されており、成氏は那須持資に支援を命じている（戦古一三二）。**十二月**五日になると、成氏は小山持政が求めてきた宇都宮等綱の進退保証を却下している。また、那須持資から申請されてきた「茂木中根要害（茂木町）を攻略したら、その軍勢を茂木城攻略にあたらせたい」に対しては、「そのように小山持政・宇都宮明綱に命じる」と返答している。さらに日光山領の野口氏、那須地域の長倉氏に御書を出したことを伝えている（戦古一三三）。茂木氏攻撃を小山持政・宇都宮明綱らも行っていたこと、日光山領・那須地域の上杉方を味方に付ける工作がすすめられていたことがわかる。

このように下野では、西部の足利庄・佐野庄は成氏の直接的な勢力下に置かれ、有力外様衆の小山持政・宇都宮明綱・那須持資が成氏方にあった。しかし宇都宮氏・那須氏ともに分裂して抗争がみられ、日光山・茂木氏や南陸奥白川氏・小峰氏などが上杉方に味方し、とくに北部・東部で両勢力の抗争が展開されていった。

勝長寿院旧跡碑◆成氏の兄・成潤が門主を務めていた勝長寿院の旧跡が鎌倉市にある。もともと源頼朝が父義朝の菩提を弔うため、鎌倉大御堂に建立した寺院であった。源氏の氏寺として堂塔伽藍を誇ったが、以後、たびたび火災に見舞われて衰退。門主の足利成潤が日光山に移った後、廃寺になったとされる。義朝と腹心の鎌田政清の墓もここに置かれている　神奈川県鎌倉市

佐竹氏・真壁氏の内紛と届かなかった成氏の〝弁明〟

常陸では、享徳の乱が勃発する以前から内乱が続いていた。常陸守護佐竹氏で内部分裂がみられ、佐竹義人・義頼（のち義俊）父子と義頼の弟・実定との抗争が始まっていた。実定が本拠太田城（常陸太田市）を確保し、義人・義頼は大山氏を頼って抗争が引き続いていた。成氏はその頃から、義頼を支援していた（戦古二七四）。そのほかにも、真壁郡真壁氏で内部抗争がみられ、山内上杉氏方の所領である信太庄・東条庄（龍ケ崎市・稲敷市）があった河内郡では、山内上杉氏と小田氏の間で抗争が始まっていた。

享徳の乱が勃発すると、成氏には佐竹義人・義頼父子、宍戸持久、小田持家、湊小田出羽太郎、筑波潤朝、真壁朝幹、鹿島実幹らが味方した。対する上杉方には佐竹実定、江戸通房、石神小野崎越前守・同美作守、山入佐竹義継、大掾頼幹・清幹父子らが味方した。勃発当初、成氏は佐竹義人に参陣を要請し（戦古二一ほか）、湊小田出羽太郎は小栗城攻めに参陣している（戦古五二）。ところが、享徳四年**閏四月末**には湊小田氏の本拠湊城（ひたちなか市）が上杉方の佐竹実定・江戸通房の勢力によって攻略され、別所に退去したらしい（「常陸誌料」）。

さらに、幕府軍の進軍にともなって宇都宮氏・千葉氏で内乱が引き起こされたのと同様に、下総結城成朝の一族山川基義（成朝の叔父）と、真壁朝幹と対立していた真壁氏幹（朝幹の従兄弟）が上杉方の立場を明確にした（戦古一一六）。

こうして、下総結城氏でも内部分裂が始まるとともに、佐竹氏・真壁氏ではその内部抗争

真壁城の庭園跡と筑波山◆真壁城は真壁久幹の頃に整備され使用された。写真は中城地区の庭園跡。奥には筑波山を望む　茨城県桜川市　写真提供：桜川市教育委員会

太田城調査区全景（上）◆近年の発掘調査で大規模な堀の存在が確認され、常陸国内でも高いレベルの土木技術が用いられていたことが判明している　茨城県常陸太田市　写真提供：３枚とも常陸太田市教育委員会

堀跡（下２枚）◆15～16世紀の築造。幅２～８ｍ・深さは最大4.7ｍと戦国大名たる佐竹氏の居城にふさわしい規模だ

真壁城土塁（中城・復元）◆真壁城の本格的な発掘調査は平成九年度より開始され発掘成果を元に土塁や堀が復元された　写真提供：桜川市教育委員会

が成氏方と上杉方の抗争として行われるようになった。このようにして、常陸でも両勢力による抗争が始まった。

成氏方と上杉方の抗争は、このように関東全域で展開されるようになった。しかも、上杉方は幕府からの支援を得、総師の上杉房顕は「天子御旗」を掲げ成氏を朝敵と位置づけた。いわゆる「討伐《とうばつ》」という態勢を調えるとともに、幕府からも軍勢が派遣され鎌倉の占領や下総への進軍が行われた。これらから成氏と上杉方の抗争は、「反乱者」成氏の幕府による討伐という性格を帯びるものとなった。

しかし、成氏が対立したのはあくまでも上杉方であり、成氏は幕府と全面的に対決することを望んではいなかった。かつて永享の乱で、父持氏は幕府との全面対決の末に滅亡した経緯があった。幕府との全面対決は、滅亡しかねない危険な行為と認識していたであろう。成氏自身も江の島合戦で、幕府への恭順《きょうじゅん》の姿勢をとって幕府との対決を回避していた。

そのため、成氏は今回も幕府に対して恭順の姿勢をとった。具体的には、戦乱勃発の一年後、**康正二年（一四五六）四月**四日付で将軍足利義政の近臣である正親町三条実雅《おおぎまちさんじょうさねまさ》と、幕府管領《かんれい》細川勝元に宛てて書状を出している（戦古一一六〜七）。いずれも今回の戦乱での行為

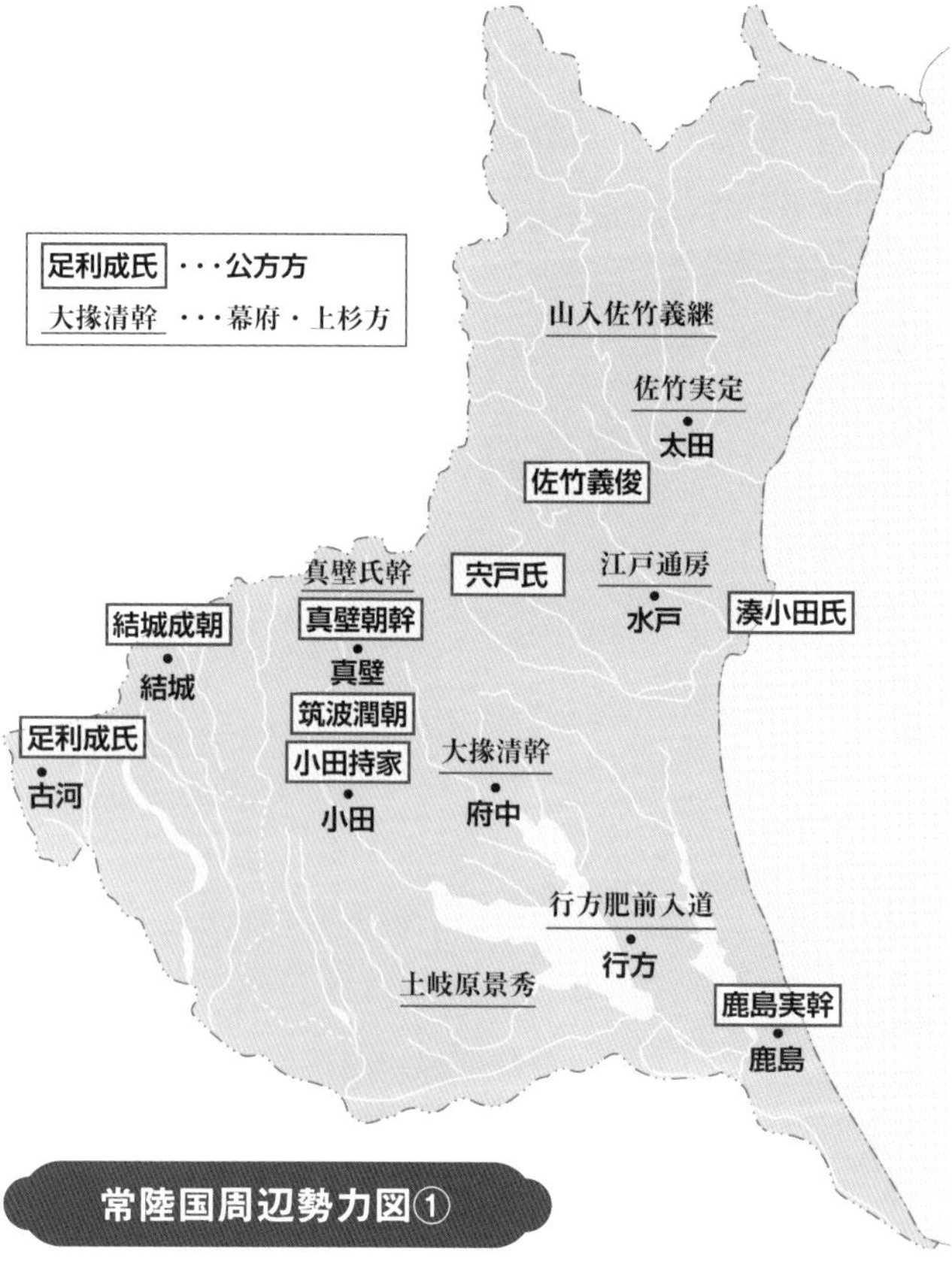

常陸国周辺勢力図①

左：軍扇◆佐竹氏当主の佐竹義憲（義人）が奉納したという軍扇（軍配） 茨城県常陸太田市・若宮八幡宮蔵

が、幕府に敵対するものではないと弁明するものであった。

「三条実雅宛」では幕府御料所《ごりょうしょ》の下野足利庄をはじめ、幕府管轄の所領については押領《おうりょう》などしていないこと、足利庄については代官を派遣して直接に支配してくれるよう要請した。また、享徳四年正月六日の島河原合戦から同年十二月の崎西城合戦までの経緯を示し、これは反乱者を討伐するものであり、事情を幕府に連絡するので了承する返事をもらいたいと求めている。「細川勝元宛」では、幕府任命の関東管領であった上杉憲忠を誅伐した理由について、江の島合戦以来の状況をもとに述べ、誅伐への理解を求め、決して幕府に対して異心がないことを主張している。

成氏はそれ以前、二度におよんで幕府に弁明していたようだが、いずれも幕府に取り次がれなかったらしい。ここで、成氏はあらためて関東に使節を派遣し事態を把握してもらえるよう要請している。しかし、この弁明も幕府に届くことはなかった。幕府はあくまでも、成氏を反乱者と位置づけ、その討伐をすすめる姿勢をとるのであった。

佐竹氏系図

- 佐竹貞義
  - 義篤 ― 義宣 ― 義盛 ＝ 義憲（義定・義人・義仁）上杉憲定子
    - 義俊（義頼） ― 義治 ― 義舜
    - 実定 上杉憲実猶子 ― 義実
  - 師義 1 山入家
    - 言義 2
    - 与義 3 言義養子
      - 義郷 4
      - 祐義 5 義郷養子
        - 義継 6
        - 義真 7 義継養子 ― 義藤 8 ― 氏義 9

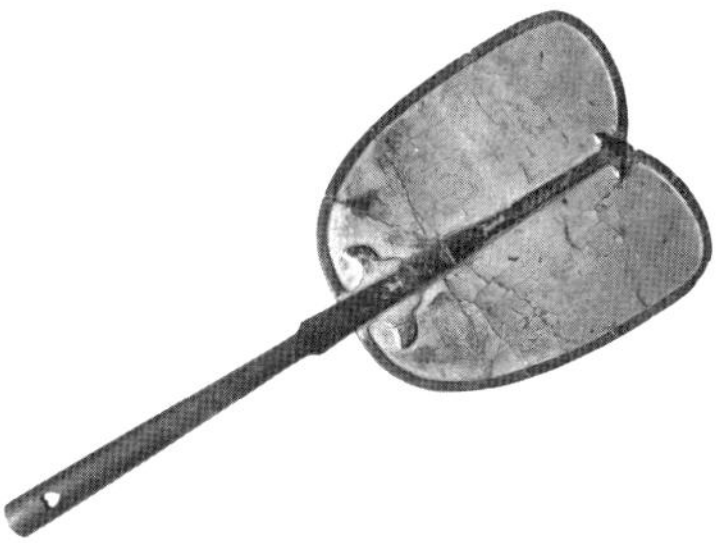

伝足利持氏の墓◆足利持氏は、室町幕府から鎌倉公方第四代を任命されたが、将軍足利義教から追討を受け、関東管領上杉憲実を主力とする軍と戦って敗れ捕縛。憲実の嘆願むなしく鎌倉永安寺で自害した　神奈川県鎌倉市・別願寺

Ⅲ　五十子陣の構築と京より派遣された新公方

康正3年・長禄元年（1457）〜長禄3年（1459）

上杉方が利根川渡河の重要拠点に五十子《いかっこ》陣を築く

康正三年（長禄元年、一四五七）閏正月二十六日、足利成氏は上野方面への出陣の意向を示し、それにともなって岩松持国に参陣を命じている（戦古参考一四）。上野では依然として戦乱が継続していたことが知られるが、具体的な状況は不明である。**五月**八日には、上杉方で武蔵千葉氏の宿老・円城寺氏が下総への侵攻を図り、そのため山内上杉房顕が常陸信太庄《しだのしょう》の家臣に支援を命じている（山内五）。武蔵・常陸から下総への侵攻が図られていたことがわかる。しかし、その後の状況は不明である。

いずれも、それまでのように関係史料がみられなくなっているためだが、すなわち戦況が膠着化しつつあった状況を反映しているのだろう。この頃になると、互いの勢力圏が形成されつつある状況を示していると考えられる。ここでそのほかの地域も含めて、それらの状況を簡単にみておくことにしよう。

まず、西関東からみていこう。伊豆・相模・武蔵南部は上杉方による鎌倉占領以降、合戦は確認されないから、上杉方の勢力圏で固まっていた。武蔵北部では、西部の秩父郡・賀美《かみ》郡・児玉郡などが上杉方、東部の長井庄・太田庄・崎西郡などが成氏方であったとみられ、その間の幡羅郡《はらぐん》・榛沢郡などが衝突地帯となっていた。上野では、西上野から沼田庄までの北上野が上杉方、新田庄・佐貫庄・桐生郷などの東上野が成氏方で、その間の東上野那波郡・西

五十子陣の跡◆樹木が茂る微高台地が陣跡で、国道17号線が貫通している。陣跡の遺構はほとんど消滅し、地名にのみかつての面影を偲ぶことができる　埼玉県本庄市

岩槻城ジオラマ◆城の周囲を水堀の役目を果たす池や湿地帯に囲まれていた様子がよくわかる。本ジオラマは近世期に郭などが拡張されたあとの姿である　さいたま市立岩槻郷土資料館蔵

庄などが衝突地帯となっていた。

東関東では、下野国は基本的には成氏方であったが、宇都宮氏・那須氏などでは両勢力に分かれて内乱が起きていた。常陸国では、南部の信太庄・東条庄、北部の佐竹実定や佐竹山《やま》入《いり》氏、中央部の大掾《だいじょう》氏らが上杉方、西部の小田氏、東部の鹿島氏、北東部の佐竹義人・義頼父子らが成氏方、中央部の真壁氏で両勢力に分かれて抗争している状況であった。下総北部では結城氏、下河辺庄北部・幸島郡などはほぼ成氏方で、南部では西端の葛西御厨《みくりや》（葛飾区など）は上杉方、それ以東では成氏方千葉氏が優勢であった。上総・安房では、成氏の奉公衆・武田信長や御一家・里見義実らがそれぞれに入部し、勢力を確立していた。

こうして、およそ利根川を境に西側が上杉方、東側が成氏方という勢力範囲が形成するようになった。こうした状況に対応するように、上杉方では軍事拠点の構築がすすめられた。具体的には、扇谷上杉氏が武蔵河越庄（川越市）に河越城を、豊島郡江戸郷（千代田区）に江戸城を構築し、それぞれ崎西郡から下総国にかけての成氏方に対する前線拠点とした。両城の構築については、長禄元年（一四五七）四月という所伝があるが、もとより確実なものではない。実際にそれらの存在が確認できるのは、同三年十一月まで下る（「香蔵院珍祐記録」）。

そして山内上杉氏も、武蔵児玉郡五十子（本庄市）に上杉方の本陣を構築する。時期は明らかではないが、長禄二年九月には構築されていたのではないかとされている（山内参考四）。この五十子の地は、利根川の渡河点にあたっていた。対岸の新田庄は成氏方の勢力圏、さらに下流側の長井庄・太田庄も成氏方の勢力圏であったとみられる。成氏方の勢力圏に侵攻するためには利根川を越えなければならず、そのためには渡河点の確保が必須であった。上杉方が同地に本陣を構えたのは、そのような理由と考えられている。

なお、「鎌倉大草紙」では、同時期に各地で拠点城郭が構築されていったように記されて

岩付（槻）城堀障子（ほりしょうじ）◆岩槻城跡の遺構はほとんどが開発によって失われた。中世の面影を偲ぶには、岩槻城址公園の遊歩道が最適だ。戦国時代の巨大な空堀の堀底道を歩くことができる。現在は埋め戻されているが、ここには戦国北条氏が築造した堀障子が三基あった。畝とも言われる堀に設けられた障害物のことで、特に堀に侵入した敵の横移動を妨げるための築城技術であった　さいたま市岩槻区

おり、これまでの見解の多くも基本的に踏襲されるような状況にある。しかし、実際には築城はこれよりも時期が下る状況が相模岡崎城（伊勢原市）、武蔵松山城（吉見町）、同岩付《いわつき》城（さいたま市）などで確認されている。もちろん、この時期に領主の本拠を城郭化する事例もみられるが、その動向はこの時期に限られるわけではなく、これ以降も続いた事態である。現段階では、のちに戦国大名や国衆《くにしゅう》の本拠としてみえる城郭が、実際にはいつから史料で確認できるのかを充分に押さえておくことが必要であろう。

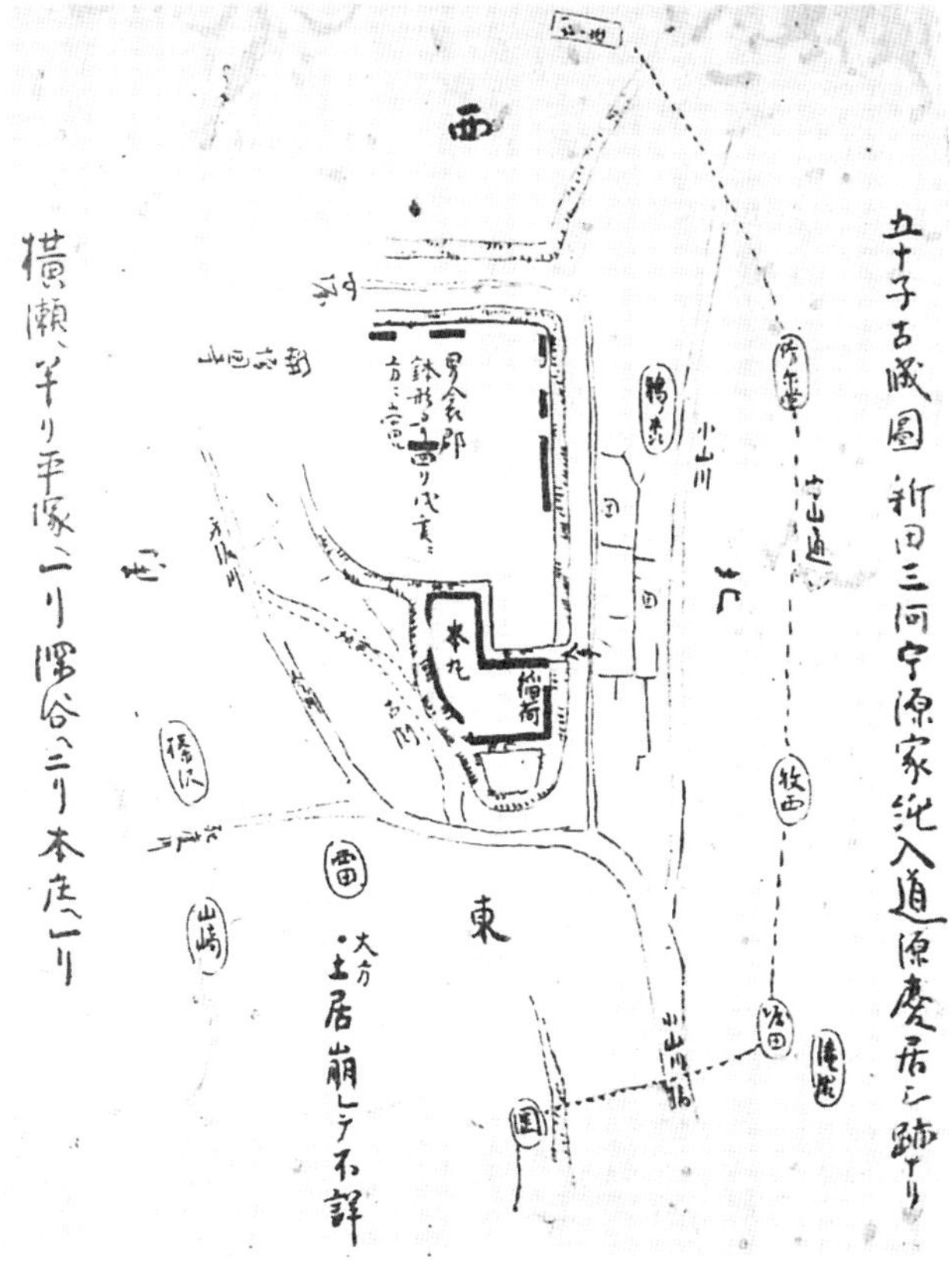

五十子古城図　武蔵志◆本丸・大手・堀など、当時の陣の構造や地理的な特徴を記す　国立国会図書館蔵

右：松山城跡遠望　左：本丸の空堀と曲輪◆埼玉県吉見町

足利政知《あしかがまさとも》が天子御旗を掲げて伊豆へ――堀越公方《ほりごえくぼう》の成立

長禄元年（一四五七）に入った頃、上杉方と成氏方の戦線は、一種硬直化した状況となってきた。これをうけてか幕府は、状況打開のため足利成氏に代わる新たな鎌倉公方の任命をすすめた。そして**七月**十六日までに、将軍足利義政の庶兄にあたる天竜寺香厳院主の清久《せいきゅう》を「関東主君」として決定した（神六二五二）。清久は、**十二月**十九日に還俗《げんぞく》（僧体から俗体に戻ること）して実名を政知と名乗り、左馬頭《さまのかみ》に任じられた（「山科家礼記」）。そして、「探《たん》題《だい》」＝後見役として付された足利氏御一家の渋川義鏡《しぶかわよしかね》とともに、同月二十四日に京都を発って近江園城寺《おんじょうじ》（大津市）に入った（「大乗院寺社雑事記」）。

しかし、政知はなかなか関東に下向しなかった。まだ下向の時期がととのっていない、という判断があったのであろうか。翌**長禄二年三月**二十七日になると、将軍足利義政は、上野岩松持国・次郎（のち宮内少輔《くないのしょう》）・成兼《しげかね》父子三人に対して、味方になるよう命じる御内書《ごないしょ》を出し、また、足利政知の奉行人《ぶぎょうにん》・朝日教忠も同趣旨の奉書《ほうしょ》を出している（群一六三七ほか）。これに対して岩松持国は、**五月**十五日に請文《うけぶみ》を出している（群５二七一）。

こうした成氏方有力者への調略《ちょうりゃく》を踏まえてのことであろうか、五月二十五日もしくは**六月**八日に、足利政知は幕府から「天子御旗」を与えられて関東に下向した。そして、**八月**十三日までのうちに伊豆に到着している（群５二一三）。政知は、伊豆の政治的中心であった奈古屋（伊豆の国市）の国清寺《こくしょうじ》に本拠を構築し、以後は「豆州様《ずしゅう》」「豆州主君」などと呼ばれる。のちに寛正元年（一四六〇）五月以降に本拠を北条内堀越に移したので、これを「堀越公方」と称している。

足利政知は下向にあたって、将軍足利義政から関東における御料所《ごりょうしょ》・新闕所《しんけっしょ》の処分権を

富士山と伊豆◆将軍足利義政の兄である足利政知は還俗して伊豆に下向した　静岡県伊豆の国市　写真提供：伊豆の国市

認められていた。「御料所」とは鎌倉公方の直轄領、「新闕所の処分権」とは敵方の所領を没収して味方勢力に与える権利である。さらに、寺社領の安堵権や兵《ひょう》糧《ろ》料所《りょうしょ》の管理権も認められていた。後者は、戦時に在京領主所領の半分を兵糧料所に指定し、味方勢力に与える権利である。そのほか、これまで幕府軍として参加していた軍勢は堀越公方の指揮下に入り、とりわけ奉公衆の東常縁《とうのつねより》、駿河国人の大森氏頼・実頼父子、武蔵千葉実胤・自胤兄弟などは、政知の政治勢力に属すものとなった。こうして上杉方には、山内・扇谷両上杉氏に加えて、堀越公方勢力という第三の勢力が形成されたのである。

伝堀越御所跡◆堀越御所遺跡を東側の上空から俯瞰したもの　静岡県伊豆の国市　写真提供：伊豆の国市

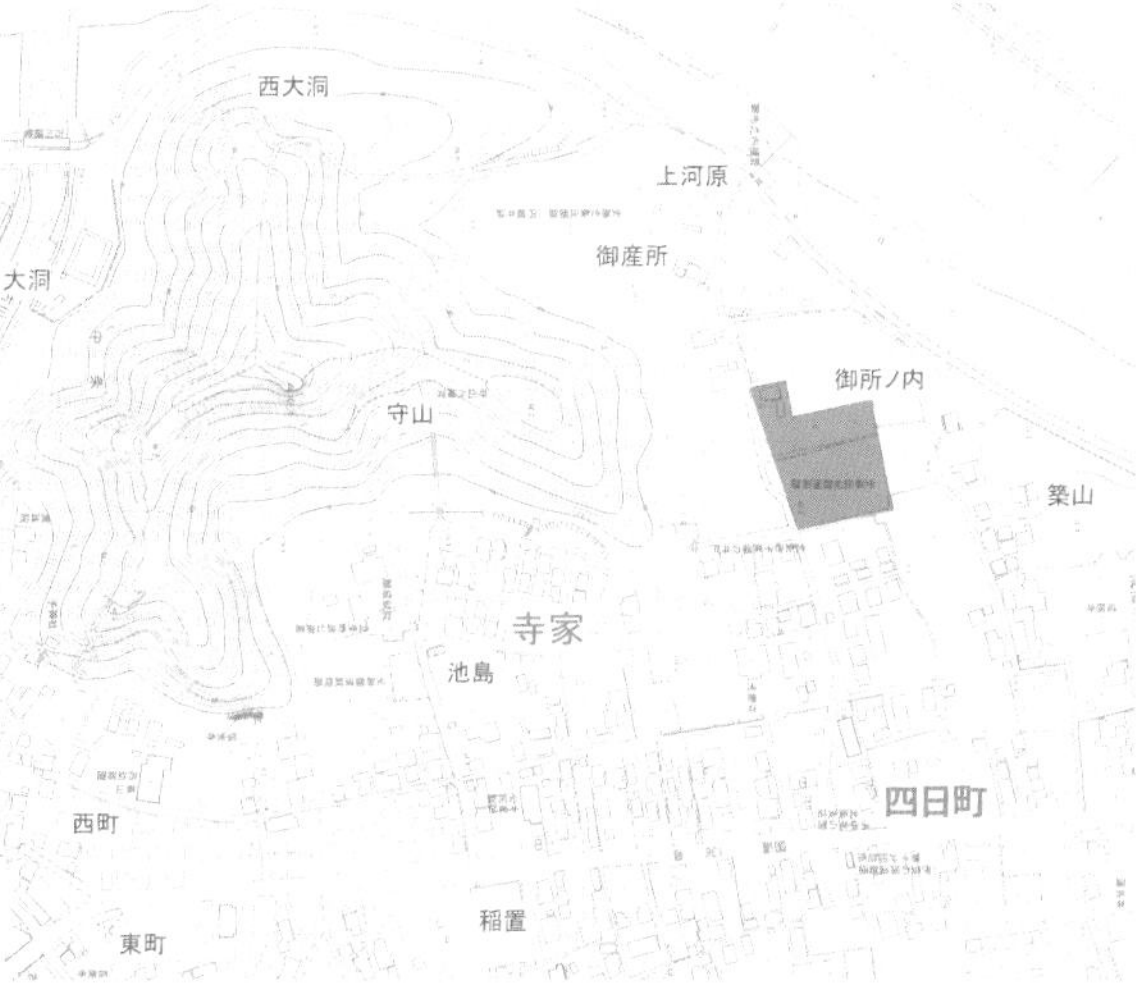

堀越御所の位置と周辺の大字名◆画像提供：伊豆の国市

伝堀越御所跡から出土した庭園遺構◆写真提供：伊豆の国市

岩松父子の分裂と太田庄・羽継原・海老瀬口の合戦

幕府は、この足利政知の関東下向にあわせて、関東およびその近国の武家に向けて、対成氏の動員をかけた。**長禄二年七月**二十四日の時点で、渋川義鏡《しぶかわよしかね》を始め諸大名に対して出陣が命じられている（戦下八二）。将軍足利義政からは八月に、白川直朝に数度におよんで命令が出され（義政一〇六・一一〇）、また、信濃守護小笠原氏の一族・家臣にも出されたことが確認される（義政一一一〜一二）。

こうした情勢をうけて、五十子陣の上杉方では、岩松持国《もちくに》の帰属をめぐる交渉を本格化させた。その際、争点になったのは持国の所領安堵であった。持国は上杉方への帰属に際して、当知行所領の安堵を要請していた。しかし、新田庄については上杉方ではすでに岩松家純（もと長純）に与えていたため、持国の当知行を認めると、家純が家臣らに配分していた所領が無くなることになり、家純もその要求を簡単には受け容れ難かったからである。

ここでこの交渉に側面支援として介入したのが、山内上杉房顕とその家宰・長尾昌賢であった。そして**九月**二十四日には岩松持国が上杉方に参陣してくるのであり、そのことを賞する足利政知の御教書が出された（群一六四四）。その後、上杉方では**十月末**くらいに利根川を越え、成氏方への攻勢をかけたらしい。もっとも**十一月**十日には、京都にその敗報がもたらされているから、緒戦は敗戦であったのだろう（「大乗院寺社雑事記」）。しかし、上杉方はそのまま在陣を続けたらしく、十一月十七日に佐貫庄岡山（大泉町）で合戦があった（戦古一四二）。なおこのとき、岩松家純は、将軍足利義政と堀越公方足利政知から、「信州御勢の大将」に起用されたらしい（群５一九〇）。これによって、信濃からも軍勢が参陣していたことがうかがえる。

羽継原供養碑◆羽継原合戦が行われた古戦場跡地（館林市羽附・宝秀寺門前）に建てられた戦死者供養塔と慰霊碑　群馬県館林市

とはいえ、その後の戦況に大きな変化はみられないから、上杉方は成果を挙げることができなかったようだ。そのためか翌**長禄三年（一四五九）二月**、前年に上杉方に帰参した岩松持国の次男成兼が、上杉方を離叛して成氏方に帰参した。これによって、岩松持国も親子で抗争することとなった。

次いで両勢力の抗争がわかるのは、**十月**十四日・十五日、武蔵太田庄会下《えげ》（鴻巣市）・上野佐貫庄羽継原（館林市）・同海老瀬口（板倉町）で行われた合戦である。上杉方が太田庄から佐貫庄に進軍して起きたとみられ、戦場が徐々に東に移動しているから、当初は上杉方優勢で展開されたようだ。最終的に上杉方は敗北し、五十子陣に後退している（「香蔵院珍祐記録」同年十一月条）。

岩松氏系図

直国―満国
- 満純―**家純**―明純―尚純―昌純
- 満親
- 満長＝**持国**
  - 某―松寿丸
  - **成兼**
- 満春―持国→**持国**

羽継原陣跡◆足利成氏が陣を布いた場所と伝える　群馬県館林市

上杉方では、五十子陣に在陣していた軍勢は基本的にこの合戦に参加したとみられ、上杉氏一族でも、山内上杉房顕・越後上杉房定のほか、房定の弟上条《じょうじょう》上杉定顕、四条上杉教房・同子政藤、八条上杉持定・同叔父房藤、庁鼻和上杉房憲（憲信の子）、上杉宮内大輔らが確認される（義政一八八～九二）。なかでも、四条上杉教房は海老瀬口合戦で戦死している（義政一八〇）。

山内上杉氏の宿老としても、長尾昌賢の嫡子景信、次男で尾張守《おわりのかみ》家《け》当主の忠景、但馬守《たじまのかみ》家《け》当主の景人《かげひと》（実景の子）、大石九郎らが参戦している。そして、浅羽大炊助《あさばおおいのすけ》・神保《じんぼ》伊豆太郎ら山内上杉支配下の武蔵・上野の武士、二階堂小滝四郎や長南主計助ら上総の武士、行方幸松の常陸の武士、さらには下野の宇都宮明綱の家宰・芳賀成高《はがしげたか》や小山氏一族の小山常陸介、南陸奥の二階堂須賀河藤寿《にかいどうすかがわとうじゅ》の参戦も確認できる。また、越後上杉氏家臣も家宰の長尾頼景、飯沼頼泰ら多くが戦功をあげている（義政一九三～六・九～二〇八・一四～二四・三〇～一）。

これらの戦功は、翌**寛正元年（一四六〇）四月**二十一日・二十八日に将軍足利義政から賞されている（義政一八二以下）。ここで出された感状は、三十七通が知られる。しかもそれと同日で、陸奥の伊達持宗・塩松石橋松寿・二本松畠山七郎に関東への進軍を命じ（義政一八五～六）、南陸奥の白川直朝と芦名盛詮《あしなもりあき》に和睦して関東への進軍を命じるというように（義政一九七～八）、陸奥の勢力を関東の戦乱に動員しようと積極的になっている。しかし、ほとんどは関東に進軍することがなかった。

そうしたなかで、二階堂須賀河氏が参戦していることは注目される。南陸奥の領主のなかに、実際に関東へ出陣していたものがあった。これは、何よりも出陣命令が将軍足利義政から発せられたからにほかあるまい。また、小山氏一族の小山常陸介が上杉方にあったことが知られる。小山氏でも、当主持政に敵対して上杉方に属す勢力がいたことがわかる。

御壇塚（上杉教房の墓）◆羽継原・海老瀬口合戦は当初、上杉方の優勢で展開したが、四条上杉教房は奮戦空しく雑木が鬱蒼と茂るこの地で自刃したと伝える。その戦死者を弔った塚を地元では「御壇塚」と呼んでいる　埼玉県加須市

右：小田城の本丸土塁と東堀　左：本丸虎口◆常陸国南部に勢力をもった小田氏の居城。現在は小田城跡歴史ひろばとして復元整備されている。茨城県つくば市

奥羽の勢力図

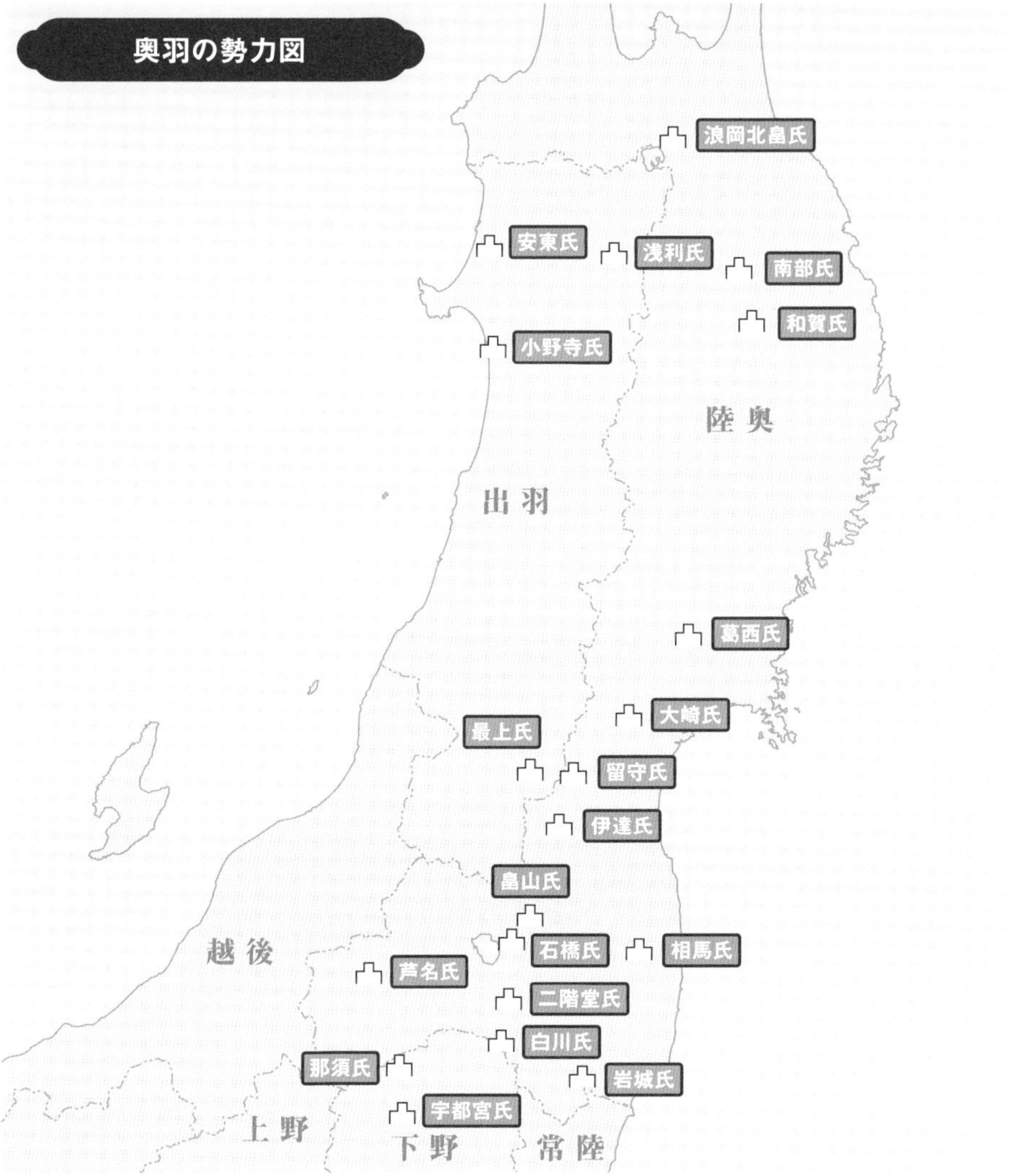
浪岡北畠氏
安東氏
浅利氏
南部氏
和賀氏
小野寺氏
陸奥
出羽
葛西氏
大崎氏
最上氏
留守氏
伊達氏
畠山氏
石橋氏
相馬氏
越後
芦名氏
二階堂氏
白川氏
那須氏
岩城氏
宇都宮氏
上野
下野
常陸

長尾氏系図

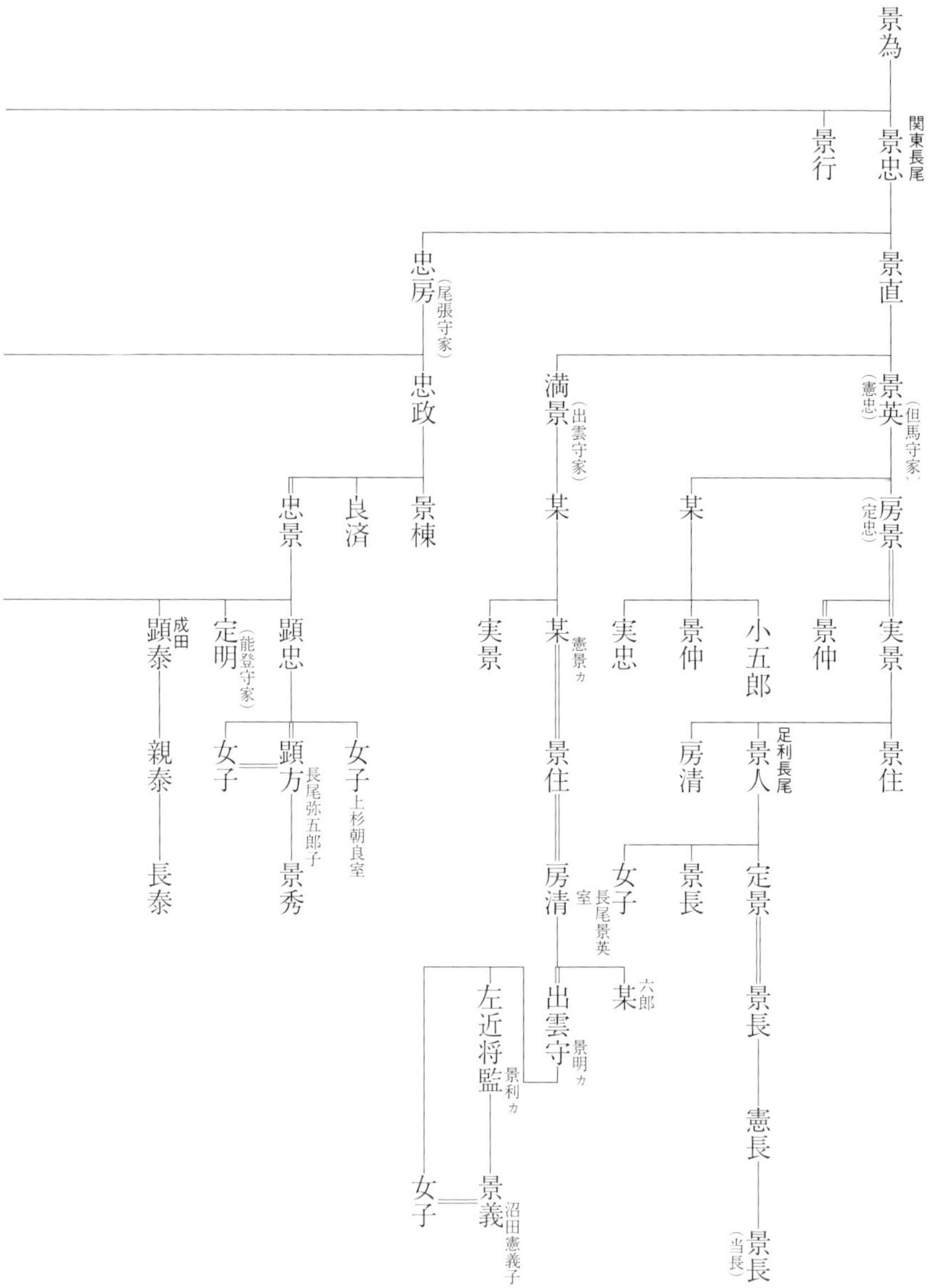
景為
景忠 関東長尾
景行
景直
忠房（尾張守家）
景英（憲忠）（但馬守家）
満景（出雲守家）
忠政
房景（定忠）
某
某
景棟
良済
忠景
実景
景仲
小五郎
景仲
実忠
某 憲景カ
実景
顕忠
定明（能登守家）
顕泰 成田
景住
景人 足利長尾
房清
女子 上杉朝良室
顕方 長尾弥五郎子
女子
親泰
景住
房清
定景
景長
女子 長尾景英室
景秀
長泰
某 六郎
出雲守 景明カ
左近将監 景利カ
景長
憲長
景義 沼田憲義子
女子
景長（当長）

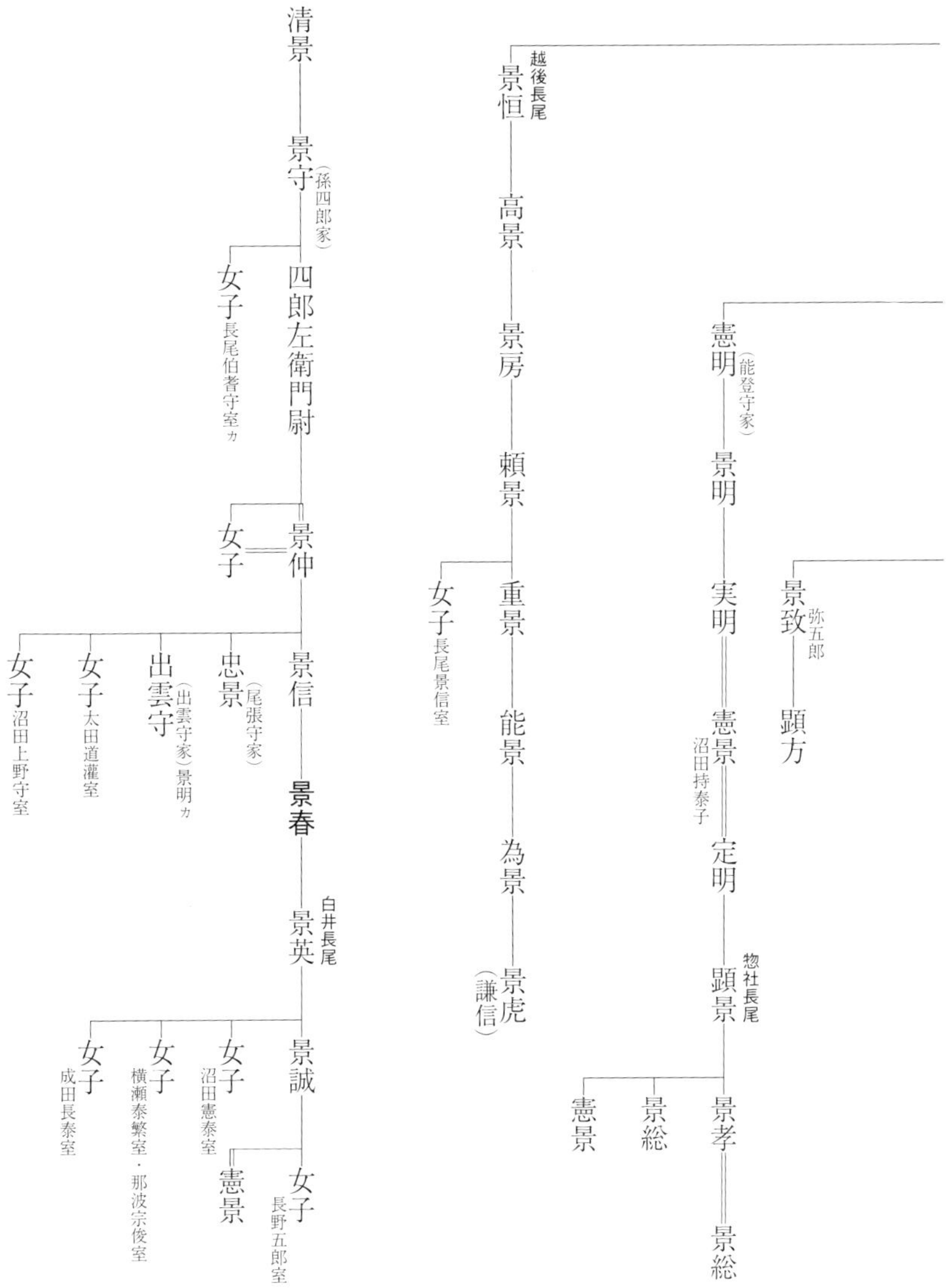
清景
景守（孫四郎家）
女子 長尾伯耆守室ヵ
四郎左衛門尉
女子
景仲
女子 沼田上野守室
女子 太田道灌室
出雲守（出雲守家）景明ヵ
忠景（尾張守家）
景信
景春
白井長尾
景英
女子 成田長泰室
女子 横瀬泰繁室・那波宗俊室
女子 沼田憲泰室
景誠
憲景
女子 長野五郎室
越後長尾
景恒
高景
景房
頼景
女子 長尾景信室
重景
能景
為景
景虎（謙信）
憲明（能登守家）
景明
実明
憲景 沼田持泰子
定明
物社長尾
顕景
憲景
景総
景孝
景総
景致 弥五郎
顕方

関東全域で戦乱激化、将軍義政の援軍命令も届かず

房総では**長禄二年（一四五八）三月**二十七日、上総カギ城（所在地不明）で合戦があり（「本土寺過去帳」）、**九月**四日に落城している（「年代記配合抄」）。**長禄三年二月**二十一日には、下総八幡庄（市川市）で原大蔵（右馬助兄）が戦死している。彼は成氏方の千葉輔胤方とみられる。翌**寛正元年（一四六〇）十一月**六日には上総小西（大網白里市）で合戦があった（「本土寺過去帳」）が、いずれも千葉方原氏と上杉方酒井氏の合戦とみられる。これらは千葉氏領国南部における領域確定の動向を示すもので、そこでは酒井氏との攻防が展開され、千葉方では小西が最前線に位置している。

下野では、**長禄二年春**の時点で宇都宮等綱は那須に在所していたが、その後に上洛し、**四月**二十九日に将軍足利義政へ出仕を遂げている。義政からは足利政知下向にあわせて南陸奥への下向を命じられ、義政は白川直朝にそれへの支援を命じている（戦下八〇～二）。しかし、**七月**下旬になっても等綱は下向しなかった。幕府管領の細川勝元から白川直朝へ上使を派遣することになったからという。その上使は**十一月**末には派遣されたらしく、宇都宮等綱の下向を伝え、また、関東への進軍を命じている（戦下八五）。

長禄三年十月の羽継原合戦には、先に触れたように宇都宮明綱の家宰・芳賀成高や小山氏一族の小山常陸介が上杉方として参加していた。小山氏でも上杉方に従う勢力が出てきて、内部抗争が繰り広げられていた。ところが、**寛正元年三月**に宇都宮等綱が陸奥白川（白河市）で死去すると、宇都宮氏はその子明綱によって一本化されることになる。そのうえで明綱は、同年**十月**までのうちには上杉方から転じて、成氏方に属すこととなった（戦下九四）。

常陸では、**長禄三年十一月**に信太庄合戦が起きている。上杉方として参加した者には翌**寛**

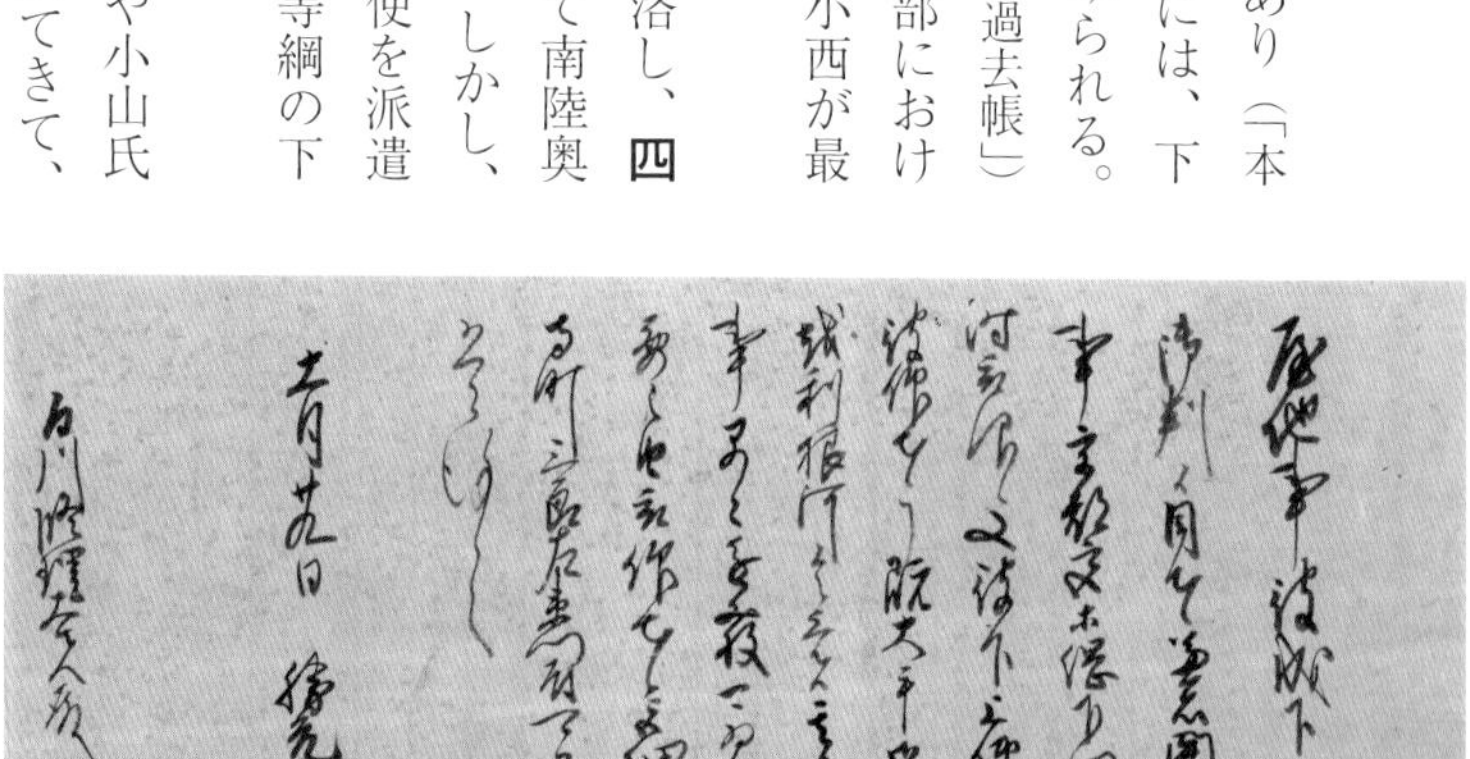

細川勝元書状◆11月29日、白川修理太夫宛て。内乱で宇都宮を離れた等綱が本拠へ復帰していた頃の文書。幕府軍が利根川を越えているため、白川も早く出陣するよう命じている　個人蔵

正元年四月二十八日に将軍足利義政から九通の感状が出されている。それによると、佐竹実定・江戸通房・小田持家・真壁氏幹、それに下総結城成朝の一族の結城宮内少輔・同刑部少輔らがみえる（義政二一〇〜三ほか）。同年**八月**には大掾清幹にも与えられている（義政二三九）。注目されるのは、それまで成氏方であった小田持家が上杉方に転じていることである。その一方で、小田持家の嫡孫成治（朝久の子）は成氏方にとどまった。また、結城氏一族が参加しているが、結城成朝が上杉方に転じていたためである（義政二一六）。

具体的な経緯は判明しないが、小田氏でも内部抗争が起こり、当主持家は上杉方に転じていた。この合戦では、持家の子治部少輔や一族の上総介が戦死している。また、真壁氏では氏幹父子三人が戦死して、そのため真壁氏は成氏方の朝幹によって一本化された。そして、成氏の有力支持者であった結城成朝が上杉方に転じているが、この動きは将軍足利義政の積極的な働きかけによるものだろう。合戦が信太庄で行われているのは、「常州凶徒等出張」に上杉方が対抗したものであったから、成氏方が上杉方の信太庄の勢力を攻撃して生じたと推測される。

もっとも、結城氏ではその後に家督をめぐる混乱が続く。二年後の**寛正三年十二月**二十九日、宿老の多賀谷《たがや》祥英《しょうえい》（朝経）が当主成朝を殺害した。新たな当主に擁立されたのは、成朝の従兄弟にあたる山川景貞（基義の子）の子基景であった。そこには山川景貞の介入が想定される。しかし、基景も寛正四年から同六年までの二月に死去してしまう。それをうけて多賀谷祥英は、成朝の兄長朝の子氏広を新たな当主に擁立して結城氏の実権を掌握、さらには上杉方を離叛して再び成氏方に属している（戦古二一六・二六一）。有力大名層では、家内部の権力関係と成氏方・上杉方の抗争が、複雑に絡まり合っている。

多賀谷城本丸跡◆本丸跡に多賀谷氏遺跡碑が建てられる前までは下妻城と呼ばれていた。結城氏の重臣・多賀谷氏が寛正年間に築城。その後、多賀谷氏は谷田部・水海道以南まで領地を拡大したが、慶長5年の関ヶ原の戦いに参陣しなかったため追放された。現在、本丸跡は多賀谷城跡公園となっているが、遺構はほとんど遺されていない　茨城県下妻市

Ⅳ 所領支配の激変で〝国衆〟へと移行する武家

寛正元年（1460）〜寛正4年（1463）

武蔵へ進軍した政知に〝粗忽《そそう》の企《くわだ》て〟と注意した義政

上杉方は、**長禄三年（一四五九）十月**の太田庄・羽継原・海老瀬口合戦での敗北後、基本的には本陣の五十子陣に在陣し続ける姿勢をとった。上杉方の総帥である山内上杉房顕、有力な一族である越後上杉房定は同所に在陣した。その他、越後上杉氏の親しい一族にあたる、上条上杉氏・四条上杉氏・八条上杉氏も同所に在陣した。庁鼻和上杉氏も、同様であった。それらに対し扇谷上杉氏は、この五十子陣と、武蔵における拠点の河越城との間を行き来していたらしい。武蔵東部の成氏方への備えという、独自の役割を担っていたからであろう。

先の合戦後も、扇谷上杉道朝は河越城に在城している。また、堀越公方勢力も武蔵まで進出していた。その大将であった渋川俊詮（義鏡の兄か叔父か）が、合戦後に豊島郡浅草（台東区）に在陣している（「香蔵院珍祐記録」）。史料での記載の仕方からみると、この両者も先の合戦に参加していた可能性が高い。しかし、そこでの上杉方の敗北は、さらに戦況を膠着させることになった。逆に攻勢に出てきたのは成氏方であった。とはいっても、大規模な軍事行動ではなかった。太田庄・羽継原・海老瀬口合戦から半年ほど経った**寛正元年（一四六〇）五月**、成氏方の軍勢が足利政知の御所となっていた国清寺を攻撃し、焼失させるという事件が起きている（「碧山日録」）。これにより政知は、北条内堀越に新たな御所を構えることになる。

攻撃した軍勢が、どこの勢力であったかは不明である。安定した上杉方の勢力圏とみられ

浅草寺◆羽継原・海老瀬口合戦で敗北した堀越公方方の大将・渋川俊詮が一時、浅草に在陣している。中世は浅草寺を中心とした村落であった。上総武田氏は浅草寺の檀那としてたびたび寄進を行っている　東京都台東区

成氏方与党の二階堂氏墓所◆神奈川県大井町・地福寺

る伊豆・駿河東部・相模西部にも成氏方の勢力が残存しており、それらによるものであっただろうか。具体的に確認できる勢力には、相模西郡篠窪郷（大井町）の二階堂篠窪次郎（戦古三〇二）、伊豆伊東郷（伊東市）の伊東右馬允（戦古二九五）がいる。このうち篠窪次郎は、上杉方とみられる西郡の曽我要害（小田原市）を攻めていることが知られる。その他、西郡小田原城（小田原市）を本拠にした大森憲頼（氏頼の兄）・成頼父子の存在も想定される。伊豆東北部から相模西部には、成氏方勢力が比較的厚く存在していたようだ。足利政知が鎌倉に進軍しなかったのはそれらの勢力があったからであろうし、逆に国清寺を攻めてきたのもそれらの勢力であったろう。

この事態に関連するかはわからないが、三ヶ月後の**八月**二十二日、将軍足利義政は足利政知と渋川義鏡に、両名が「箱根山を越えた」という情報に接して「粗忽の企て」と注意している（義政二四六〜七）。政知らが相模に進軍した事実は他の史料で確認できないが、そうであれば政知は、先の襲撃への報復として相模に進軍したのかもしれない。これをうけてか義政は、**閏九月**、白川直朝に関東へ進軍して戦功をあげるよう命じ、政知の家宰・犬懸上杉教朝（憲顕の弟）を通じて上杉方に転じてきた二階堂駿河守にその功を賞し（義政二五三〜四）、**十月**二十一日には関東・奥羽の武家に一斉に関東進軍を命じている。

その数は三十一通にのぼる（義政二五七〜八七）。奥州探題《たんだい》大崎氏・羽州探題最上《もがみ》氏をはじめとした奥羽の武家には、これまで何度も関東進軍を命じたが行われないため、即刻の関東進軍を命じている。白川直朝には別に、小山持政・宇都宮明綱・那須持資を味方に引き入れることを命じている。それら奥羽の武家に出しているものは二十六通におよぶ。佐竹実定に与えた一通では、奥羽の武家に出陣を命じたことを伝えて、白川直朝とともにそれらの軍勢を差配して戦功をあげることを命じている。

相模国曽我周辺◆上杉方与党の曽我氏が拠った地。遠方に見えるのは相模湾と小田原市街　小田原市

それ以外の四通は、成氏方の有力者に上杉方への参向を命じるもので、宇都宮明綱・小山持政・那須持資（下那須氏）・佐野盛綱・那須氏資（上那須氏）・芳賀成高（宇都宮氏家宰）・武田信長に宛てられている。義政は奥羽の軍勢を投入し、成氏方の有力者を参向させることで、成氏討伐の実現を図ったとみられる。残されている史料による限りではあるが、この時に示した義政の姿勢は、これまでみられなかった大規模なものであった。幕府はこの時になって、ようやく成氏討伐に本腰を入れたとみられる。しかし結局、奥羽の武家の出陣はなく、成氏方の有力者の参向もみられなかった。

それどころか**寛正二年五月**、上杉方であった岩松持国・宮内少輔父子が足利成氏に内通する事態が生じ、その露見をうけて岩松家純が「沙汰《さた》」、おそらく両者を殺害するという事件が起こった（義政三〇三）。上杉方の勢力のなかで、成氏方に応じるような状況が起き始めていたことがわかる。これによって上杉方における岩松氏は、家純に一本化されることになった。持国父子としては、家純の下位に位置するのが耐えがたかったのかもしれない。

その一方で、成氏方であった那須氏資は、寛正二年から同六年までの間の八月に上杉方に転じた（戦古二六九・七八）。そして寛正六年十二月には、嫡子明資が当主としてみえている（義政四四三）。ここからも、各地の有力領主が成氏方か上杉方の立場を選択しながら、いずれもその存続をかけて行動していたことがわかる。また、寛正二年**十月**二十六日に、結城氏一族の結城駿河守・伊賀入道・掃部助が武蔵の上杉房顕のもとに参陣し、これを将軍足利義政が賞している（義政三二五、実際の発給は十二月九日）。当主成朝は、このときは上杉方であったから、一族を上杉方のもとに参陣させていたのである。

そうしたなか、上杉方勢力のなかで一大事件が起こった。それは堀越公方勢力と扇谷上杉氏との深刻な政争であった。要因になっていたのは、足利政知による御料所・新闕所の処分

川越城中ノ門堀跡◆近年、復元された川越城の堀の跡で、近世川越城の偉容を示す遺構として保存整備され公開されている。享徳の乱当時には存在しなかったとされる空堀だが、寛永年間に松平信綱が建造したと推定されている。このスケールは武蔵における川越城の重要性がうかがえる遺構として必見である　埼玉県川越市

権の行使であった。政知は、相模・武蔵東部という扇谷上杉氏の勢力圏において、扇谷上杉氏が領有していた御料所・闕所地や、この戦乱で扇谷上杉氏が従軍した駿河・相模の領主に、兵糧料所として与えていた闕所地などを収公し、それを白紙に戻して近臣らに与えたらしい。

そのなかには、扇谷上杉氏が武蔵の本拠としていた河越城が立地する河越庄も含まれていた。同庄は鎌倉府の御料所で、扇谷上杉氏はその代官として同庄を領有していた。

川越（河越）城碑◆長禄元年、扇谷上杉持朝は古河公方足利成氏と対峙するため、家宰の太田道真・道灌父子に河越城を築かせ自らが拠った。現在は、道灌が築いたと伝わる富士見櫓の跡が残る　埼玉県川越市

川越城下町模型◆近世の川越城とその周辺村落の復元ジオラマ。中世の川越城も本丸の位置は近世の川越城と変わらないと考えられている　川越市立博物館蔵

「代々の忠節者」上杉道朝離反の噂に驚愕する将軍義政

この一大事件は扇谷上杉氏自体の存立も危うくするし、何より成氏方との抗争の展開にも影響を与えかねなかった。両勢力の政治対立が表面化したのは、**寛正二年（一四六一）十月**のことであった。足利政知の家宰・上杉教朝が自害したのである。おそらく事態の解決に苦慮してのこととみられる。対する扇谷上杉氏側でも、家宰の太田道真（資清）が隠居し、嫡子道灌に交代した。堀越公方側で家宰が自殺したため、その均衡をとって、扇谷上杉氏の家宰も辞職させられたと思われる。それでも両勢力の政治対立はおさまらず、翌**寛正三年三月**になると、扇谷上杉道朝の「雑説《ぞうせつ》」が表面化する。「雑説」とは「噂」のことだが、ここでは上杉道朝が上杉方から離叛して成氏方に帰属する、という内容であったのではないか。

この報に接した将軍足利義政は、堀越公方足利政知に「非常に驚愕している」ことを伝え、上杉道朝は「代々の忠節者」であり、かつ「故御所様」、すなわち足利義教（義政の父）がとくに扶助していた存在であるから疎略にしてはならず、道朝の分国・所領についても保障するように要求した。また、越後上杉房定に対しては仲裁を命じ、道朝自身にも幕府からの離叛を思いとどまるよう説得している（義政三三五〜七）。続けて堀越方の駿河大森氏頼・実頼父子にも、両勢力の和解の斡旋を命じている（義政三五一・五六）。

しかし、両勢力の政治対立はかなり深刻化していたらしく、その余波で両勢力と密接な関係にあった相模三浦時高が三月に、武蔵千葉実胤が**四月**に、それぞれ隠遁に追い込まれている。三浦時高は上杉道朝の次男高救を養嗣子としており、時高の妹は堀越方の大森氏頼の妻、高救の妻はその間に生まれた氏頼の娘であった。千葉実胤は堀越方に属していた一方、その妻は道朝の嫡子顕房の娘であった。ともに両勢力からの板挟みにあい、進退に窮して隠遁を

太田道真隠遁の地碑◆太田道真は隠居に伴って「山入」に居住したとされる。その後に龍隠寺に参詣していることや龍隠寺に居住したという伝えがあることから、山入とは龍隠寺付近であろう。そのほか越生町には道灌の生誕地と伝える山枝庵や、道灌の死を悼み道真が建てたと伝わる建康寺など、太田一族の史跡が多く伝えられている　埼玉県越生町

選択したと推測される。

そして、ようやく**十一月**初めには両勢力の和解が成立したらしい。堀越公方から幕府に対し、上杉道朝の「雑説」は事実ではなかったことが連絡された。これは、堀越方が扇谷上杉氏のこれまでの分国・所領の維持を容認する姿勢を示したからだろう。そのため十一月九日、将軍足利義政は堀越公方の家宰・上杉政憲に宛てて、そのことを賞している（義政三五五）。上杉政憲は前年に自害した上杉教朝の嫡子で、その跡を継いで家宰に就任していた人物であった。

十二月七日、将軍足利義政の御内書によって、上杉道朝の地位保全が保障された。道朝に対しては、河越庄など道朝が領有する御料所・闕所地、家臣所領で生じた闕所地は、従来通り領有や進退権を保証するとともに、足利政知に対しては、扇谷上杉氏から収公した兵糧料所について元に戻すことを命じている（義政三五七～六二）。こうして一年以上にわたる堀越公方勢力と扇谷上杉氏の政争は、扇谷上杉氏の地位保全というかたちで終息をみることになった。

扇谷上杉氏の関係略系図

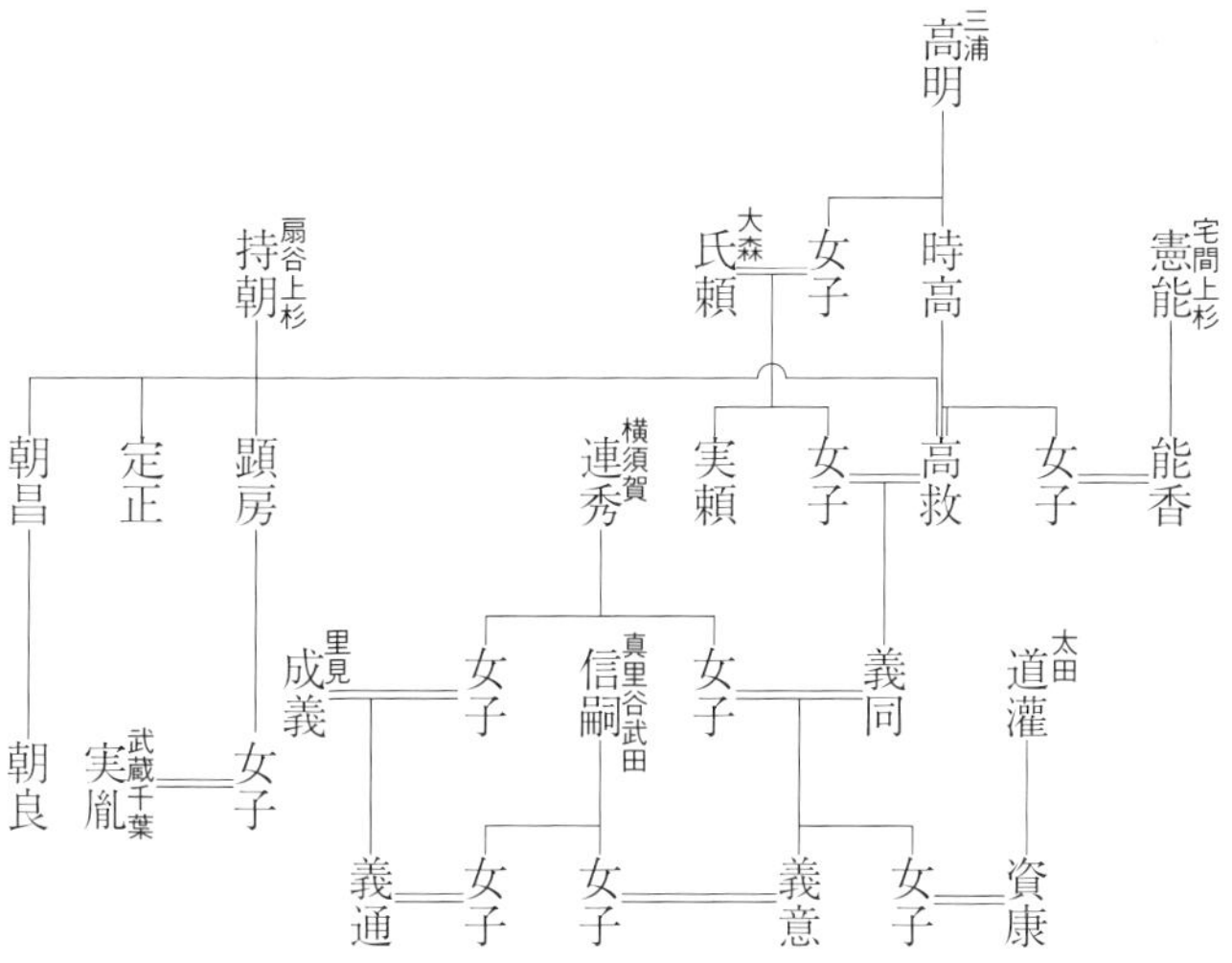

武蔵国赤塚郷をめぐる堀越公方と山内上杉氏の紛争

堀越公方と扇谷上杉氏の政争がようやく解決に向かっていた頃、山内上杉氏にも堀越公方がらみで厄介な事案がもたらされた。それは京都鹿王院《ろくおういん》領だった武蔵豊島郡赤塚郷（板橋区）の兵糧料所問題である。赤塚郷は、武蔵千葉実胤に兵糧料所として与えられていた。千葉実胤がここを領有するようになったのは、**康正二年（一四五六）正月**の下総市川合戦によって下総から没落したあと、山内上杉氏ないし扇谷上杉氏の裁量により兵糧料所として与えられたようだ。その後、足利政知が関東に下向すると、その「探題」渋川義鏡とその家宰板倉頼資によって御料所・新闕所の調査が行われ、その時に渋川義鏡の斡旋で兵糧料所としての領有が、あらためて足利政知から承認されたらしい。

ところがその後、鹿王院から幕府に返還の申請が出され、幕府はそれを受け容れて堀越公方に同郷の鹿王院雑掌《ざっしょう》への引き渡しを命令した。赤塚郷は鹿王院にとって極めて重要な寺領で、そもそも兵糧料所の対象にはならないというのが理由であった。ちなみに、赤塚郷は室町幕府二代将軍足利義詮《よしあきら》の後室如春《にょしゅん》（渋川幸子）が、亡父義詮と自身の菩提のために鹿王院へ寄進したことに始まる。そのため幕府としても、その主張を容認せざるをえなかったのであろう。

幕府からの命令をうけた堀越公方は、**寛正三年十一月**二十三日付の奉行人奉書で関東管領兼武蔵国守護・上杉房顕の家宰である長尾景信に、その遵行《じゅんぎょう》（命令の執行）と、千葉実胤には替地を与えるので適当な地を連絡してくることを命令した（山内参考七）。**寛正四年二月**、堀越公方は同じく奉行人奉書で千葉実胤そのものに対し、幕府の命令に従って赤塚郷を鹿王院雑掌に引き渡すことを命じている（埼九三一）。

さらに、鹿王院領については別の案件もあがっていた。同年**四月**十五日、同じく堀越公方奉行人奉書によって、赤塚郷の鹿王院雑掌に対して、堀越公方の御料所となった武蔵入東郡宗岡郷《むねおか》（志木市）内仙波対馬守《せんばつしまのかみ》分について、その代官に任じられた長田清仲が自身の被官《ひかん》を入部させようとしたところ妨害をうけたので、長田清仲の被官への支援を要請している（埼九三二）。宗岡郷が堀越公方の御料所となったのは、先の渋川義鏡・板倉頼資による御料所・新闕所糺明《きゅうめい》の結果であろう。「仙波対馬守分」とあるので、闕所地として収公したのであろう。しかし実際には、すでに上杉方の人物の所領になっていたようだ。

堀越公方はそれを長田清仲に代官として預け、長田清仲は支配のために被官を派遣したが入部を拒否された。抵抗したのは当知行人とみて間違いないであろう。支配の実現は、そうした当知行人を排除しなければできなかったから、長田清仲は実力行使に訴えることにした。堀越公方もそれを認め、そのため赤塚郷雑掌に協力が命じられたのである。ここで赤塚郷雑掌が協力を命じられているのは、同郷の返還問題に堀越公方が尽力していたためであろう。いわば、一種の利益交換のようなものであった。

ここにも堀越公方による御料所・新闕所に対する処分権が、上杉方のなかで問題を生じさせていた状況があらわれている。長尾景信がこれらの問題に、堀越公方の命令に従って対処した形跡はない。実際の知行人は、以前から上杉方として成氏方との抗争にあたっている存在に違いなく、それらの経済基盤を奪うことは、成氏方との抗争の継続そのものを破綻させかねなかったからであろう。

右：赤塚城本丸跡　左：本丸跡に建つ城跡碑◆東京都板橋区

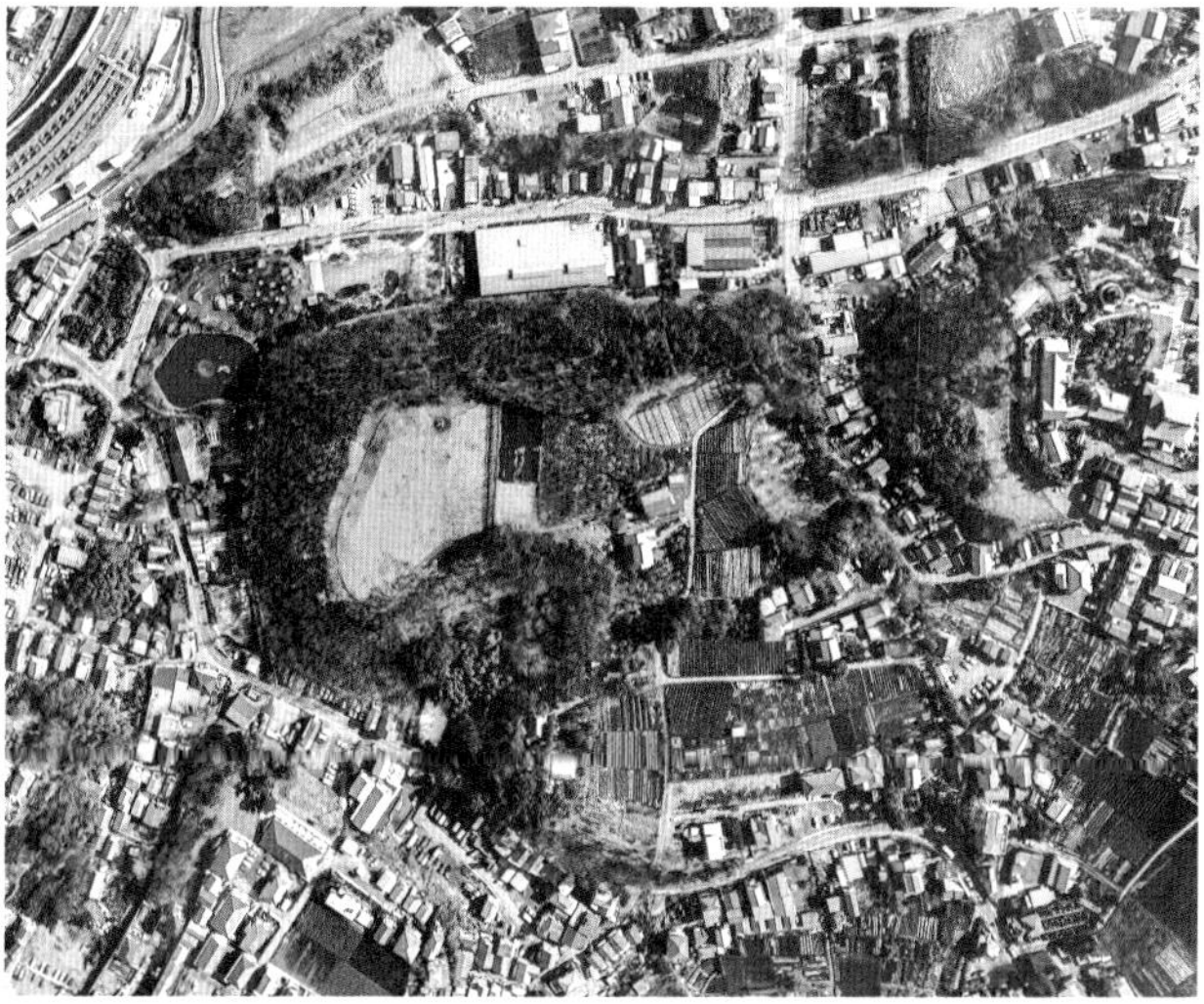

赤塚城空撮◆赤塚郷の支配の中心が武蔵千葉氏の居城・赤塚城である。左方の平地が木丸跡、右へ二の丸と続く。木々の外側には水堀が取り巻いていたが、現在は左上方に小さな溜め池だけが残る　東京都板橋区

長尾昌賢の死去と上杉房顕が関東管領職の辞表を提出

この鹿王院領が問題となっているなか、**寛正四年（一四六三）八月**二十六日に長尾昌賢が死去した。すでに山内上杉氏家宰を引退していたが、乱勃発このかた上杉方の重鎮として存在していた。昌賢の死去を聞いた将軍足利義政は、**十月**五日に、山内上杉房顕と家宰の長尾景信それぞれに対して、落胆する心中を慰める御内書を送っている（山内一一二ほか）。隠居した前家宰の死去に、わざわざこのような御内書が出されていることは他例をみないから、異例な事態といえる。昌賢の存在が、上杉方にとって極めて重要であったことを改めて示している。

その直後、上杉房顕が幕府に関東管領の辞職を申請している。それに対しては**十二月**二十六日付で、幕府から辞職は認めないので、引き続き関東管領として鎌倉公方（堀越公方）の「補佐」にあたることを命じられている（山内一一三）。申請が却下されたことからすると、上杉房顕が辞職を申請したのは、十二月に入ってからのことと思われる。

この辞職問題で鹿王院領問題の解決は遅らされていた。上杉房顕の辞職申請とともに、関東管領としての職務を停止していたからである。それに対して堀越公方では、幕府から辞職の不承認を伝える御内書が出されてから二日後の十二月二十八日付で、辞職が認められていない以上、当職にあるのと同じとして、あらためて先の決定の遵行《じゅんぎょう》（命令の執行）を要請した。さらに翌日付で、山内上杉氏宿老・伊豆国守護代の寺尾礼春《らいしゅん》（憲明）からも、景信に宛てて遵行を促す、主人上杉房顕への披露状が出されている（山内参考八・九）。

辞職申請直前に山内上杉氏が抱えていた問題は、この鹿王院領問題しかなく、辞職申請もそれが理由になっていた可能性がある。実際に当知行している上杉方の武家の立場を考える

白井長尾氏一族の墓◆景仲・景春など白井系長尾氏の歴代が眠る　群馬県渋川市・空恵寺

と、幕府や堀越公方からの命令とはいえ簡単に実現できるものではなく、そのための辞職申請であったのであろう。

辞職については、幕府・堀越公方双方から承認されなかった。このあと、この問題に関する史料はみられず、どのように結末したのかは不明である。ただ、のちの**文明十年（一四七八）**の段階で赤塚郷は鹿王院の不知行になっていたこと、その後も武蔵千葉氏による知行が継続されていることから考えると、返付の遵行は行われなかった可能性が高い。その遵行は、関東管領兼武蔵国守護として山内上杉氏があたるべきもので、実現しなかったとすれば山内上杉氏が実行しなかったからであろう。

山内上杉氏は上杉方の総帥として、成氏方との対抗のため、幕府や堀越公方が構築しようとする政治秩序よりも、当知行人の存続を優先させたということであろう。

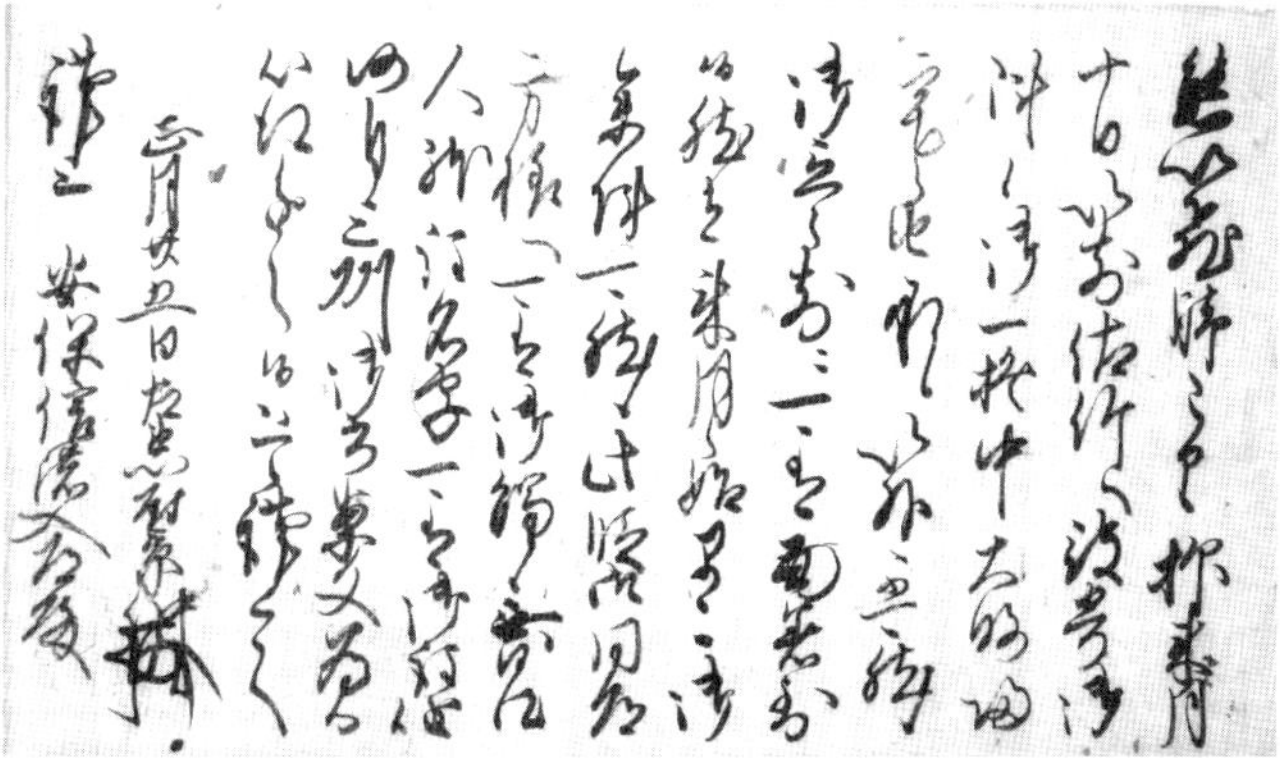

長尾景仲書状◆安保信濃入道に常陸佐竹氏攻めを伝える　埼玉県立文書館蔵

明治期の赤塚郷周辺◆現在は周辺が宅地化され、赤塚城跡や松月院・諏訪神社などの寺社が往時を偲ばせる

〝国衆〟の成立へ、新田岩松氏に見る戦国時代の到来

この頃、成氏方でも大きな所領問題が生じていた。上野新田庄は岩松成兼《しげかね》が領有していたが、同庄内島郷は御一家の鳥山不動寿丸《とりやまふどうじゅまる》（式部大夫の子か）の所領であった。これを岩松氏が押領していたため、成氏は**寛正四年（一四六三）六月**に岩松成兼に返還を命じた（戦古一四六）。しかし、成兼は返還に応じず、翌**寛正五年六月**まで成氏による説得が重ねられるが、この時に敵勢が進軍してくる状況になったため（戦古二四九）、立ち消えになっている。成兼は、新田庄内に所在した新野東光寺の寺領についても押領していて、それに関しても**寛正四年十月**から（戦古二九八）、翌**寛正五年三月**まで、成氏による返還要請がされている（戦古二一〇～二）。しかし、成兼はこれについても対応していない。

このような岩松成兼の動きは、所領の一円化、それによる支配領域（領国）の形成を意味している。岩松氏は室町時代を通じて新田庄を所領としていたが、必ずしも一円的なものではなかった。鳥山氏のような新田氏一族の所領や東光寺のような寺社領が存在し、それらは個別に室町幕府将軍や鎌倉公方から保証をうけていた。この享徳の乱においても、足利成氏が個別に保証するかたちがとられていたが、戦乱の進行を通じて最も勢力の強い領主によるそれら味方勢力の所領の押領という事態が進展したのであった。

結果として新田庄は、岩松氏の一円的な所領となった。その所領は一定地域にわたる領域として存在することから、それを支配領域と把握している。この支配領域の在り方が、のちの戦国時代に全面的に展開していく領域権力（戦国大名・国衆）の支配形態の基本をなすものとなる。岩松氏も、新田庄を中心に領国を形成していく国衆として展開していくが、その形成がまさにここでみられるのである。

新田長楽寺ジオラマ◆新田庄における中心的寺院。承久3年（1221）に新田義重の四男で徳川氏始祖の義季が臨済宗の開祖栄西の高弟栄朝を招いて開基。東国の禅文化発祥の寺として世良田長楽寺は全国の僧侶の憧れの地となった。鎌倉公方足利氏の帰依を得、臨済宗関東十刹中の大寺院となった　太田市立新田荘歴史資料館蔵

この岩松成兼の事例は、所領の領域化が戦乱の恒常化によって引き起こされた事態であったことを、明確に認識できる恰好の事例である。そして、いうまでもなく他の領主も同様に支配領域の形成や国衆化をすすめていくのであった。

もう一つ大事なことは、その動きによって押領された領主の領有を回復する仕組みが機能しなくなっていたことである。この仕組みは「所《しょ》務《む》遵行《じゅんぎょう》」といい、領主は所領回復を室町幕府や鎌倉公方に訴え、将軍や鎌倉公方がそれを認めると、守護などを通じて所領返還を実現するというものであった。先の鹿王院領の問題における幕府・堀越公方の対応はその典型であった。しかし結局は、所領返還は実現していない。足利成氏は享徳の乱以降は、岩松成兼と同様に押領する本人に返還命令を出して対応していたが、これも実現しなかった。

このように、戦乱の恒常化のなかで所領の支配は、まさに実力で果たされるようになっていった。それにともなって、将軍や鎌倉公方による所領返還を実現する仕組みは機能しなくなった。それは、将軍や鎌倉公方を頂点として構築されていた政治機構が機能しなくなったことを意味する。ここに将軍や鎌倉公方を頂点とした政治機構が機能していた室町社会から、領域権力による領国支配が展開される戦国社会への転換の状況をみることができる。

新田荘◆写真中央は利根川。新田氏遺構群が新田荘遺跡として保存されている　群馬県太田市

V 堀越公方の武蔵進軍と相次ぐ実力者の死去

寛正4年(1463)~応仁3年・文明元年(1469)

堀越公方の五十子進軍と甲斐・信濃の争乱

寛正四年（一四六三）十一月七日、足利成氏が上杉方に攻勢をかけようとする状況があったらしい。足利政知の軍事力が少なかったため、将軍足利義政は駿河守護今川義忠に伊豆への参陣を命じている（義政三二七）。今川氏は、享徳の乱初期に鎌倉守備を担っていたが、寛正元年正月に当主範忠らは帰国していた。寛正二年に範忠は嫡子義忠に家督を譲り、同年五月に死去していた。帰国は、範忠の病状のためだろうか。同年**十二月**、足利義政は義忠に、足利政知には軍事力が少ないからと伊豆への参陣を命じていた（義政三三一、実際の発給は同三年二月）。義忠はそれに応じなかったので、ここにあらためての命令となったのであろう。

続いて十二月二十六日、足利義政は大森氏頼に上洛を命じている。上洛は以前にも命じられていたが行われなかったため、あらためて命令し、その子実頼にも実現を要請している（義政三八四～五）。ただし、なぜ上洛を求めたのかは判明しない。同日には、佐竹実定と江戸通房にこれまでの軍功を賞するとともに、「来春一途」を命じている（義政三八六～七）。これは義政が、翌年春に成氏方に大攻勢をかける計画にあったことをうかがわせる。

この間の十二月十二日、信濃では越後上杉家の一族・上杉右馬頭が信濃に進軍し、そこで戦死している（「諏訪御符礼之次第」）。これを足利成氏が味方の岩松成兼に報せて喜びを示しているから（戦古三二〇）、上杉右馬頭が進軍した先の北信濃の高梨氏は、成氏方に味方する

大森氏六代の墓◆乗光寺は大森頼明が相模に建立し、頼直が当地に移建した。左から2番目が実頼の墓　静岡県小山町・乗光寺

右：蕨城の水堀跡　左：蕨城の土塁◆南北朝時代に渋川氏が築城し、享徳の乱では堀越公方足利政知の後見として京より下った渋川義鏡が居城とした　埼玉県蕨市

立場をとっていたようだ。信濃北部でも成氏方に応じる姿勢をとって、上杉方と抗争する関係がみられていた。

上杉方では、**寛正五年**の春に進軍はなかった。**五月**には堀越方の有力者であった大森実頼が隠遁を表明し、義政は強く慰留している（義政三八九〜九〇）。前年の氏頼への上洛命令とあわせ考えると、この時期に大森氏の進退をめぐって何らかの問題が生じていたのであろう。おそらく、足利政知との関係によるものであり、この問題の行方は不明だが、その後も実頼は当主としてあり続けているから、実頼の意向に沿った解決がされたのであろう。

ちょうどこの頃、**七月**二十八日までの間に、堀越公方足利政知の後見であった渋川義鏡が失脚している（「蔭涼軒日録」）。義鏡と家臣たちは、関東を離れて帰京した。理由は明確でないが、堀越公方と扇谷上杉家との政争の影響によるもので、扇谷上杉勢力の復権にともなうものと観測されている（家永遵嗣『室町幕府将軍権力の研究』）。その可能性は高いであろう。これによって堀越公方勢力は、渋川義鏡の勢力が消滅することになった。前年十一月、今川義忠が伊豆への参陣を命じられたのは、そのためかもしれない。そうであれば、渋川義鏡の失脚は、その時期であった可能性がある。堀越方の内部でも軋轢《あつれき》があったことがうかがえる。

六月、ようやく上杉方は成氏方に対して進軍の様子をみせている（戦古二四九）が、実際の進軍はなかったようである。次いで**八月**十七日、足利義政は小山持政とその重臣水谷壱岐《いきの》守《かみ》、常陸鹿島実幹に上杉方への参向を命じ、佐竹実定と江戸通房に早急に成氏討伐をすすめることを命じている（義政三九一〜六）。義政は、前年から成氏討伐の遂行を佐竹実定に命じていたが、一向に実現しないため、あらためて要請したと思われる。

こうした足利義政の姿勢がようやく上杉方を動かしたのか、翌**寛正六年**、堀越公方足利政知の家宰・上杉政憲が大将となり、成氏追討の「天子御旗」を掲げて相模に進軍した。武蔵

世田谷の吉良成高・駿河今川氏一族の今川小鹿範満《おしかのりみつ》（義忠の従弟）・宅間上杉憲能を率いて武蔵に進軍、上杉方本陣の五十子陣に着陣した。堀越公方の主力軍が武蔵に進軍したのは、これが初めてであった。足利政知が成氏追討に本気を示したとみることができ、それは将軍足利義政のたび重なる催促に、ようやく応えたものといえよう。

なお、甲斐・信濃でも成氏方と上杉方との抗争が展開されていたようだ。時期は特定できないが、寛正五年から応仁二年（一四六八）までの五月六日に、成氏は「信州・甲州」の戦況の報告をうけて上杉方への出陣を準備している（戦古二三七）。また、六月十一日付で信濃諏訪家の重臣・千野加賀守に宛てて書状を出しているので（戦古一四八）、成氏に味方していた信濃の勢力に諏訪《すわ》家があったことがうかがえる。信濃・甲斐では、寛正五年四月から文正元年（一四六六）閏二月にかけて、幕府方の甲斐守護である武田信昌と守護代の跡部景家《あとべかげいえ》の抗争があり、それに信濃諏訪家が介入し跡部家を支援して甲斐への進軍を行っていた。そうすると、諏訪家や跡部家が成氏に結びついていた可能性がある。とはいえ、関東の戦乱と直接に関わるものではない。

また、この**寛正五年四月**十四日に上総中野原（千葉市）で合戦があり、同十六日には成氏方の原氏が上総中野城を攻略、この時、原方の軍勢は下総船橋にも陣している（「本土寺過去帳」）。いずれも、成氏方千葉氏と上杉方酒井氏の合戦とみられる。この方面では千葉方が優勢であったが、同年**六月**、成氏方の千葉輔胤重臣で下総松渡《まつど》城（松戸市）の原朗意（胤房の従弟、弥富原朗珍の弟）・八郎父子が上杉方に転じている（義政四三四〜四）。おそらく、堀越公方軍の進軍により、武蔵東部・下総西部では上杉方の攻勢が強まっていたのだろう。

松渡城◆江戸川東部の舌状台地上に築かれた城だが、開発によって遺構は消滅した　千葉県松戸市

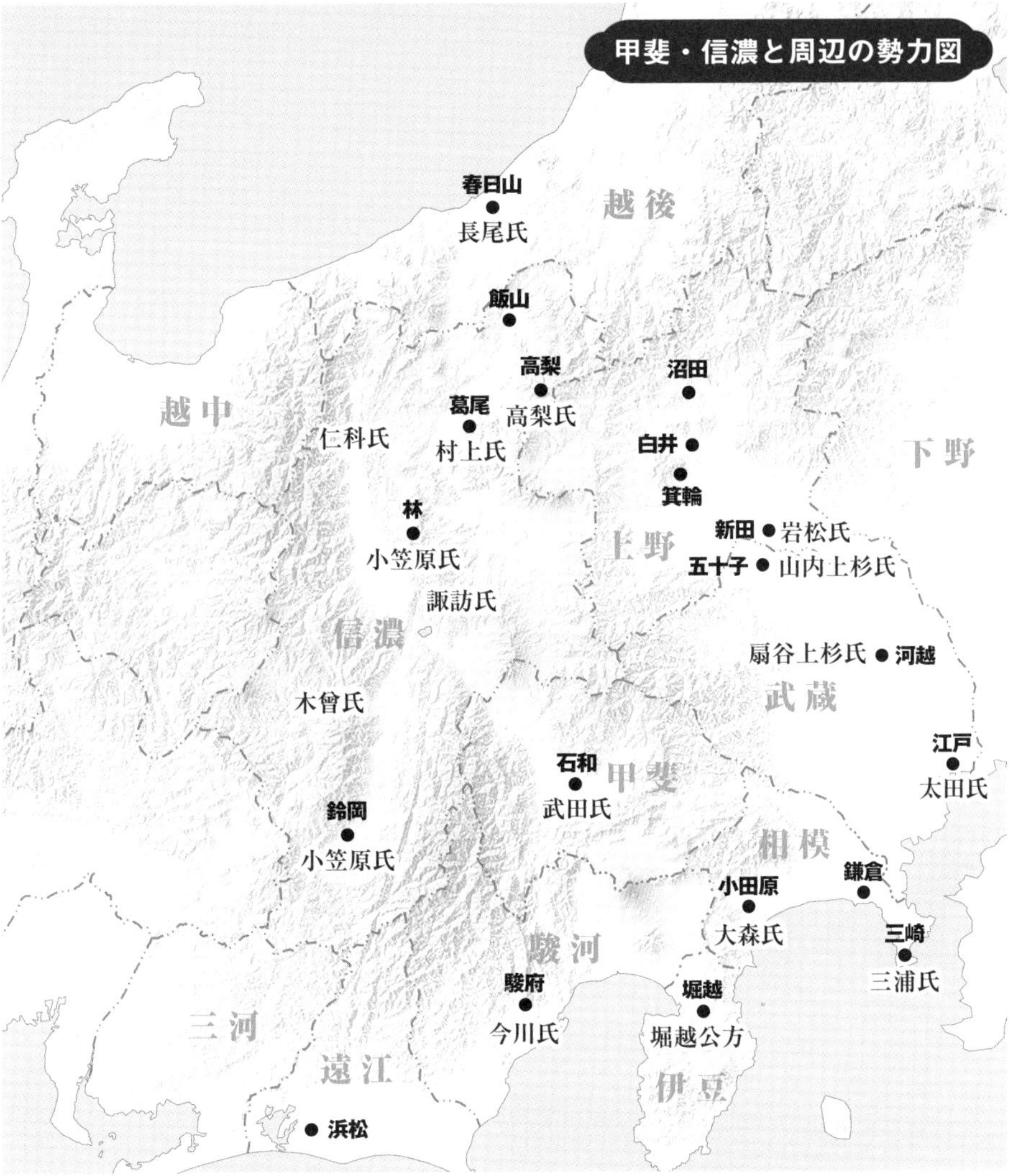

世田谷城◆上杉氏の与党・吉良成高の居城。巨大な土塁・空堀が現在も遺る　東京都世田谷区

扇谷上杉道朝が死去。政真を太田道真・道灌父子が補佐

これをうけて足利成氏は、**寛正六年（一四六五）九月**に、久しぶりに自ら軍勢を率いて武蔵太田庄に出陣した（「親元日記」）。さらに、上杉方本陣の五十子陣に向けて進軍し、崎西郡荒木要害（行田市）で合戦となった（義政四三六）。将軍足利義政は**十二月**八日、駿河今川義忠と甲斐守護武田信昌に関東への出陣を命じている。成氏出陣をうけてすでに出陣命令を出していたが応じないため、あらためて出したものである（義政四一九）。

戦乱は他地域でも行われていて、十二月十七日に白川直朝は足利義政から下野塩谷城・狐河城《きつれがわ》（さくら市）攻略を賞されている（義政四二一）。白川直朝もようやく下野に進軍し、上杉方になっていた那須明資（氏資の子）とともに成氏方の塩谷安芸入道・同周防守の拠点の攻略に成功している。その一方、常陸佐竹氏では九月に上杉方の有力者であった佐竹実定が死去し、続いてそれを補佐してきた江戸通房も死去したことで、義俊の攻勢が強まり、ついに太田城の奪還を果たすのであった。

ただし、時期は明確ではなく、この年から翌年までのことと推測される。義俊はそののち、太田城帰還をうけて成氏方から上杉方に転じることになる。これをうけて山入佐竹義継と湊小田氏は、逆に成氏方に転じるのであった。そして文正・応仁年間（一四六六〜八）には、成氏方の那須持資と連携して義俊方の常陸久米・小爪城（常陸太田市）を攻略するなど（戦古三一二）、義俊方への攻勢を強めている。堀越公方軍の五十子着陣によって、上杉方の主力軍は五十子陣に集結するかたちになった。しかし、その直後の翌**文正元年（一四六六）二月**十二日、上杉方総帥であった山内上杉氏当主の上杉房顕が死去してしまった。後継に越後上杉房定の次男・竜若丸（のち顕定）が養子に入って継承する。ただし、それは**十月**の室町

山入城遠望◆山入氏は佐竹氏の最有力な一族であったが、佐竹本家との百年にも及ぶ抗争（山入の乱）を行っている。一時は山入義藤・氏義親子が本家の佐竹義舜から常陸太田城を奪い、そこを本拠にした時期もあった。この城は要害山に築かれた山入氏の本拠地である。写真は南側から北西を見たもので、中心から左の土色の部分が主郭である　茨城県常陸太田市
写真提供：常陸太田市教育委員会

幕府の承認を得てからのことであった。しかも顕定《あきさだ》は、まだ元服前の十三歳であった。

房顕が死去した直後の閏二月、崎西郡多賀谷（騎西町周辺）・北根原（川里町）で合戦が起きており（埼11五三二・戦古一五〇）、崎西郡で両勢力の攻防が行われていた。合戦では結城氏広の軍勢が戦功をあげているので、成氏方の軍勢が引き続いて崎西郡に在陣するとともに、房顕死去をうけて上杉方に攻勢をかけたことがうかがえる。

太田氏系図

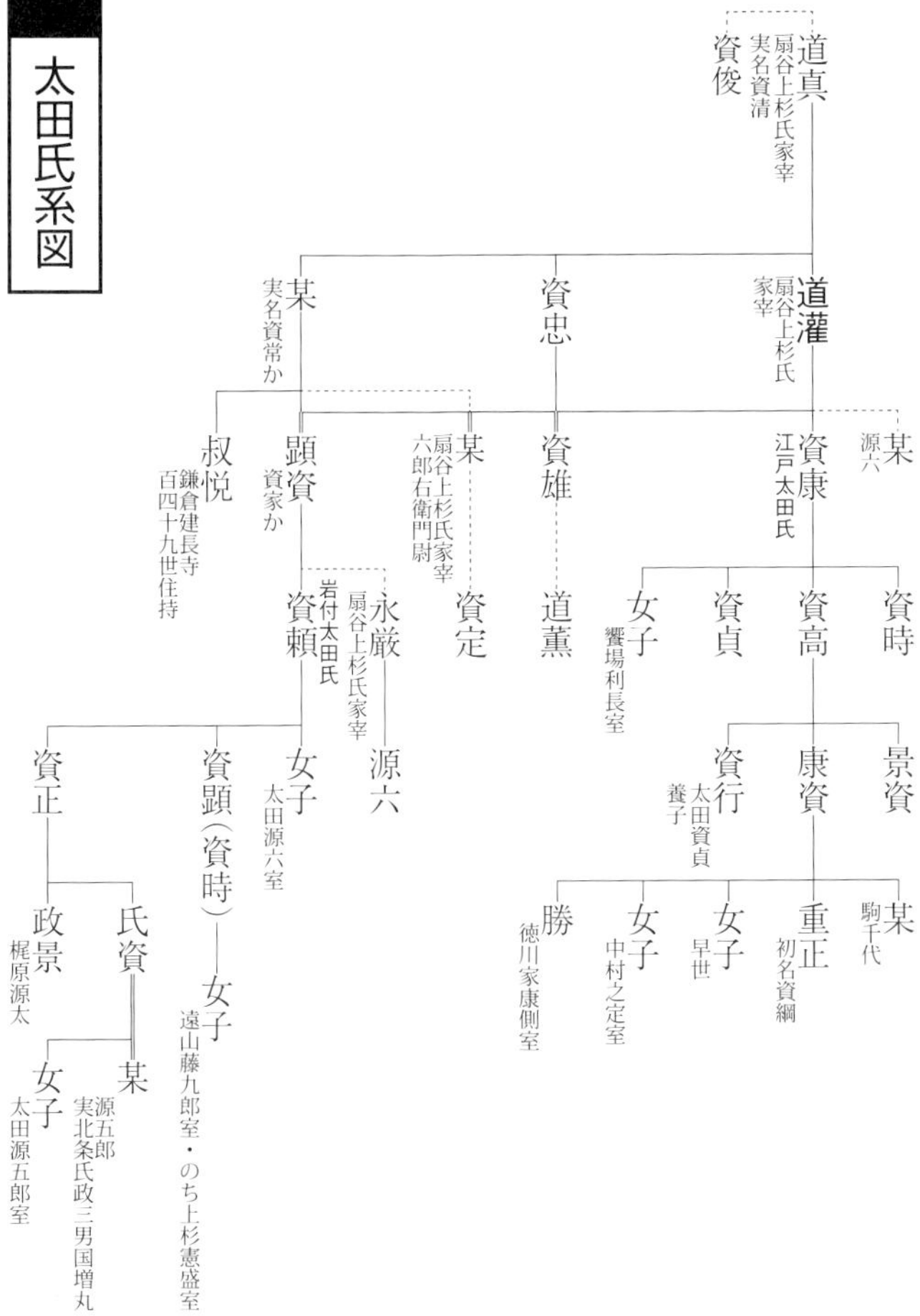

扇谷上杉管領屋敷旧蹟跡の碑◆神奈川県鎌倉市

太田道灌邸旧蹟の碑◆神奈川県鎌倉市

しかし、状況は成氏方優勢には展開しなかった。四ヶ月後の文正元年（一四六六）**六月**三日までに上野桐生の佐野直綱（盛綱の従弟で妹婿）が成氏方から上杉方に転じ（義政四四二）、同日に将軍足利義政は、再び成氏方の有力武将に上杉方への参向を命じている。そこには小山持政・宇都宮正綱（明綱の弟）・結城氏広・小田成治・鹿島実幹・佐野遠江守（盛綱の一族）・那須持資・上総介、成氏宿老の簗田持助・佐々木近江守の名前があがっている。また、陸奥伊達持宗・芦名盛詮らに関東進軍の実現をあらためて命じている（義政四三一〜五〇）。

これと同時に、堀越公方家宰・上杉政憲に従軍していた吉良成高・今川小鹿範満・宅間上杉憲能に五十子進軍を賞しており（義政四五一〜二）、その文面をみる限り、堀越公方軍は依然として五十子陣に在陣していたようだ。ただし、堀越公方軍がいつまで在陣を続けていたのかはわかっていない。ともあれ、桐生佐野直綱の参向は、まだ堀越公方軍が在陣していたなかでのことであったろう。これをうけてか、上杉方は**七月**に下野足利庄へ進軍している（戦古二六二）。**十一月**には、山内上杉氏の宿老・長尾景人が下野足利庄に入部を遂げ、勧農城《かんのう》（足利市）を構築、ついに下野への進出を果たした。上杉方の攻勢が強まったことがみてとれる。

なお、寛正五年（一四六四）から応仁二年（一四六七）までの間の八月二十九日、東上野の上杉方が足利庄に進軍する情勢がみられ、迎撃のため出陣する意向を示す成氏の書状があるが（戦古二八二）、この時のものかもしれない。

そうしたなか、翌**応仁元年（一四六七）九月**七日に、長きにわたって上杉方の長老であった扇谷上杉道朝が死去し、家督を嫡孫の政真《まさざね》（顕房の子）が継いだ。これも十六歳もしくは十八歳であり、山内上杉氏の顕定といい、両上杉氏の当主はともに若年という状態になった。そこでそれぞれを補佐したのが、山内上杉氏家宰の長尾景信と、扇谷上杉氏家宰の太田道真・道灌父子であった。

勧農城◆文正元年、渡良瀬川の沿岸に上杉房顕の家臣・長尾景人が築いた城郭。これによって、上杉方は下野に成氏方攻略のための橋頭堡を築いたことになる　栃木県足利市

成氏の武蔵在陣、五十子陣から一歩も引かない姿勢鮮明に

しかし、成氏方も決して負けてはいなかった。**応仁元年（一四六七）十一月**十五日までに、武蔵北部の玉井氏・長井氏・別符《べっぷ》氏が上杉方から転じて成氏方に属した。彼らは戦乱当初は成氏方であったから、その間に攻勢をうけて上杉方に転じていたことがわかる。ここに再び成氏方に属したことになるが、これは結城氏広の調略によるもので、成氏があらかじめ承認していたことではなかった。そのため成氏は、氏広と相談のうえで彼らの参向をうけること、長井庄（熊谷市）などは氏広に与えること、別符三河守の所領は安堵することなどを保証している（戦古一五一）。これまで武蔵北部の成氏方は、児玉郡安保《あぼ》郷（上里町）の安保氏泰のみだったが、ここにまた別符氏らが加わるようになった。

これらから、成氏軍は依然として武蔵に在陣していたのだろう。結城氏広が玉井氏らを調略するのは、在陣していたためと考えたほうがよい。そうであれば、

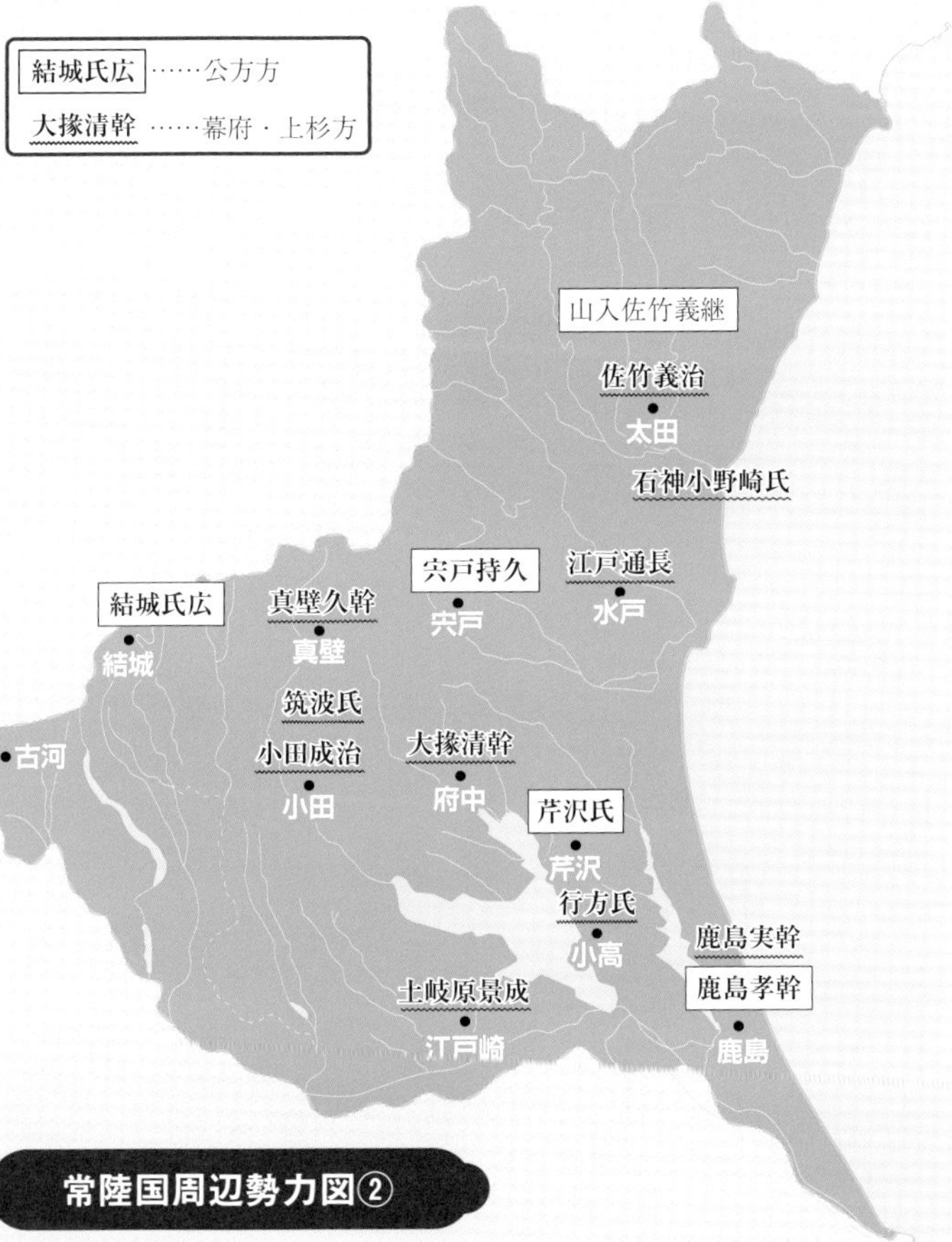

常陸国周辺勢力図②

安保氏館跡◆安保氏は享徳の乱で足利成氏に属した　埼玉県神川町

成氏は二年前の寛正六年（一四六五）九月から引き続き在陣していたことになる。五十子陣に対して、一歩も引かないという姿勢をみることができる。ちょうどこの頃、寛正五年から応仁二年までの八月二十五日に、上野佐貫庄立林《たてばやし》城（館林市）の赤井又六（文六か、高秀の子か）が成氏に属している（戦古二一七）。佐貫庄は、長禄三年（一四五九）十月の羽継原・海老瀬口合戦以降、大きな動きがなく、赤井氏が上杉方に属したのはその頃であったかもしれない。この時になって成氏方に転じたのは、成氏による太田庄進軍をうけてのことではないか。

また、下総西部でも攻防が繰り広げられていた。**文正元年（一四六六）二月**六日、下総葛東郡大野（市川市）の原光胤（胤房の兄弟か）が下総下河辺庄《しもこうべのしょう》吉川（吉川市）で死去し、ここから千葉方の勢力が同所に及んでいたことがわかる。**四月**十八日、下総相馬御厨盛屋《もりや》（守谷市）で合戦があったが、これは上杉方の森屋相馬氏をめぐる合戦とみられる。**十月**二十五日には下総矢木船津（流山市）、翌**応仁元年四月**十四日には下総野田（野田市）、**文明二年（一四七〇）七月**二十四日には下総我孫子《あびこ》（我孫子市）で合戦があった。いずれも、原氏をめぐる合戦とみられる。そして同年**八月**十二日、上杉方の原朗意が武蔵水ハツ（所在地不明）で死去しており、すでに松渡城からは没落していたようだ（「本土寺過去帳」）。

これらは、成氏方の千葉氏領国北部における領域確定の動向を示すものであり、そこでは上杉方の森屋相馬氏・府川豊島氏、武蔵の上杉勢力との抗争が繰り広げられていたとみられる。

盛屋城本丸跡◆盛屋相馬氏代々の居城。現在は守谷城跡公園となり、土塁や空堀・曲輪など散策しながら楽しむことができる　茨城県守谷市

応仁の乱で交渉が始まった成氏と西幕府

成氏と上杉方が武蔵でにらみ合う状況のなか、**応仁元年（一四六七）正月**に、京都では応仁の乱が勃発した。幕府勢力は細川勝元を総帥とする東幕府、山名宗全《やまなそうぜん》を総帥とする西幕府に分裂し、将軍家も翌**応仁二年十一月**に義政弟で継嗣の義視《よしみ》が西幕府に加わったことで、東幕府の義政・義尚《よしひさ》父子と西幕府の義視というかたちに分裂した。西幕府は管領となった斯波《しば》義廉《よしかど》、畠山義就《よしひろ》、山名宗全が中心人物になっていた。

東幕府の細川勝元は、以前から上杉方支持の立場にあった。享徳元年（一四五二）から管領職にあり、享徳の乱勃発時の管領はこの勝元であった。**寛正五年（一四六四）**に畠山政長（義就の従兄）に管領職を引き継いでいたものの、戦乱勃発をうけて**応仁二年**から再び管領になっている。対する西幕府の畠山義就の父持国は、享徳の乱勃発以前に管領にあった時期は、成氏支持の立場であった。成氏が幕府に通交したのは、戦乱の勃発直後の康正二年（一四五六）四月、将軍足利義政側近の三条実雅と管領細川勝元に事態の経緯と背景を弁明したことからであるが（戦古一一六～七）、受け容れられることなく、その後は途絶したままとなっていた。

成氏は必ずしも幕府に敵対していたのではなく、あくまでも上杉方と抗争していた。したがって、幕府から追討の対象とされ、朝廷からも朝敵として扱われていたことは、極めて不本意であったろう。そうしたところに幕府が東西に分裂したのであった。これをうけて成氏は、西幕府に通交を図った。接触した時期は明らかにならないが、**応仁二年四月**には、斯波義廉らから返事をうけている。成氏はそれまでの間に、何度か「都鄙和睦《とひわぼく》」について申請していたという。「都」は幕府、「鄙」は成氏を指している。斯波義廉・畠山義就・山名宗全からようやく返事がきて、内容は「それに対処する」というものであった（戦古一五二）。

山名宗全の邸宅跡◆京都市上京区

西陣の碑◆西幕府の頭領・山名宗全が陣を布いた場所として「西陣」という地名が生まれた　京都市

細川勝元画像◆東幕府の総帥　個人蔵

山名宗全画像◆西幕府の総帥　個人蔵

成氏は岩松成兼にこのことを伝え、軍事行動の意向を示し出陣を命じている。成氏としては、西幕府から承認をうけたと理解し、大いに気勢をあげたのであろう。

しかし、進軍を開始したのは上杉方であった。応仁二年（一四六八）**十月**八日に、上杉方は上野西庄に進軍して、毛呂島・綱取原（伊勢崎市）の合戦で勝利している。上杉方では、武蔵武士の豊島氏や越後上杉氏家臣とみられる大熊氏が戦功をあげていて、山内上杉氏当主の上杉竜若（顕定）から感状、家宰の長尾景信からは副状が出され、後者には加えて越後上杉氏家宰の長尾頼景から副状が出されている（山内一八〜参考一三）。さらに将軍足利義政から、山内上杉氏配下で上野武士の高山彦五郎・浦野修理亮・沼田彦三郎跡・長尾藤寿に感状が出されている（義政五七一〜三・六一七）。

一方の成氏も、武蔵別符三河守と宇都宮正綱家臣の河原屋七郎、奉公衆の高師久に感状を出している（戦古一五五〜六・九）。成氏はまた、**閏十月**一日の時点で下野天命（佐野市）に在陣している。それまでは太田庄に在陣していたと考えられるから、上杉方の進軍をうけて、東上野の後背地にあたる同地に陣を移していたのであろう。またこの日、那須持資に、都鄙和睦に尽力するようにという「京都御教書」が送られてきたことを伝えている（戦古

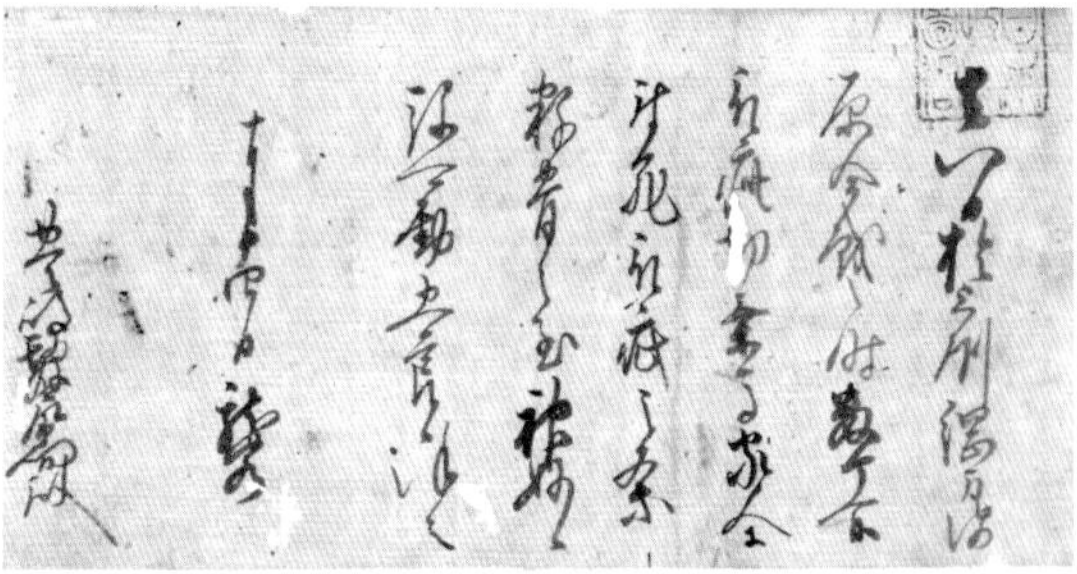

龍若（上杉顕定）感状◆応仁2年10月8日の綱取原合戦で奮戦した豊島勘解由左衛門尉に対し、龍若時代の上杉顕定が出した感状である。この文書には花押がないが、元服前の武家には散見される事例である　国立公文書館内閣文庫蔵

一五七）。この時点で西幕府に足利義視は参加していないので、ここでの「御教書」とは、おそらく管領・斯波義廉の奉書であろう。もっともこれが成氏と西幕府との通交を示す最後になっている。

とはいえ成氏は、それをうけて那須持資に足利への参陣を要請し、閏十月二十九日には足利庄小曾根（足利市）に陣を前進させていて、そこに那須持資が参陣している（戦古一六〇）。**十一月**二十八日までの在陣が確認でき（戦古一六一）、**十二月**十二日には上杉方の勧農城に進軍することを計画していたが、十四日の時点では実行されていない（戦古一六二）。ともあれ、これによってこの時の成氏の戦略が、勧農城攻略にあったことがわかる。

そうしたなかで翌**文明元年（一四六九）二月**、上杉方の新田家純が新田庄に進出し、本拠として金山《かなやま》城（太田市）を取り立てている。続いて**八月**には同城に入部して、成氏方の岩松成兼を没落させて、その一門・家臣を統合して、新田庄支配を確立した（「松陰私語」）。これによって新田庄は一円、上杉方の勢力圏に入った。岩松成兼の状況は明らかではないが、家純の進軍によって滅亡したのであろう。新田庄に北接する桐生地域は、すでに桐生佐野直綱が上杉方になっていた。ここに新田庄が上杉方で統一されたことにより、上野における成氏方の勢力は、最東部の佐貫庄のみとなった。

成氏の足利庄在陣は前年末まで確認されたが、この時期にも在陣していたかどうかはわからない。しかも文明元年・同二年については、この岩松氏の動向が確認されるだけで、成氏と上杉氏の動向は確認できない。そのことからすると、成氏は応仁二年の末に、古河へ帰還していたのかもしれない。それでも成氏の出陣は、まる三年以上にわたったことになる。

金山城遠望◆文明元年2月、上杉方であった新田家純が新田庄に進出して取り立てた金山山頂の山城である。詳細は第Ⅸ章「上杉顕定の鉢形入城と道灌の金山城訪問」を参照のこと　群馬県太田市

Ⅵ　北関東の激戦と成氏の古河没落

文明2年（1470）～文明4年（1472）

将軍義政の命で続々と寝返る下野の名族

将軍足利義政は**文明二年**（一四七〇）、またも成氏方の有力武家に上杉方への参向を促す御内書を出したようである。そのことは翌同三年五月三十日に小田成治に宛てた御内書に、「去年内書を遣わす」とあることからわかる（義政五四九）。それが効果をあげたのか、**文明三年**になると、成氏方の有力武家が相次いで上杉方に参向するようになった。

もっとも早くに確認できるのは小山持政で、**三月**十八日に上杉方の白川直朝に書状を出し、軍事行動について相談している（戦下一二三）。持政がこれより以前に、成氏方から上杉方に転じたことがわかる。そのほかについては**五月**三十日に足利義政が関東・陸奥諸氏へ一斉に出している御内書から確認できる。それによると、小山持政の一門・家臣の小山三河守・同治部少輔・白川刑部少輔・水谷壱岐入道・同右馬助、小田成治とその一門・家臣の筑波大夫・小田右衛門大夫（義政五四六～五一）、佐野愛寿（秀綱、盛綱の子）・同遠江守と佐野氏家臣の大貫三河守、持政参向に功績のあった結城水谷掃部助・同伊勢入道（義政五五四～六・六五）が上杉方に参向している。それとあわせて、那須明資・白川直朝・小峰直常に小山持政へ協力して軍事行動することを命じている（義政五六一・四）。

これによって、小山持政・佐野愛寿・小田成治が上杉方に味方してきたことがわかる。また、持政の参向を取りなしたという結城水谷《ゆうきみずのや》氏は、官途名《かんとめい》から結城氏一族水谷氏嫡流の系統

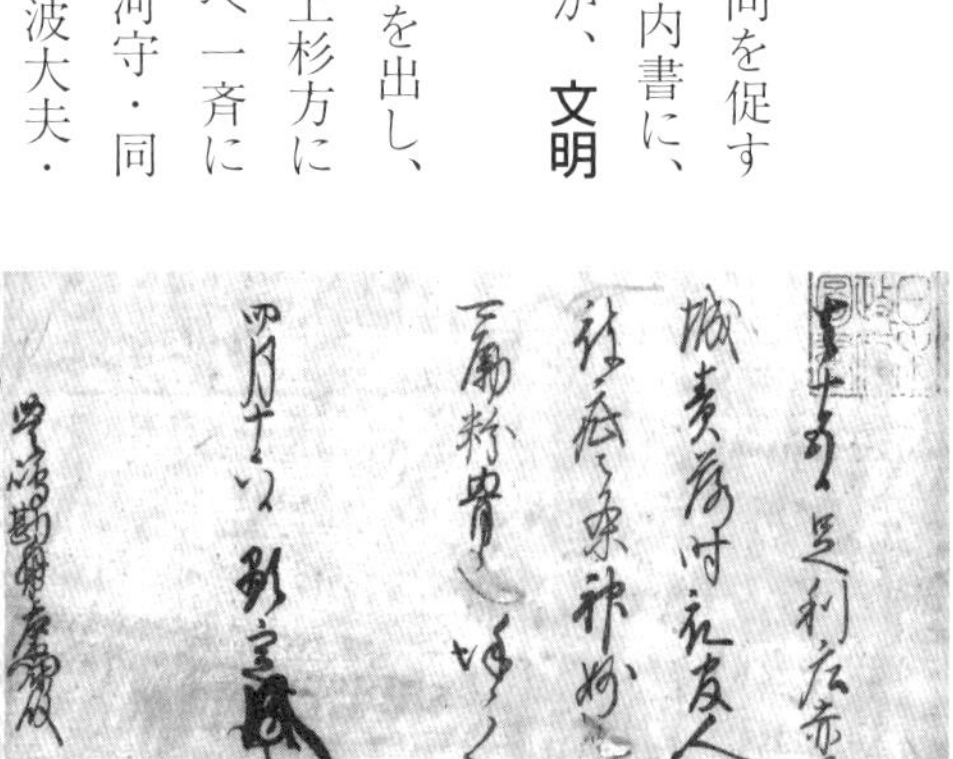

関東管領上杉顕定感状◆文明3年4月、足利庄にある赤見城を攻め落とす際に戦功があった豊島勘解由左衛門尉へ上杉顕定が宛てた感状。顕定の署名のあとに顕定の花押が認められている　国立公文書館内閣文庫蔵

と推測される。結城氏広はこの時点は成氏方であったが、それ以前は上杉方に属した時期があった。結城水谷氏はその時から、上杉方に属し続けていた可能性がある。この系統はのちに常陸下館城主としてみえることからすると、主家の結城氏と別行動をとるなかで自立的な展開をみせるようになっていたのかもしれない。

上杉方では、こうした情勢をうけて、**四月**には成氏方への大規模な侵攻を開始した。四月十五日に足利庄赤見城（足利市）を、**五月**二十三日に佐貫庄立林城（館林市）を攻略している（山内二一～四）。赤見城攻略は、山内上杉氏家宰・長尾景信を主将とした軍勢が行い、山内上杉顕定からその家臣の武蔵豊島勘解由左衛門《かげゆさえもんの》尉《じょう》、将軍足利義政から山内上杉顕定とその家宰・長尾景信、同嫡子景春、新田岩松家純とその家宰横瀬国繁（良順の子）、桐生佐野直綱に感状が出されている（義政五四五・五八・六六～七・六九～七〇・七五）。

上杉方は赤見城と同時に、足利庄樺崎城（足利市）も攻略している。両城攻略にともなって成氏方の南式部大輔父子が戦死し、それへの感状が足利義政から上杉顕定の宿老で勧農城主の長尾景人に出されている（義政五六六・八）。樺崎城の攻略は、とくに長尾景人が担ったのであろう。攻略の日時は判明しないが、感状には赤見城攻略とともにあげられているから、ほぼ同時期のことであったろう。ここから五月二十三日までに、足利庄八椚城（足利市）・佐野庄佐野城（佐野市）・上野佐貫庄立林城の攻略、佐貫庄舞木城（千代田町）攻撃と続いていく。その経緯は、「松陰私語」からある程度うかがえる。

立林（館林）城の土塁◆旧本丸を取り囲む巨大な土塁の一部は現在も見ることができる　群馬県館林市

上杉方の佐野庄・佐貫庄攻撃で、立林城等が陥落

上杉方の足利庄侵攻にあわせて、小山持政・佐野愛寿の軍勢が下野児玉塚（栃木市）に着陣したらしい。上杉方はそれと合流すべく、天命・只木山に先陣が着陣し、さらに春日岡（佐野市）に進軍した。そうしたところ、児玉塚陣に在陣していた佐野氏の軍勢の一部が離叛して、佐野城に立てこもった。これは前当主の佐野盛綱が離叛したことによるのだろう。そのため、上杉方は長尾景信・景春父子・同忠景ら五千騎と児玉塚の軍勢が只木山に後退し、岩松家純の軍勢と扇谷上杉氏家宰・太田道灌の弟資忠の軍勢が佐野城を攻撃し、これを攻略した（義政五八七）。

佐野盛綱の離叛にあわせて佐野氏一族の赤見氏らが、八椚城に蜂起したらしい。そのため只木山に在陣した軍勢は八椚《やつくぬぎ》城を攻撃して攻略、城主赤見氏と在城衆の加胡氏・大高氏らを討ち取った。そして、佐野城を攻略した軍勢と八椚城を攻略した軍勢は、ともに佐貫庄に進軍して立林城・舞木城を攻撃した。舞木城の城主は成氏家臣の舞木氏で、山川基義の三男にあたる人物と推定され、結城成朝、後に小山持政の家督を継ぐ小山成長の叔父にあたる。立林城の城主は、その家宰の赤井文三・文六であった。

立林城攻めには、長尾景信・景春父子・同忠景、太田道灌・資忠兄弟をはじめ六千騎があたった。同城には成氏から援軍が派遣されていて、**五月**一日に成氏は、奉公衆の高師久《こうのもろひさ》に赤井氏両人と相談して防衛にあたるよう命じている（戦古一六四）。六日には下野河原田（栃木市）で合戦があり、小山持政一族の小山右馬助が足利義政から戦功を賞されている（義政六一〇）。これにより、児玉塚在陣の小山氏と成氏方の間で合戦になっていたことがわかる。

そうして、上杉方は大軍にものをいわせてか、五月二十三日に立林城を攻略した。これに

只木山◆栃木県足利市

結城戦場物語絵巻◆当時の城攻めの様子が描かれている　栃木県立博物館蔵

ついて足利義政の感状が、上杉顕定、その宿老の長尾景信・景春父子・同忠景・同能登守（憲景か）・同景人・同藤寿・大石源左衛門尉（房重か、憲儀の子）・同隼人佐《はやとのすけ》（のち石見守）・同新左衛門尉（憲仲か定重か）、同氏家臣の善四郎に出されている（義政六一一～六・二九）。なお、在城した赤井氏や高師久はその後の存続が確認できるから、これは降伏によるものだろう。舞木城は太田資忠が攻撃したことは明らかだが、攻略に至ったのかどうかは確認できない（義政五八七～八）。こうして、上杉方は小山持政・佐野愛寿の参向を契機に下野西部・上野東部に侵攻し、足利庄・佐野庄・佐貫庄を制圧することに成功した。

館林城のジオラマ◆江戸時代の改修後の姿で城沼に突き出た舌状台地上に立地する。写真手前が八幡郭で、南郭・本城・二の丸と続く。櫓や石垣など近世にかなり拡張されているが、主郭周辺は中世と同じ位置と考えられている　写真提供：館林市役所文化振興課

赤見城の二重土塁◆右側の土塁の内側が本丸跡。空堀を隔て外側に巨大な土塁がもう一条続く見応えのある遺構群だ　栃木県佐野市

結城・小山氏系図

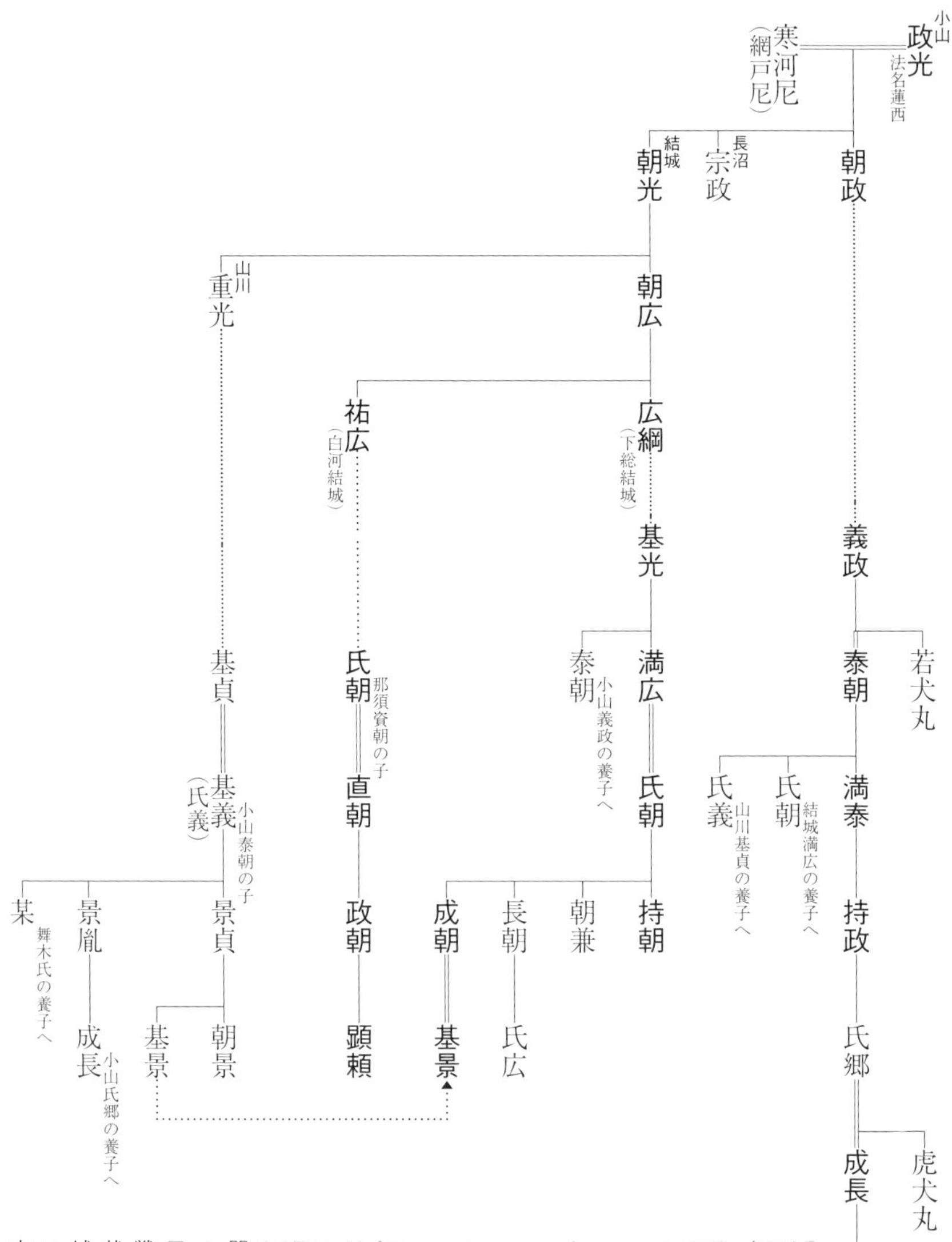

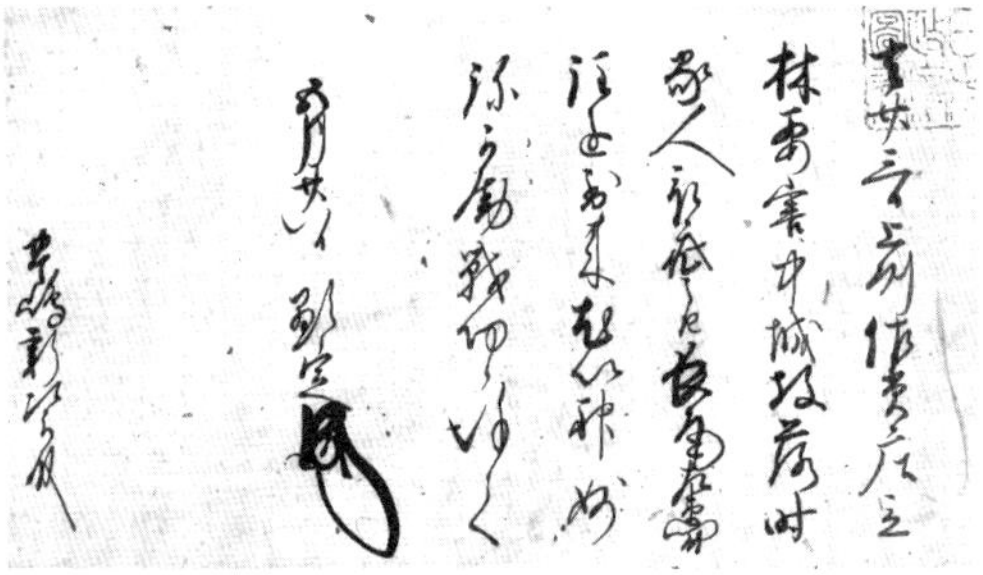

関東管領上杉顕定感状◆文明3年4月、現在の館林市・邑楽郡・太田市域である佐貫庄で行われた合戦で豊島新次郎宛てに出された感状。立林城の中核を成す曲輪の中城まで攻め込んで奮戦したという、激戦の様子がわかる　国立公文書館内閣文庫蔵

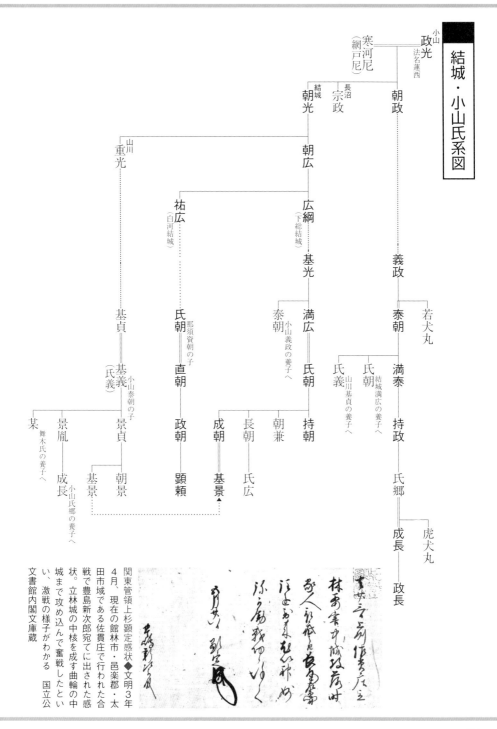

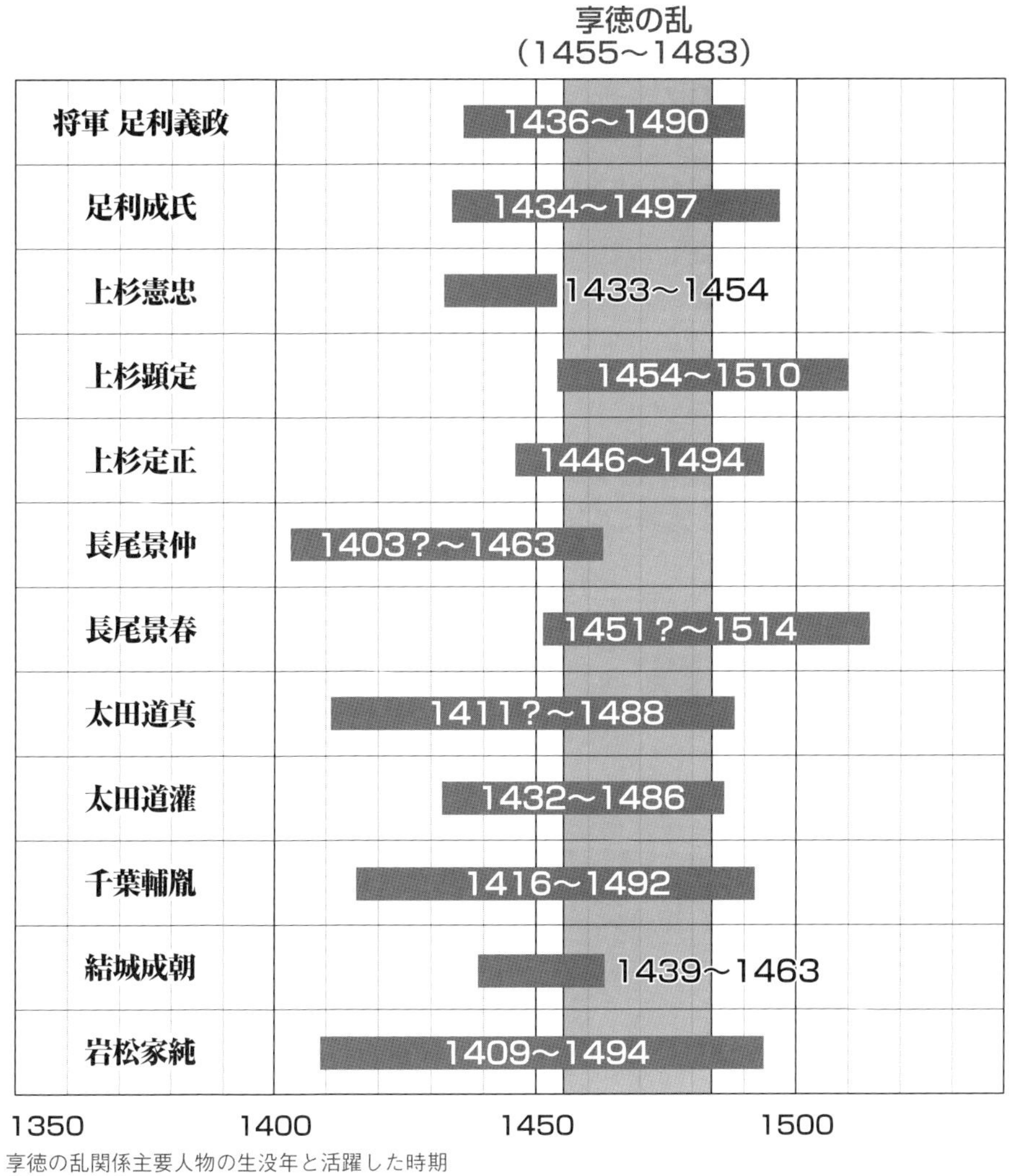

享徳の乱関係主要人物の生没年と活躍した時期

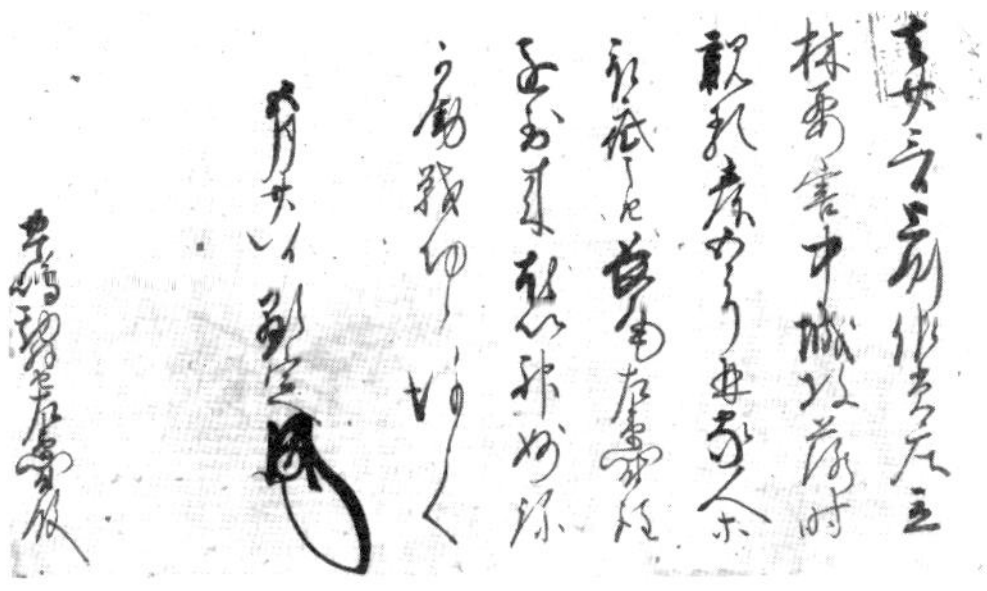

関東管領上杉顕定感状◆前文書と同じく、文明3年4月に立林城中城を攻め落とす際に奮戦した豊島彦五郎の戦功を褒めた感状。前文書と違うのは、軍団長の豊島勘解由左衛門尉宛てに出されている点である　国立公文書館内閣文庫蔵

「京都御本意」の実現、成氏が古河城から没落

将軍足利義政は、**文明三年（一四七一）五月**二十日の時点で宇都宮正綱・結城氏広・簗田持助・大掾清幹・佐竹義治（義俊の子）・鹿島実幹《かしまさねもと》・小高・宍戸持久・真壁久幹（朝幹の子）・那須持資に上杉方への参向を命じている（義政五五二〜三・七・九〜六一・三）。注目されるのは、文正・応仁年間（一四六六〜六九）頃には上杉方になっていた佐竹義俊の子義治である。これによれば、佐竹氏はこの時に成氏方に戻っていたことになる。

足利義政は同日、越後に帰国していた上杉房定に関東への出陣を命じ、在京奉公していた岩松家純の嫡子明純に越後経由での関東下向を命じている（義政五七四・六〜七）。上杉房定の関東下向は確認されないが、岩松明純はその後に関東に下向している。時期は判明しないが、ほどなく明純は関東に在陣しているので、それからすぐに下向したと推測される。

上杉方は佐貫庄攻略のあとは、児玉塚陣まで進軍したと思われる。これ以前の立林城攻めの際、すでに岩松家純は帰陣していて家宰の横瀬国繁が代官を務めていたが、この児玉塚在陣の際は嫡子明純が代官を務めたというから（「松陰私語」）、その間に明純は関東に下向してきたと思われる。ただし、足利義政がそれを把握し賞したのは**十二月**七日のことである（義政六二七〜八）。**六月**六日には、先の足利義政の働きかけが効いたのか、宇都宮正綱が岩松家純の家宰・横瀬国繁の調略で上杉方に参向する意向を示してきた（山内参考一四）。義政からは**八月**十九日、正綱とその家宰・芳賀高益（成高の子）にそれを賞する御内書が出されている（義政五八九〜九〇）。これによって、宇都宮正綱も上杉方に転じたことがわかる。こうして下野では、小山氏・佐野氏・宇都宮氏・上那須氏（明資）が上杉方の立場となった。

上杉方はさらに進軍して成氏の本拠古河城まで達し、六月二十四日に攻略した。成氏は下

土橋城と御所平の遠望◆地元の伝承によると、古河を逃れた足利成氏が千葉輔胤の庇護でここに邸を構えたため「御所平」の地名が残るという　千葉県多古町

総千葉に没落した（「東州雑記」）。ただし、古河城攻めの状況について具体的なことはほとんど伝えられていない。わずかに、足利義政から成氏の奉公衆であった佐々木近江入道に出された感状に、「今度同心輩を相催し御方に参り、古河城に対陣せしむ」とあって（義政六〇七）、成氏の奉公衆に上杉方となるものが出て、上杉方とともに古河城攻めにあたったことがわかる。この佐々木近江入道が上杉方に味方したのと同時かどうかはわからないが、ほかにも成氏の奉公衆で、本間近江守（直季の子）・同左近将監・佐々木左衛門尉・大平山城守が上杉方に味方し、足利義政から感状を与えられている（義政六〇五〜六・九）。主として佐々木氏・本間氏・大平氏であったことがわかる。ただし、彼らは成氏に近仕していたのか、どこかの拠点に在城していたのかはわからない。

こうして上杉方は、成氏を古河城から没落させるまでになった。上杉方では、この成氏の古河城没落について、「都鄙の御本意に属す」「京都御本意」と認識している（山内参考一五・二七）。上杉方は、成氏への勝利と認識したことがうかがえる。

しかし、これで成氏方の勢力が壊滅したわけではなく、戦乱も終息したわけではなかった。そのため上杉方は、白川直朝に頻りに関東への出陣を要請し、引き続き成氏方勢力への攻撃をすすめていった。**十月**頃には、扇谷上杉氏の前家宰の太田道真が越後に下向している。おそらくは、上杉房定に関東出陣を要請するものであったろう（扇谷二六）。

平山城曲輪・土塁跡◆足利成氏が千葉輔胤の庇護をうけて入った場所は、輔胤の本拠の平山城ともいわれる　千葉市緑区

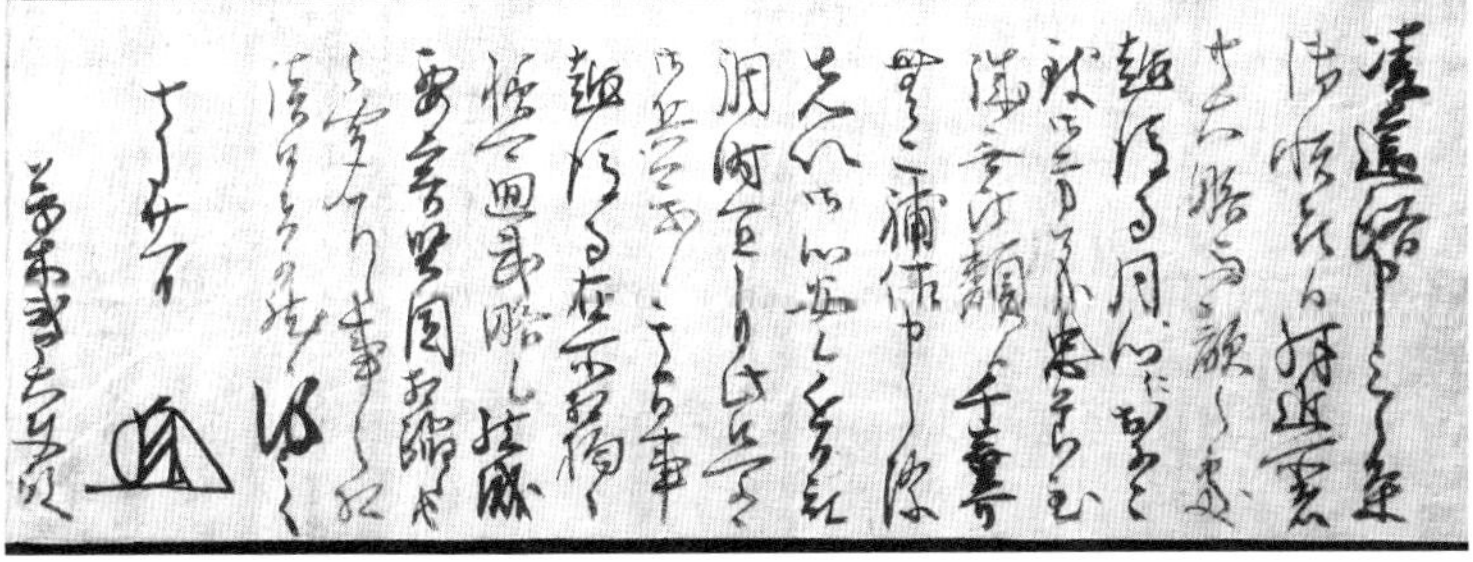

足利成氏書状◆文明３年７月、成氏が茂木持知に対し忠節を尽くしていることを賞し、自身は古河を追われたが千葉氏の庇護のもと無事であることを伝えている　茂木町教育委員会蔵

成氏が下総にいたことが確認されるのは**七月**二十一日のことで、千葉輔胤の庇護をうけて千葉館に在所した。その場所は千葉に所在した館のことか、千葉氏本拠の平山城かは断定できないが、千葉輔胤の本拠地にいたことは間違いない。そしてその日の時点で、結城氏広が結城城に篭もって上杉方への抵抗を続けていたこと、下野では那須持資と茂木持知（満知の子）が依然として成氏方としていたことがわかる（戦古一六五）。

なお、茂木氏の動向が確認されるのは久しぶりで、康正二年（一四五六）十二月に那須持資が茂木満知を本拠の茂木城に攻撃したとき以来である。時期は不明だが、この間に満知の子持知が、成氏に味方するようになっていたことがわかる。

宇都宮氏系図

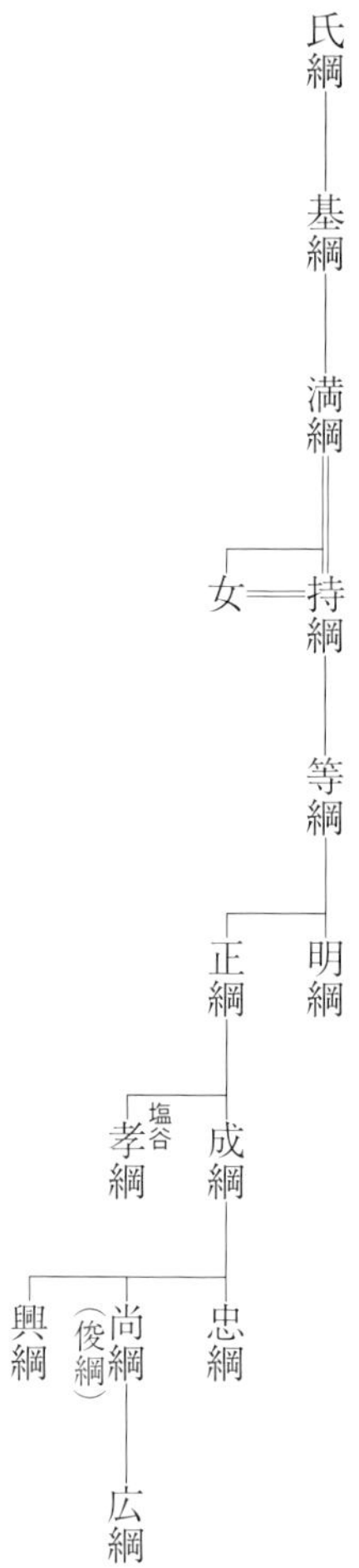

成氏の下総滞在で混乱する現地の領主層

下総に滞在した成氏は、**文明三年（一四七一）八月**六日、下総一宮社の香取社《かとり》（香取市）に、同社領の返還を保証している。同十八日にはところどころの社領の返還を保証し、同十九日には下総に御旗を立てていることをもとに、本意のための祈祷を命じている（戦古一六七～九）。これをうけて二十七日には、千葉輔胤の嫡子孝胤《のりたね》が、成氏の安堵《あんど》状《じょう》とその内容を保証している（戦房一六九）。成氏の滞在により香取社は旧領の回復を図り、成氏と千葉氏はそれを認めたかたちになる。

ところが、これが現地の領主層に混乱をもたらした。**十月**八日、千葉氏一族の臼井《うすい》胤慶《たねよし》が香取社神官に宛てた書状をみると、千葉氏一族で香取庄（香取市）を支配する矢作《やはぎ》城の国分《こくぶ》之胤《ゆきたね》からは代官を務めるという申し出があるだろう、千葉氏一族で海上《うなかみ》庄（銚子市）の領主の海上師胤と親しい関係にあるから必ず申し出てくるだろうと観測している（戦房一七四）。成氏が香取社に返還を保証した所領は、実際には国分之胤が支配していたらしい。国分之胤はこれに抵抗し、同二十八日には千葉氏と手切れしかねない状況になり、日夜にわたって矢作城を補強したが、千葉氏はそれを非難している。そのため、成氏宿老の簗田持助が対応に乗り出している（戦房一七七）。

その間の**九月**九日、千葉輔胤の家宰・原胤房の本拠である下総小弓《おゆみ》城（千葉市）で合戦があり、原胤房が戦死している（「本土寺過去帳」）。事態の詳細は判明しないが、この時期には、上総長南城の上総介とその家臣角田若狭守が上杉方に転じていて、同十七日に将軍足利義政からそれを賞する感状が出されていることをみると（義政六〇四・八）、小弓城への攻撃は、この上総介によるものであったかもしれない。千葉氏の勢力圏であっても、必ずしも安泰で

香取社◆現在はその格式の高さから香取神宮と称されている　千葉県香取市

はなかったことがわかる。

しかも、成氏が千葉に後退したことをうけて、北関東の大名層ではさらに上杉方に転じるものがでたらしい。九月十七日、将軍足利義政から結城氏広・大掾清幹・鹿島実幹・那須明資・佐竹義治・江戸通長（通房の子）・宇都宮正綱・小田持家に対し、戦功をあげるよう命じる御内書が出されている（義政六二一〜六・三〇）。この時に味方への参向を要請されているのは那須持資のみであった（義政六二七）。これらによれば、以前から味方であった那須明資・小田持家と、先に味方になった宇都宮正綱のほかにも結城氏・佐竹氏・江戸氏・大掾氏・鹿島氏らが、上杉方に転じてきたことになる。

ただし、結城氏広については直前の**八月**十九日、成氏が、結城氏広の家臣である小塙《こばなわ》河内守への書状で、氏広を守護して結城城を維持することを命じている（戦古一七〇）。その後も結城氏は成氏方の立場を堅持しているので、ここでの参向は誤り、もしくは虚言であったとみられる。そのほかの佐竹氏・江戸氏・大掾氏・鹿島氏については、具体的な動向が確認できない。

とはいえ、九月五日までに真壁久幹が上杉方に転じたことが知られる。そのため、成氏は真壁氏の所領真壁郡を那須持資に与えている（戦古二八二）。それと同日に白川直朝が上那須明資と下那須持資の和睦をすすめていたこと、翌日に小山持政が佐竹義治と協力関係にあったことが確認できる（戦下一六二〜四）。これをみると、佐竹氏は上杉方に転じていたとみてよいかもしれない。**十二月**三日には、足利義政から大掾清幹に出陣を命じる御内書が出されているので（義政六二五）、大掾氏の上杉方参向は確かであったようである。

また**十一月**二十八日、扇谷上杉氏は白川直朝に下野塩谷式部大夫の進退維持への支援を要請し、十二月に直朝から了承の返事がもたらされている（扇谷二五〜六・埼11五六四）。塩谷

右：生実城の大手口を示す石碑
左：生実城の空堀と土塁◆千葉市中央区

氏については、これ以前の寛正六年（一四六五）十二月に白川直朝が没落させていた。塩谷式部大夫は上杉方を頼って復活を図っていたと思われる。こうした状況をみると、個々の領主にとっては、成氏方か上杉方かというよりも、自らの存立を最優先にして政治的立場を選択していたことが端的に示されている。

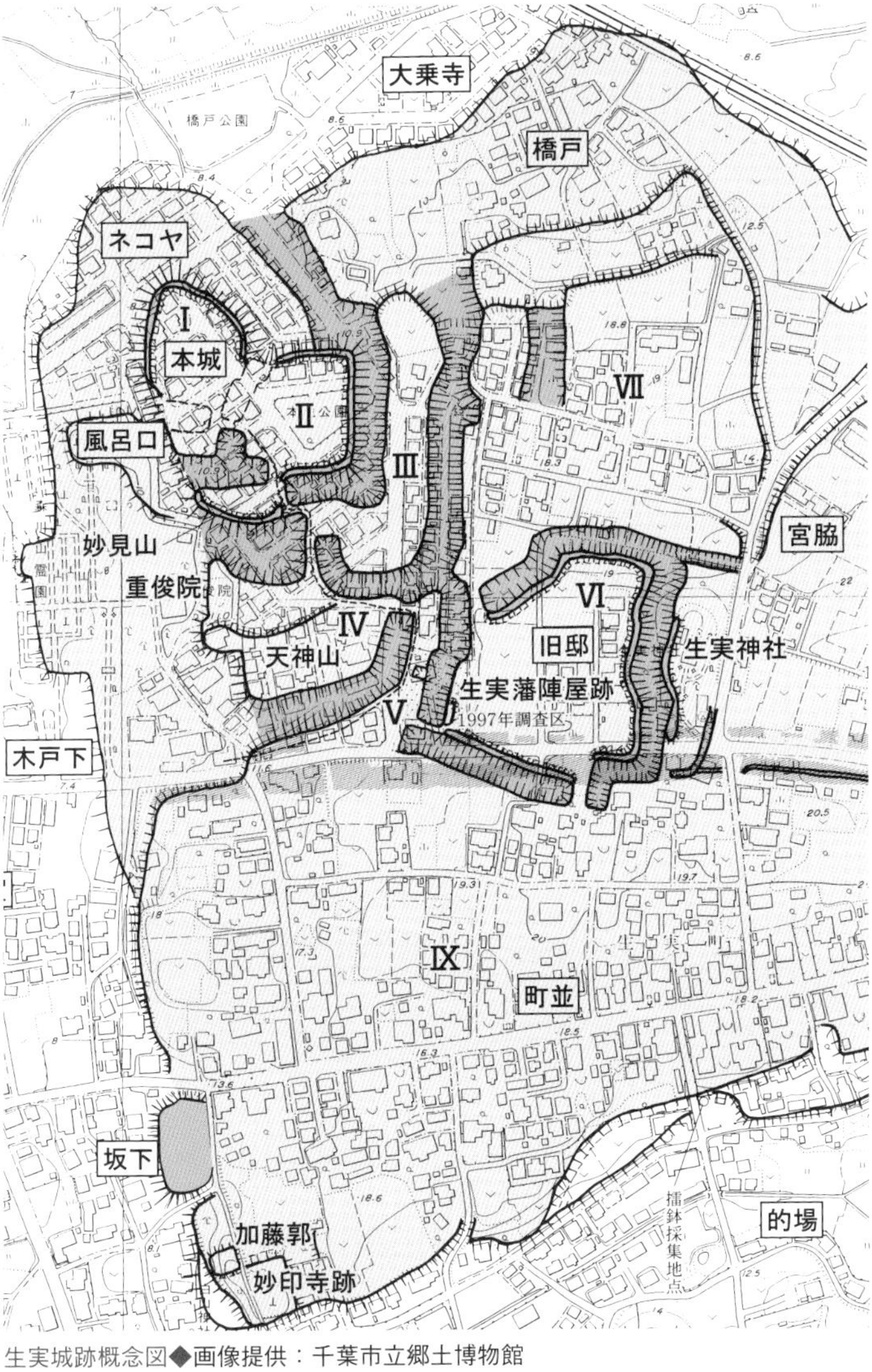

生実城跡概念図◆画像提供：千葉市立郷土博物館

小弓城の土塁◆南生実城とも呼ばれ、千葉氏の有力一族である原氏が守った。以前は室町後期から戦国にかけて登場するのが小弓城で、戦国後期の舞台は生実城とされてきた。しかし、近年の研究成果からは両城ともに同時期に存在していたことがわかり、原胤房が討ち死にしたのも生実城であった可能性が指摘されている　千葉市中央区

成氏が古河城を奪還、北関東の大名層が再び帰参する

文明四年（一四七二）になると、成氏方の反撃が開始された。成氏方は態勢を立て直して、**二月**三日には雪下殿定尊が古河城奪回に向けて出陣した。定尊の拠点は明確ではないが、その後の雪下殿の拠点は太田庄高柳（久喜市）におかれているから、この時点ですでにそうであったと考えられる。また、白川直朝の仲介によって上那須明資と下那須持資の和睦が成立した。これらは、結城氏広が白川直朝に送った書状に出てきている。白川直朝は上杉方であったが、成氏方の結城氏広と通交していたことがわかる。

そして二十五日までのうちに古河城の奪還は果たされ、さらに足利成氏も千葉館を発って結城城に着陣している。那須持資は宇都宮領に侵攻し、成氏も宇都宮領を攻撃して二十六日には小栗城攻略を図っている（戦下一七六）。こうして、成氏は没落してから八ヶ月を経て、ようやく古河城の奪回を遂げ、帰還を果たしたのであった。そのうえで上杉方への反撃を開始し、宇都宮氏攻めや小栗城攻略をすすめた。結果、**三月**二十二日までに宇都宮正綱は服属し、その日には真壁久幹も成氏に帰参してきた（戦古二一七）。同二十九日には、小山梅犬丸（持政の養子、山川景胤の子）が成氏に帰参したことが確認できる（戦古二二四）。

こうして古河城帰還を果たした成氏は、宇都宮氏・真壁氏・小山氏を相次いで帰参させている。**四月**二十八日には、それらの大名衆を動員して上杉方への反攻を図り、出陣に先立って七歳の嫡子「若御料《わかごりょう》」（政氏）を宿老簗田持助の館に預けた（戦古二三六）。この状況をうけて、上杉方は児玉塚陣を引き払って五十子陣に後退した。これを追撃するようにして、成氏は結城・小山・下那須・宇都宮・佐野・舞木氏ら常陸・上総・下総・安房・下野の軍勢八千騎を動員して足利庄に進軍する。

足利長尾氏の墓◆足利市・長林寺

さらに新田庄・佐貫庄に進んで、**五月**二十二日、成氏率いる大手軍は新田庄世良田《せらだ》・大館（太田市）に在陣し、搦《から》め手軍は佐貫庄岡山原（大泉町）に在陣して（「松陰私語」「東州雑記」）、五十子陣の上杉方と利根川を挟んで対峙した。両軍の動向について具体的なことは不明だが、五月一日に足利長尾景人が死去しており、成氏軍との交戦の末に戦死したのかもしれない。その五月に新田岩松氏家宰の横瀬国繁、**六月**には山内上杉氏家宰の長尾景信がそれぞれ足利庄鑁阿寺《ばんなじ》に禁制を与えている（山内参考一六・群一七三七）。上杉方では、長尾景信と岩松氏が迎撃の主力を務めている。

成氏は新田庄進軍にともなって、岩松家の本拠金山城を攻撃したことが「松陰私語」に記されているが、この時のことであろう。岩松家では、成氏を金山城に引き留めれば、上杉方の本陣五十子陣を維持することにつながると考えており、すべてが上杉方支援のための行動であった。岩松家は独力で、七〇日余にわたって成氏の攻勢を凌ぐのであった。そして、金山城を攻略できなかった成氏は足利庄に後退した。金山城攻めの在陣が七〇日ほどというから、**七月**末のことであっただろう。

また、六月六日には小田持家が成氏に帰参している。成氏はさらにその嫡孫成治の帰参をすすめ、真壁久幹に働きかけた（戦古二四六）。ここに小田氏は再び、持家と成治とに分裂した。以前は持家が上杉方、成治が成氏方であったから、ここでその立場は入れ替わっている。七月十八日、上杉方の軍勢が天命に進軍して陣を取った（戦古二六三）。上杉方の反攻がみられるので、成氏が足利庄に後退したのはそのためであったろう。**十一月**には、長尾景人の子定景が鑁阿寺に禁制を出しており（群一七四〇）、上杉方が足利庄を維持していたことがわかる。

右：新田庄大館◆成氏方の大手軍が上杉軍の五十子陣に対して在陣した地。中央の小社は新田氏の一族である大館氏の館跡　群馬県太田市

甘棠院（かんとういん）の空堀跡◆幼い頃に「若御料」と呼ばれていた足利成氏の嫡男政氏が、晩年に住んだという館跡に建てられた甘棠院。周囲には空堀が巡らされ、境内には政氏の墓がある　埼玉県久喜市

Ⅶ 駿河今川氏の内乱鎮定へ出陣する上杉軍

文明5年（1473）～文明8年（1476）

長尾景信の死去と先鋭化する忠景・景春の対立

成氏方と上杉方は、依然として利根川を挟んで対峙していたのであろう。そうしたなか、**文明五年（一四七三）六月**二十三日に山内上杉氏家宰の長尾景信が死去した。上杉方総帥の山内上杉顕定は二十歳の若年であったから、景信こそが実質的な上杉方の総帥の役割を果たしていた。その死去は、上杉方に大きな動揺をもたらしたに違いない。越後に在国していた上杉房定は、関東への進軍を検討するほどであった（群一七四五）。しかも、後任の家宰はただちに決まらず、上杉顕定は景信の実弟忠景を任命しようとするが、景信の嫡子景春がそれに抵抗をみせ、これによって山内上杉氏では分裂が生じるようになった。

この情勢をうけてであろうか、成氏方は攻勢に出て**十一月**二十四日、ついに五十子陣を攻撃し、そこで扇谷上杉政真を戦死させた（「鎌倉大草紙」）。上杉方の本陣が直接、成氏方から攻撃をうけたのは初めてのことで、このあとにはみられない。そのため、いかに上杉方の軍事体制が動揺していたかがわかる。その後の動向を伝える史料はなく、成氏も古河城に帰還したようで、成氏方はそれ以上の攻撃をすることなく、退陣したのだろう。

扇谷上杉氏では、当主政真の戦死をうけて太田道真・道灌父子らの宿老たちは、政真の叔父定正《さだまさ》を新たな当主に擁立した。政真には子がなかったため、一門衆の筆頭にあった叔父の定正が家督に推戴され、扇谷上杉氏は当主定正・家宰太田道灌によって主導されることに

平井城の土塁◆永享10年、関東管領上杉憲実が鎌倉公方足利持氏と確執を生じた際、この城に逃れている。詰めの城として背後の山に平井金山城が築かれている広大な城郭。享徳の乱以後、戦国時代まで山内上杉氏の重要な拠点となった　群馬県藤岡市

なった。他方、山内上杉氏では後任の家宰の任命は難航していたらしく、景春方はこのあと、五十子陣周辺の通路を封鎖して兵糧の補給を困難にし、ところどころで所領をめぐる紛争を頻発させる事態となった。この景春方の行為は、景春を支持する山内上杉氏家臣・景春家臣二、三千人の突き上げによるものであった（「松陰私語」）。

太田道灌は景春の叔母（景仲の娘）を妻にしていて、景春とは叔父・甥の親戚関係にあったため仲裁に乗り出した。景春方の動向をうけ、越後上杉定昌《さだまさ》（房定の嫡子）や長尾忠景に働きかけて両者の和融の斡旋をすすめたらしい。その解決策とは、景春を武蔵国守護代に任じることであった。山内上杉氏では家宰に次ぐ地位が武蔵国守

縹糸威最上胴丸具足◆足利成氏の子・政氏所用と伝えられている。享徳の乱の頃に使われたであろう具足（甲冑）等の伝存はごく希れだが、当時の形態や有り様は本品からも推察ができる　埼玉県立歴史と民俗の博物館蔵

神保植松城模型◆舌状台地先端に城地を構え空堀や土塁で主郭を防御。敵が攻め上るのを防ぐため切岸を設け急勾配にするなど中世城郭の典型を見ることができる　群馬県立歴史博物館蔵

護代で、これまで両職の兼帯はなかった。ところが、新たに家宰に就任した忠景は、それまで武蔵国守護代の地位にあり、それを辞職せずに家宰に就任したことで両職が兼帯される状況になっていた。道灌は、景春が武蔵国守護代に就くことで家臣らの不満を和らげることができると考えたのであろう。

この頃、上杉定昌（はじめ定方）は五十子陣に在陣していた。父の房定は、これより以前の文明三年には越後に帰国していた。嫡子の定昌は、**文明五年四月**に関東での在陣が確認でき、これが活動を示す初見である。同三年、将軍足利義政が房定に関東への出陣を命じていたことを踏まえれば、定昌は父房定に代わって関東に出陣してきた可能性がある。

なお、この時期に抗争が具体的に確認できるのは、千葉氏である。同五年**十二月**九日、下総大野（市川市）多門坊《たもんぼう》の弟が下総吉川（吉川市）で合戦のためか死去している。**文明七年二月**二十三日、匝瑳《そうさ》将監《しょうげん》入道が下総我孫子《あびこ》（我孫子市）で死去しており、これも戦死であったろうか（「本土寺過去帳」）。これらの動向は、およそこの時期までに千葉氏領国では北部における領域確定が遂げられたことを示す。その結果、ほぼ現在の流山市・柏市・我孫子市、埼玉県吉川市・三郷市が千葉氏領国の境界線であったと考えられる。

山内上杉氏の家宰の決定はただちに実現をみず、どうやら前家宰の長尾景信の死去から一年以上経った**文明六年（一四七四）**までずれこんで、その年の**十二月**までのうちに、ようやく長尾忠景の就任が実現した。その間、扇谷上杉氏家宰の太田道灌が、忠景とそれに対抗していた景春との和解を模索しており、しかも扇谷上杉定正や道灌らはこの年はまだ五十子陣に参陣していなかった。そのことが山内上杉顕定から不審をかったようで、扇谷上杉氏への不信を生じさせ、「雑説」が生じるまでになっていた。

そのため、太田道灌は三十年以上前の永享の乱での先例をもとに、山内・扇谷両上杉氏で

太田道灌状 現代語訳①

一、わざとらしい言い分だが、先年（文明七年）、五十子陣で顕定が苦戦していた頃、道灌が五十子陣に参陣しようとすると、長尾景春が数度使者を遣わしてきた。道灌の五十子陣への参陣は無用であると伝えてきたが、道灌は強いて出発し上田上野介が在陣する小河に一泊した。

そこへ飯塚から早朝に景春がやって来て、「道灌の参陣を留める理由は、五十子陣で御屋形（顕定）と典厩様（上杉定昌）を取り逃がすことないよう計画している最中である。道灌が行けばその機会を逸してしまうだろう」とさまざまに景春が言ってきた。

しかし、景春の言うことに納得できなかったため五十子陣に参陣し、景春の顕定・定昌を討つ準備について、すぐに顕定被官の飯塚（沼）次郎左衛門尉に知らせた。しかし、顕定は景春をお許しになった。今から思えば、言語道断である。その時、五十子陣の様子を見たが帰陣不可能であったので、老父（道真）を屋形（顕定）に遣わし、道灌

起請文《きしょうもん》の交換を行うとして、疑念の払拭に努めている。この時期、成氏宿老の簗田持助が古河城に出仕して、成氏方は出陣を準備する情勢がみられたらしい。道灌は、そのような情勢のなか、〝味方の間で紛争が生じては上杉方に凶事〟として強い危機感を示している。そのため、道灌は一刻も早い事態の解決を図ってか、さしあたって景春自身を五十子陣から退去させることを山内上杉氏に提案するのであった（埼11五五五）。

翌**文明七年**、道灌は五十子陣に参陣しようとするが、景春はその抑止を図るとともに、上杉顕定と同定昌を殺害する意志を明かした。景春は道灌を味方に引き入れようとしたのであった。両者は叔父・甥の関係にあったから、景春としては味方になってくれると踏んでいたのであろう。しかし、道灌はこれを無視して五十子陣に参陣し、上杉顕定・長尾忠景に景春謀叛の意志があることを報告した。けれども、顕定らは取り合わなかった。

これをうけて道灌は、すでに五十子陣に参陣していた父道真を通じて両者の和睦仲介に乗り出すことを申し出る。これは再度の申し入れになるだろう。顕定からは景春との親戚付き合いを停止することを条件に認められた。だが、景春方の行動は沈静化する様子がなく、ますます過激になったため、和解が順調にすすまなかった場合には、景春を討伐することを進言するのであった。しかし、忠景はその考えを採用せず、父道真も強く否定した。忠景は、折あるごとに景春に対して説得を続ければ何とかなると考えていたらしい（「太田道灌状」「鎌倉大草紙」）。結局、道灌は両者の和解の仲介に失敗し、江戸城に帰陣することになる。そのうえで翌同八年になると、駿河今川氏の内乱への対応として駿河に出陣するのであった。

が顕定と景春との仲裁を申し上げた。すると、顕定が道真を通じて話すには、「今後、道灌が景春と肉親の関係に関わらければ、仲裁に向かってもよい」ということであった。道灌の返事は、「景春と親戚の関係を断つことが道灌には不都合でも、どうして山内家の難題解決の他に気持ちが移るでしょうか」と申し上げたので、顕定の納得をうけて出陣した。すぐに庵主様（山内上杉憲実）の時の良い事例の通り、山内家と扇谷家との間で御書（起請文）を交換することを取り持ち、いっそう平穏な形におさまった。

伝江戸城の静勝軒（旧佐倉城銅櫓）◆もと江戸城吹上庭内の櫓を三層から二層に改造して佐倉城へ移築されたと伝える。明治に解体中の姿だが、良材を用い精巧な状態のため道灌時代の建造物と考えられている　佐倉市複写蔵

扇谷上杉軍が今川小鹿範満支援で駿河《するが》へ。景春は鉢形城を構築

今川氏では、**文明八年（一四七六）二月**十九日に義忠が出陣していた遠江で戦死してしまい、その嫡子竜王《たつおう》丸（のち氏親《うじちか》）がわずか四歳であったことから、今川家中では義忠の従弟のなかで最年長の今川小鹿範満《おしかのりみつ》を当主に擁立しようとする動きがみられた。そして、両勢力による抗争が展開された。これをうけて道灌は、**三月**には今川小鹿範満支援のため江戸城を出陣、駿河に向けて相模へ進軍している。その数は三〇〇騎という（「今川記」）。これはいうまでもなく扇谷上杉氏としての軍事行動であり、扇谷上杉氏はこの内訌に範満支持としていち早く行動したのであった。

扇谷上杉氏が範満支持だったのは、扇谷上杉氏の血統を引く親類であったからである。範満の父範頼《のりより》は、その父の今川範政の四男で末子だが、母は扇谷上杉氏定の娘で持定・持朝の姉妹であった。持朝の子である定正にとって、範満は従兄弟の子という関係にあった。おそらく、範満支持勢力から親類関係をもとに支援の要請があり、定正はただちに範満支持を決定し道灌の駿河出陣になったと思われる。

道灌は三月に相模に進軍しているが、足柄峠を越えて駿河に進軍するのは、それから三ヶ月後の**六月**であった（「太田道灌状」）。道灌は三ヶ月ほど相模に在陣したが、その理由は明確ではない。ただし、駿河進軍の際には、堀越公方足利政知の軍勢も、同じく範満支持のためにその家宰・上杉政憲を大将にした軍勢三〇〇騎が出陣している（「今川

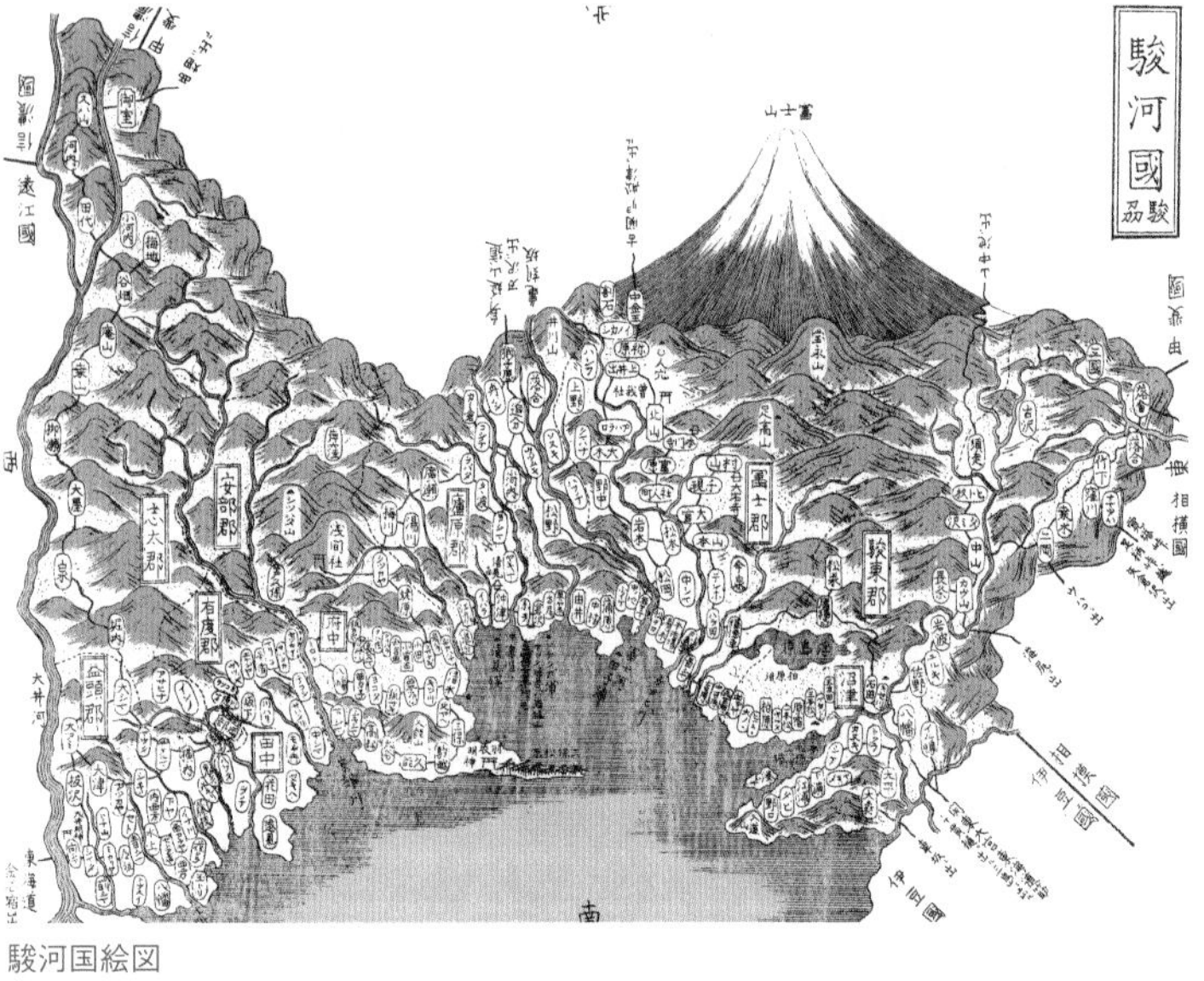

駿河国絵図

記」）。道灌とともに、今川氏の本拠・駿河駿府《すんぷ》（静岡市）に進軍していることから、堀越公方足利氏との連携を成立させるためと思われる。堀越公方が範満を支持したのは、かつて範満は足利政知のもとに参陣し、さらに上杉政憲に従って五十子陣まで出陣したのに対し、義忠は将軍足利義政から数度の関東出陣命令をうけながら、一度も応じていなかったという関係によるのであろう。堀越公方にとって、関東出陣に協力しなかった義忠の系統ではなく、実際に同陣する関係をもった範満を支援するのは、極めて順当な選択であった。ここに堀越公方と扇谷上杉氏は、ともに範満支援の立場で一致し、範満への軍事支援を行った。

今川氏親木像◆静岡市葵区・増善寺蔵

太田道灌と上杉政憲は、ともに三〇〇騎ずつの軍勢を率いて駿府に進軍し、狐ヶ崎・八幡山に在陣して、両勢力に仲裁を働きかけたという。実際、範満は文明八年（一四七六）六月から八

駿府城復元模型◆今川氏の居城・居館として戦国時代に機能していた駿府城は、後に徳川家康の拠点となった。この模型は近世に拡張された城郭の景観を復元したもの　静岡市蔵

月にかけて、竜王丸方との激しい抗争を展開している。太田道灌・上杉政憲の軍事力をもってしても敵対勢力の鎮圧は容易にはすすまなかったが、**九月**末になってようやく範満の勝利が確定し、今川氏の家督を継承することになる。これをうけて道灌と上杉政憲は帰陣したとみられ、道灌は九月末に、堀越公方足利氏の本拠・北条御所に参向して事態の結果を報告し、**十月**に本拠の江戸城に帰陣した（「太田道灌状」）。三月に江戸城を出陣しているから、足かけ八ヶ月にもわたる長期の出陣であった。道灌の出陣は範満支援という立場ではあったが、内乱の鎮圧が目的であった。今川氏は有力な幕府方勢力であり、内乱が続くと堀越公方勢力や上杉方の軍事行動にも影響が出かねないためであろう。

太田道灌が相模から駿河に進軍したのとちょうど同じ頃の文明八年（一四七六）六月、長尾景春は五十子陣から退去し、鉢形城（寄居町）を取り立てて在城した（「鎌倉大草紙」）。これは五十子陣からの敗退とみられたから、すなわち政治的失脚ということになる。「太田道灌状」によれば、これは道灌の進言の結果で、山内上杉顕定らには問題の解決と映った可能性がある。しかし「太田道灌状」や「松陰私語」では、その評価とは逆に、戦乱勃発は必須とうけとめられていた。いずれにしろ、道灌による仲裁は失敗したといわざるをえず、景春は上杉方勢力のなかで失脚するという結果となった。

景春が五十子陣から退去したのは、太田道灌が駿河に進軍したことで、結果として仲介から手を引くことになったためであろう。仲介役の道灌が不在になったことで、景春もついに顕定との和解をあきらめ、五十子陣から退去したと考えられる。景春がその後の行動をどの

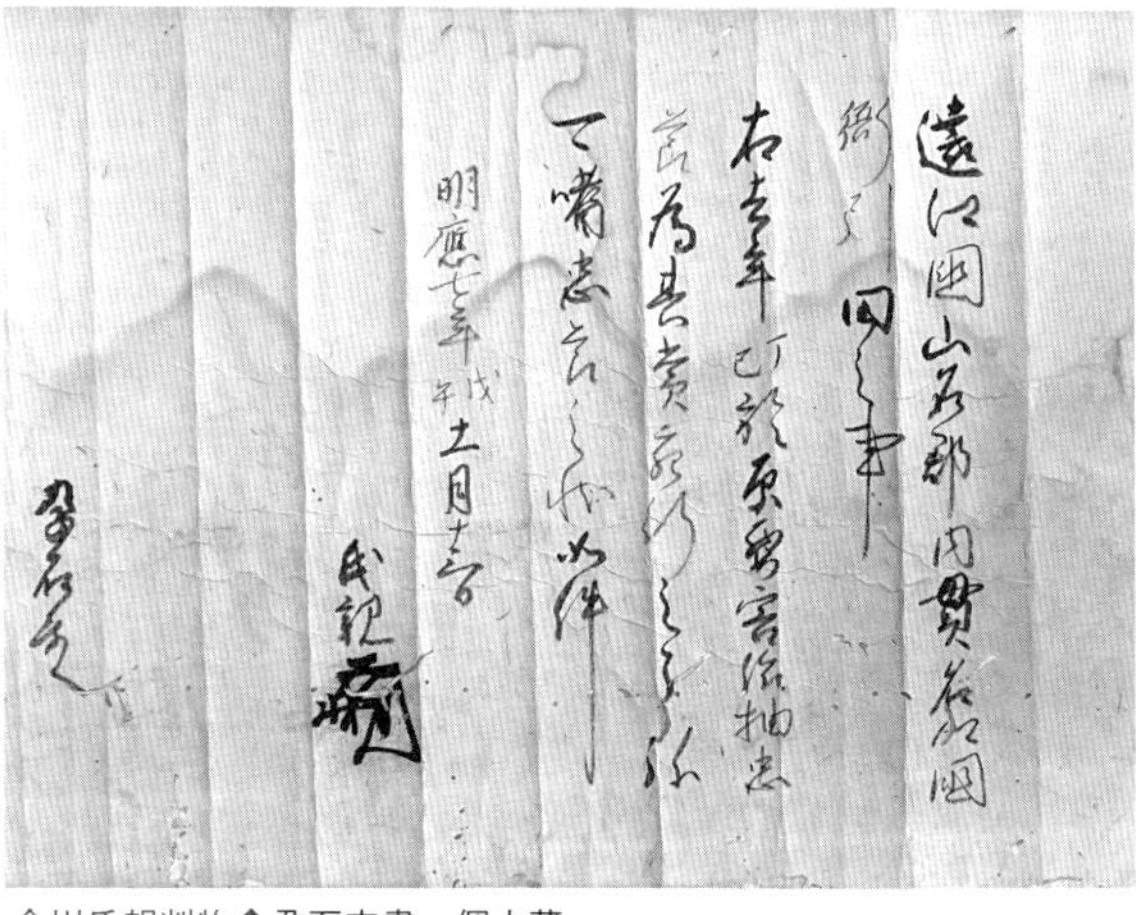

今川氏親判物◆孕石文書　個人蔵

太田道灌状 現代語訳②

一、翌年（文明八年）三月、道灌は今河新五郎殿（範満）に合力のため相模へ行った。六月に足柄を越え、九月末にかねてからの望み通り範満を今川家の家督にして伊豆北条（堀越公方家）へ参上し、十月に帰陣した。そのまま御屋形（顕定）

ように考えていたのかは不明である。やがて顕定に対して叛乱を起こすことになるが、それは数ヶ月も先のことであった。鉢形城構築の時点で、ただちに叛乱を企図していたわけでなかったと思われる。ひとまず、上杉顕定・長尾忠景と政治的にも地理的にも距離をとって、あらたな政治交渉を模索していたのかもしれない。

しかし、この景春の行動を顕定・忠景は「失脚《しっきゃく》」ととらえ、生じていた問題の解決に乗り出していった。これまで忠景方と景春方との間で、所領の領有をめぐる激しい対立や紛争があった。ここで忠景は、武力を行使してでも景春方の排除をすすめている。そのため、景春方はそうした所領などの権益からほとんど排除され、存立そのものが危機的状況になったと考えられる。景春方がそうした権益を回復するには、武力蜂起しか方法がなかった。

他方の道灌は、駿河在陣中に忠景からまったく連絡が無く、自身の仲介行為は評価されなかったと認識したらしい。おそらくは、出陣中に景春が五十子陣から退去したこと、鉢形城を構築したことも忠景から連絡がなかったのであろう。これについて道灌は、親疎を論ぜずに、すなわち景春との親戚付き合いを停止してまで仲介に尽力してきたが、さして時間が経過していないうちに恩を忘れたような行為であると完全に臍《へそ》を曲げている。そして駿河出陣の疲労を理由に、帰陣後も五十子陣へ参陣することなく、江戸城に引きこもるのであった（「太田道灌状」）。

ところが、この道灌の行動が直後に長尾景春の乱の勃発をもたらす。しかも、道灌がその平定の立役者になることを可能とする前提となった。その意味で、その後の道灌の活躍は偶然の結果がもたらしたものであった。

のいる五十子陣へ出頭しなかった理由は、すでに十ヶ月に及び御屋形と景春の確執に関わり合っているのに、忠景からは一度も音信に預からなかった。公私の問題を平穏無事に処理し、親疎を論ぜずに粉骨に励んでいるのに、それほど経たないうちに恩を忘れたような扱い。そのため、一方では忠景を恨み入り、他方では今川家への合力の陣で疲れたなど、あれこれのことから五十子陣に参陣せず、江戸に差し籠もっていた。

しかし、ついに五十子陣の戦局が悪化し、翌年（文明九年）正月十八日に上杉勢は五十子陣から逃れ、東上野に陣所をお開きになった。そのときも、道灌は景春のところへ親類の統訓蔵主と下（卜）厳を遣わし、すでに屋形・老父（道真）が一緒にいる以上、（顕定・道真が）どこへ御陣所を移しても、それを攻撃してはならないと、さまざまに景春に申した。

そのため、景春は屋形を攻撃することなく、（顕定一行は）ご無事に利根川を越えて阿内にお移りになったのである。

Ⅷ 長尾景春の反乱で太田道灌が進軍を開始

文明9年（1477）

景春の攻撃で五十子陣が崩壊。上杉方は上野へ遁走

長尾景春は、上杉顕定・長尾忠景による政治的圧迫、すなわち所領権益などからの排除の動向をうけて、それらを実力によって回復を図るべく、ついに**文明九年（一四七七）正月**十八日に武力蜂起して、上杉方の本陣であった五十子陣を攻撃し、同陣を崩壊させた。在陣していた主人の山内上杉顕定、その家宰の長尾忠景、扇谷上杉定正、その前家宰の太田道真、越後上杉氏の嫡子上杉定昌など、上杉方首脳はことごとく東上野に逃れた。

すなわち、「長尾景春の乱」の勃発である。この後、景春は武蔵で上杉方への敵対行動を展開するが、**五月**になって足利成氏に従うかたちをとる。そのため、この叛乱は成氏方と上杉方との抗争の一環として展開されていく。文明十年正月、成氏方と上杉方の和睦が成立すると、景春は成氏方・上杉方双方に敵対するかたちとなるが、やがて、足利成氏が和睦条件を履行しない上杉方に不満を募らせて、再び景春支援に動く。しかし、上杉方の攻勢で文明十二年六月に景春は武蔵から没落していく。

景春の叛乱は、これで収束したと思われることが多い。鎮圧にあたった太田道灌もそのような認識にあったと思われる。実際にはその後も、景春の敵対行動は継続されるのである。ただし、上杉方を危機的状況に陥れた武蔵での大規模な叛乱という意味からすると、武蔵からの没落が一つの画期をなしたとみることはできる。当初は、景春自身が「御当家《ごとうけ》（山内上

五十子陣想定復元図

杉氏）始中終《しじゅうつい》（一部始終）の儀《ぎ》」と述べているように（「太田道灌状」）、あくまでも山内上杉氏内部のことという認識で、すなわち内部の権力闘争という性格であった。景春がどのような構想を持っていたのかは判明しないが、主人・顕定に軍事的勝利をおさめて屈服させ、長尾忠景を失脚させ、自らが家宰に就任して主導権を確立する、というものであった可能性が高い。というのはこの時、景春は顕定に代わる山内上杉氏当主を擁立した形跡がないからである。

ところがその後、景春与党の蜂起がみられ、それが扇谷上杉氏勢力とも抗争するようになり、太田道灌ら扇谷上杉氏勢力が叛乱鎮圧に加わることとなった。そして景春は、両上杉氏の軍勢によって軍事的に劣勢に追い込まれたことで、足利成氏に支援を求めた。したがって、景春が成氏を頼ったのは当初からの構想ではなく、あくまでも戦乱の展開に応じるなかでの選択であった。成氏にとって、当初は上杉方の分裂にすぎず当事者ではなかったのである。景春からの支援要請を受け容れることで、主体的に関わっていくのであった。

太田道灌像◆像高約60㎝で厨子入り。胴服姿の凛々しい道灌の風貌だ　東京都北区・静勝寺蔵

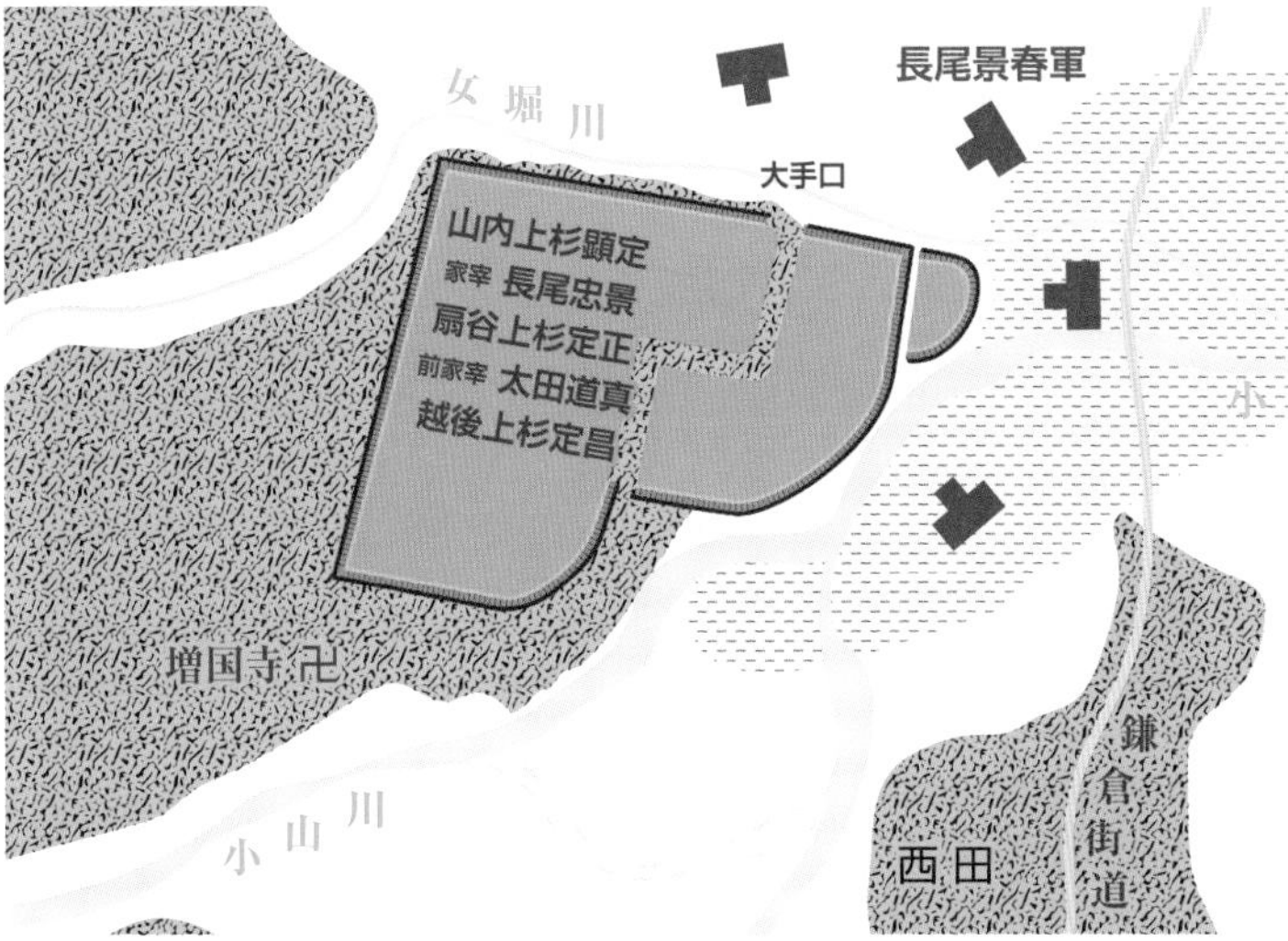

上杉勢力を二分する武家が関東西部で蜂起する

長尾景春の五十子陣攻撃に際し、上杉方の首脳で唯一、在陣していなかったのが扇谷上杉氏家宰の太田道灌であった。前年の駿河からの帰陣後、上杉顕定・長尾忠景への不満から本拠の江戸城にとどまっていたが、それによりこの事態に巻き込まれることなくすんでいた。あるいは、景春は親戚関係の道灌が不在のため、五十子陣攻撃を実行したのかもしれない。

この事態をうけて道灌は、すぐに景春に使者を派遣して主人上杉定正・父太田道真が行を共にしているから攻撃しないよう申し入れている。それにより景春から攻撃はなく、上杉勢は利根川を越えて、山内上杉勢は那波庄阿内《あない》（伊勢崎市）に、扇谷上杉勢は細井（前橋市）に、越後上杉勢は北上野の白井城に、それぞれ陣を移した。

それをうけて、景春から道灌のもとに使者が派遣された。景春の傍輩の大石石見守《いわみのかみ》（もと隼人佐《はやとのすけ》）と宝相寺《ほうそうじ》、それに景春家臣の吉里宮内左衛門尉《くないさえもんのじょう》が付き添ってきた。このうち大石石見守は宿老の一人で、下総葛西城（葛飾区）城主で葛西御厨の支配にあたっていた。葛西城から江戸城に赴いてきたのであろうし、景春の使者を務めていることから、すでに景春に味方していたことがわかる。

景春からは、これまでにおきた山内上杉家の一連の事態について意見を求められた。それに対して道灌は、五十子陣を崩壊させたからには、鉢形城を出て他国に退去し、上杉顕定に赦免を請うならばそれに尽力すること。他国に退去できないのであれば相模道志《どうし》（山梨県道志村）の禅寺に蟄居《ちっきょ》し、扇谷上杉家を通じて赦免を訴訟すればそれに尽力すると返答した。すでに叛乱を起こしている以上、退去して恭順の姿勢を示し、顕定に赦免を請うほかはないという意見であった。当然ながら、景春側はこれを拒否した。

太田道灌状 現代語訳③

一、（顕定が）阿内にお移りになって以後、景春は傍輩の大石石見守・宝相寺を雇い、被官の吉里宮内左衛門尉を添えて、御当家（山内家）の一部始終について意見を求めてきた。

道灌が申したのは、「五十子陣は、三十年に及び上杉家が天子の御旗をお立てになっていたのに、思いがけない問題で（顕定が）五十子陣を退くことになった。もはや道理として（景春の）鉢形在城は適当ではない。

早いうちに鉢形を退いて他国へ退去し、顕定に対し緩怠しない旨を懇願申し上げるならば、道灌も景春に同心し協力する。もし、他国への退去を望まないならば、相州道志の禅寺へ向かい、当方（扇谷家）を頼み赦免をお願いすれば、いくらなんでも定正が顕定に上申しないことはない。そのような処置がなかったとしても、どうして（定正が）お見捨てになることがあろうか」と伝えたが、景春は道灌の提案に納得しなかった。

一、江戸の近所には豊島勘解由左衛門尉と弟の平右衛門尉の二人が対の城（石神井城・練馬城）

その一方、道灌は上杉顕定に使者を送って、扇谷上杉勢の帰国の取り計らいを求め、そのうえで戦乱の回避と顕定の復帰に尽力することを提案した。文明九年**二月**にも梵種《ぼんしゅ》という僧侶を使者として同様の提案をしたが、顕定から景春と断交するとの返事がもたらされた。こうして道灌による和解の周旋《しゅうせん》は失敗した。これをうけてであろう、景春は味方する勢力に働きかけ、各地で景春とその与同勢力による蜂起が行われていく。

景春に味方したのは、山内上杉氏の宿老では下野足利勧農城の長尾房清（景人の弟）、武蔵二宮城（あきる野市）の大石憲仲（重仲の子）、下総葛西城の大石石見守があった。山内上杉氏の宿老としては長尾氏と大石氏が代表的存在であった。そのうち長尾氏は、景春の孫四郎家、忠景の尾張守家、房清の但馬守家の三家が有力であったが、そのうちの但馬守家が景春に味方し、三家のうち二家が景春方となった。大石氏は、柏城（志木市）を本拠にしていたと思われる惣領家の遠江守家、葛西城の石見守家、その分家と推測される二宮城の駿河守家の三家が有力であったが、そのうちの石見守家と駿河守家が景春に味方し、ここでも三家のうち二家が景春方となっている。

そのほかの山内上杉氏の家臣や与力勢力は、武蔵では豊島郡に大きな勢力を持つ豊島勘解由左衛門尉・平右衛門尉《へいえもんのじょう》兄弟、同郡赤塚郷の千葉実胤、入西郡毛呂郷（毛呂山町）の毛呂三河守、横山庄の長井広房など。相模では中郡小沢《こさわ》城（愛川町）の金子掃部助《かもんのすけ》、本間氏・海老名氏、西郡小田原城の大森成頼《しげより》、景春の家臣で中郡溝呂木《みぞろぎ》城（厚木市）の溝呂木氏、小磯城（大磯町）の越後五郎四郎《ごろうしろう》などがあった。上野では上州一揆旗頭《じょうしゅういっきはたがしら》の長野為業《ためなり》などがあり、さらに甲斐郡内《かいぐんない》の加藤氏らがあった。まさに上杉勢力を二分するほどの勢力であった。

を構えていたので、江戸・河越間の通路が不自由になった。

そのため道灌は、まず勘解由左衛門尉の要害（石神井城）を攻撃するため、相州勢衆を密かに途中まで呼び寄せた。文明九年三月十四日、石神井城を後詰めの攻撃をしようとしたが、大雨が降って多摩川が増水したため、攻撃を変更しなければならなかった。

一、相模には景春被官人の溝呂木が在所に要害を拵えていた。越後五郎四郎は小磯という地に山城を構えていた。景春傍輩には金子掃部助が在所の小沢に要害をつくっていたので、相模国から手始めに攻撃すべきと考え、途中の諸勢を（文明九年）三月十八日に溝呂木の要害へ派遣した。そのため、溝呂木は城を自焼きして没落した。

同日、小磯要害へ詰め寄って一日中攻撃し、晩になって越後五郎四郎を降参させた。その後、小沢城に向かって陣を張ったが、小沢城は難攻不落の城であったため、すぐには攻略できなかった。

道灌が進軍開始、扇谷上杉軍を主導し武相で激戦

こうした状況をうけて、太田道灌は本格的に長尾景春の追討をすすめていくことになった。上杉方の有力者で武蔵に在国していたのは、まさに道灌一人という状況であった。そのためこれ以後の乱の鎮圧は道灌を中心にすすめられていく。道灌はそれにあたって、顕定に対し、景春方からの降参者について進退を保証することを求め、その証文を獲得している。敵対者でも降伏すれば、その進退を維持することで景春から離叛させて一刻も早く平定をすすめるためであった。

道灌にとって当面の課題は、江戸城近所の石神井《しゃくじい》城・練馬城（練馬区）で蜂起した豊島氏兄弟の存在と、相模における扇谷上杉氏の拠点糟屋《かすや》・七沢要害（厚木市）の近所である溝呂木城・小磯城・小沢城で蜂起した景春の傍輩《ぼうはい》・家臣の存在であった。特に石神井・練馬両城によって江戸と河越との連絡が遮断されたため、まず両城の攻略を図り、相模の扇谷勢を呼び寄せ、文明九年三月十四日の攻撃を計画した。ところが、大雨による多摩川の増水で相模勢が来られなくなったため、計画は変更を余儀なくされた。

そこで道灌は、扇谷上杉氏の宿老の一人であった上田入道、弟の資忠《すけただ》、関東上杉氏一族で扇谷上杉氏の姻戚であった宅間上杉憲能（子の朝長は小山田上杉朝重の養子か）・嫡子憲清・同次男能香父子三人らを河越城に派遣して守備させた。また、武蔵勢の一部を相模勢への加勢として派遣した。そのうち宅間上杉憲能は、この後も河越城の守備を続け、憲清・能香は上野にいる上杉定正に合流していく。相模勢は相模の景春方攻略にあたり、三月十八日に溝呂木城・小磯城を攻略し、続いて小沢城の攻略をすすめていった。

一方、道灌は手元の軍勢が少数だったため、扇谷上杉氏一族の上杉朝昌（当主定正の弟）

石神井城跡◆石神井公園の一角に空堀と土塁が現在も遺る　東京都練馬区

と相模三浦郡の三浦道含《どうがん》（上杉定正の兄）、扇谷上杉氏と姻戚関係にある、武蔵石浜郷の千葉自胤（実胤の弟）、同世田谷領（世田谷区）の吉良《きら》成高《しげたか》（上杉定正の姉妹婿）、駿河御厨（御殿場市ほか）の大森実頼（姉妹は三浦道含の妻、成頼の従兄弟）らを江戸城に呼び寄せ、その守備にあたらせた。また、江戸城には道灌の文芸仲間の木戸孝範も在城していた。

これに対して景春方は、武蔵南西部の横山庄（八王子市）に在陣していた景春家臣の吉里宮内左衛門尉らが小沢城の支援に向かい、府中（府中市）に陣を取り小山田庄（町田市）に侵攻した。小机《こづくえ》城（横浜市）に在陣していた景春家臣の矢野兵庫助らは、河越城を攻撃するため入西郡苦林《にがばやし》（毛呂山町）に陣を張った。

紺絲威胴丸◆太田道灌が鶴岡八幡宮に奉納したと伝える。各部に散りばめられた太田氏紋所の桔梗紋、また鶴岡八幡宮と道灌の関わりの深さを考えると疑う余地はない　神奈川県鎌倉市・鶴岡八幡宮蔵

漆皮軍配◆道灌が使用したと伝える　茨城県石岡市・常陸國總社宮蔵

太田道灌状 現代語訳④

一、当方（扇谷家）はもともと軍勢が少数であった上に、阿内（顕定）への共もしていたし、扇谷家宿老の上田入道と同名図書助（弟・資忠）に道灌の軍勢を添えて、河越城守備のために留めおいた。道灌は相州衆に少々の武蔵国の者共を加え、相州衆は小沢城に向かって在陣した。江戸にはわずかな軍勢しかいなかったので、刑部少輔（上杉朝昌）と三浦介（道含）を呼び寄せ江戸城で一緒に相談していた。その頃、吉里らが小沢城援護のため武蔵国府中に陣を取り、小山田庄を蹴散らし、相州へ侵攻した。矢野兵庫助らは河越城の動きを押さえるため苦林に向かって陣を張ったため、河越城の留守衆は四月十日に城から打って出て矢野らの軍勢を蹴散らし、敵勢をおびき寄せ勝原で合戦して勝利を得た。

一、文明九年四月十三日、道灌は江戸から出陣し、豊島平右衛門尉の練馬城を攻撃。城の近辺を放火して江戸へ帰る途中、平右衛門尉と兄の豊島勘解由左衛門尉がともに石神井・練馬両城から出陣して当方の軍に襲いかここから、景春の家臣らが横山庄や小机保の占領を遂げていたことがわかる。横山庄の領主は長井広房で上杉定正の姉妹婿であったが、この時は景春に味方していた。小山田庄は扇谷上杉氏一族の小山田上杉朝長の所領であった。景春方はその小山田上杉氏への攻撃を行っていたとみることができる。小机保は、それまでは長尾忠景の所領であったから、景春方はそれを実力で経略していたものと思われる。

矢野氏の進軍をうけると、太田資忠らの河越在城衆は**四月**十日に討って出て、敵勢を両陣の中間にあたる勝原《すぐはら》（坂戸市周辺）におびき出し、合戦して勝利した。これをうけて道灌も、豊島氏を攻略するために江戸城を出陣した。それには江戸城に在城していた上杉朝昌・千葉自胤・大森実頼、さらに蕨《わらび》渋川義堯《よしたか》の家宰と思われる板倉美濃守らも従軍しており、以後の道灌の動向に従っている。そのほか、三浦道含は相模に帰国して景春方と転戦し、渋川義堯も相模や鎌倉で景春方と交戦し、吉良成高や木戸孝範は江戸城の守備を続けていった。

道灌は同十三日、豊島平右衛門尉の練馬城を攻撃したうえで、江戸城に引き返すところで石神井・練馬両城から追撃されたため、江古田原《えごた》（中野区）で迎撃、平右衛門尉を討ち取るなど勝利した。そのまま豊島勘解由左衛門尉の石神井城攻めをすすめ、十八日に降伏させた。その後、石神井城を破却することなく、降伏は偽りであったことが明らかになったため、二十八日に攻撃して外曲輪の攻略を果たすと、勘解由左衛門尉はその夜に没落した。勘解由左衛門が降伏してきた十八日には、相模勢も小沢城の攻略に成功している。

こうして道灌は、三月下旬から武蔵南部・相模における景春方攻略の軍事行動を展開し、四月までにそれら勢力の攻略を遂げた。弟の資忠だけでなく、扇谷上杉氏一族の朝昌・三浦道含、扇谷上杉氏姻戚の宅間上杉憲能・吉良成高・大森実頼、江戸城近所の渋川義堯・千葉自胤、扇谷上杉氏宿老の上田入道らに対して、事実上の軍事指揮をしていることが注目され

かってきた。そのため引き返して武蔵国江古田原で合戦し勝利を得た。平右衛門尉ら数十人を討ち捕らえ、翌日に石神井城へ押し寄せた。

このような事態になった以上は顕定への忠節に復することで勘解由左衛門尉と和睦したため、十八日に対面した。降参した以上は石神井城を破却するよう申したが、結局、破却せず降伏要請は偽りということが明白になったので、四月二十八日に石神井城の外曲輪を攻め落とした。その日の夜中に勘解由左衛門尉は没落した。

一、相模国の小沢城は十八日に攻め落とした。このように武勇に励んで屋形（顕定）をお迎えに行き、再び利根川を渡って五十子を陣所になさるように考えていたところ、景春が上州勢を率いて五十子・梅沢に向かって陣を張った。長尾忠景は「梅沢へ軍勢を派遣するのは難所のため適当ではない」ということであった。私は「次郎丸から攻め上り、鉢形と敵城（五十子・梅沢）との間に軍勢を入れる形で脅しをかければ、きっと景春方は平原に討ち出てくる。次郎丸と五十子・梅沢間で合戦すべ

る。もちろん彼らは、道灌が扇谷上杉氏の家宰であり、そこでの軍事行動は上杉方の総帥である上杉顕定の承認を得たものであったから、道灌の軍事指揮に従った。けれども以後、その継続が道灌の政治的主導性を生み出していくことになる。

太田道灌は、四月に江戸城・河越城近辺や相模における長尾景春方の攻略を遂げると、上野に退陣していた上杉方首脳を救出して五十子陣再興のために、北武蔵へ進軍した。対する景春は鉢形城を出陣、上野勢を率いて五十子・梅沢（本庄市）に向かって陣を張った。上杉顕定からは長尾忠景の軍勢が派遣され、神流川《かんながわ》を越えて清水（上里町）まで進軍してきた。忠景からは「梅沢要害を攻めるのは困難である」との意見があった。

それに対して道灌は、「次郎丸という場所から攻め上って、鉢形城と五十子・梅沢要害の間に軍勢を入れるかたちで威圧すれば、景春は平原に打ち出てくるであろうから、次郎丸と五十子・梅沢要害の間で合戦するべきだ」と考えた。**五月**八日、道灌は忠景に相談しないで次郎丸に軍を進めた。すると、忠景も陣所を払って次郎丸に出陣してきた。これにあたって上杉顕定は、忠景のもとに幕府軍であることを示す御旗を遣わしてきた。

道灌らが進軍すると、景春勢は予想通り出撃してきたため、道灌は用土原《ようどはら》（寄居町）まで進軍してから転進、針谷原《はりがやはら》（深谷市）で景春勢を迎撃し大勝利をおさめた。しかし、この合戦により山内上杉氏宿老で大石遠江守家当主の大石源左衛門尉（房重か）が戦死し、景春方では上州一揆旗頭の長野為業が戦死している。双方ともに有力者が戦死しており、激戦であったことがうかがえる。なお、日付について「太田道灌状」は十四日としているが、「松陰私語」には八日とあるので、こちらが適切であろう。

き」と考えた。

五月十四日の明け方、忠景と相談せず出陣したため、そのときになって忠景は様々言ってきた。「武蔵国清水河畔の陣所は大河（利根川）を背にし、岡に向かって設置されているので、屋形が御滞留なさるならば、陣所を支えるのは困難」と考え、忠景も陣所を払って次郎丸へ出陣したので、屋形は御旗をお遣わしになった。案の定、敵方は五十子・梅沢から退却してきたので、用土原まで進軍してから転進し、屋形の目の前で手立てを講じ景春方の大軍を討ち滅ぼした。残党は富田へ向かって陣を張ったところ古河様が御出陣になり、背後から数千騎の軍勢で襲いかかられたので、屋形は陣を支えることが困難となり、撤退するように相談した。

すると、御両所（顕定・定正）は別々に河越・江戸の両城にお入りになるように申す者もいる一方、屋形様は上州へ移られ、当方（定正）は河越へ帰るように申す者もあった。道灌は一緒に上州へお移りになるべきと申した。この提案には上田上野介ただ一人が同意した。

成氏を頼る景春と、岩松氏との対立で〝上意を恨む〟鳥山氏

敗北した景春は、五十子南方の富田（本庄市）に陣を取り、上杉勢は四方田（本庄市）・甘《あま》粕原《かすはら》（美里町）に陣を布いて対峙したという（「鎌倉大草紙」）。合戦の敗北で危機に陥った景春は、足利成氏に支援を要請する。ここまでの行為は、単なる主人上杉顕定への叛乱にすぎなかったが、ここに顕定への対抗のため足利成氏に属すことを選択したのであった。

こうした情勢から、文明九年**七月**になって上野新田庄金山城の岩松家純は、上杉方から離叛して成氏方へと立場を転換した。家純はそれまで上杉方として五十子陣に在陣していたが、正月の同陣崩壊で本拠の金山城に在城するようになっていた。そして、上杉方の劣勢をうけてであろう、成氏に味方することにして護持僧《ごじそう》の松陰を古河城に派遣し、成氏から赦免を獲得した。これをうけて成氏は、上野への出陣を決定する。それは簗田・一色・佐々木・梶原氏ら「御近習」の人々と、岩松氏の奏者を務めた近習衆の印東氏（式部少輔か）らが「祗候《しこう》」していた「殿中」で行われている（「松陰私語」）。成氏の政策決定の現場を知ることができる、貴重な事例である。

ところが、これに家純の嫡子明純は同意せず、金山城から少し離れた場所に在陣を続けた。家純は七月二十三日、金山城で神水三ヶ条の誓約を行い、嫡子明純を義絶すること、宿老の横瀬国繁を代官（いわゆる家宰、陣代）に任じて家政を委ねることを取り決める。義絶された明純は、この後は山内上杉氏の陣中に加わり、かたや足利成氏は、長尾景春や岩松家純らの要請をうけ東上野に進軍した。その軍勢は、下総結城氏・下野那須氏・上野岩松氏や奉公衆の佐々木氏・簗田氏などをはじめとする八千騎の大軍であった（「松陰私語」）。

上杉方では、成氏の軍勢に対抗できないとして、武蔵清水まで進めていた上杉顕定の陣を

後退させることを相談した。顕定・定正をそれぞれ別にして河越城・江戸城に後退させるとか、顕定は上野へ、定正は河越城へ後退させるとかの案が出されたが、道灌は上杉方の首脳を揃って上野に後退させることを提案し、容れられたらしい。そうして上杉顕定らは、北上野で越後上杉氏が拠点としていた白井城に後退した。

これに対して成氏は上野中央部に進み、利根川をも越えて滝・島名（高崎市）に陣を布いた。この在陣のなかで、岩松氏と鳥山氏の対立が生じている。岩松家純はこの時に初めて成氏方に属することとなり、五〇〇騎を率いての参陣であった。成氏に帰属を言上した松陰は、成氏の陣に参上した。ここで新田庄における寺社領・一族所領跡・無主地《むしゅち》・闕《けつ》所地《しょち》への補任権の承認を求めた。二十日ほど滞在の末に、成氏からこれを承認する判物が出された。これは新田庄について岩松家純に一円的な領有を保証するものであった。そのため、新田領での所領確保を図っていた鳥山式部大夫（不動寿丸の後身か）はこれに反発して、「上意を恨む」事態が生じている（「松陰私語」）。

白井城遠望◆山内上杉氏の家宰・白井長尾氏の本拠地。越後と関東の往来を押さえる目的で築かれた要害堅固な城で、吾妻川に臨む西側には断崖絶壁がそそり立つ　群馬県渋川市

右：白井城の本丸を守る巨大な空堀◆越後との交通の要衝に位置するこの城は、長尾氏の主家である山内上杉氏が駐屯する城でもあった　群馬県渋川市

左：白井城の枡形門に遺る石垣◆太田道灌の指導のもとで築かれたと伝える　群馬県渋川市

白井城本丸跡◆周囲を囲む土塁が良好な状態で残されている

成氏への奏者をめぐり新田岩松氏が感じた〝真実の怨憎《おんぞう》〟

岩松氏はこの在陣中に、成氏への奏者として頼む人を佐々木温久《おんきゅう》入道、簗田持助、印東氏と、三人も変更していた。最後の印東氏《いんとうし》を頼む際には、結城氏広の宿老・多賀谷祥賀《たがやしょうが》（氏家、朝経の兄）から紹介をうけていた。岩松氏は立て続けに奏者を変えたのだが、その理由は、佐々木温久は岩松氏に対してなおざりな態度をとっているため、簗田持助は立場に問題はないが、「公事向《くじのむき》」（訴訟事）に関して、まったく成氏に披露してくれないので取り替えたという（「松陰私語」）。

この事実は、成氏方の外様の大名衆が、成氏と政治交渉する場合に、「近習衆《きんじゅうしゅう》」と称された成氏の側近家臣を奏者にして行われていたこと、奏者の尽力の度合いによって、申請内容が認められるかどうかがかかっていたことを示している。実際にも岩松氏は、印東氏を奏者に頼んだことで、先の成氏の判物の獲得に成功している。

しかし、奏者の変更は、変更された者の面子《めんつ》を潰す行為でもあったため、簡単におさまるものでもなかった。実際に、簗田持助は松陰に変更の理由を問いただしている。それは岩松家純の意向か、松陰の意向かを問うてきて、松陰はあくまでも自身の意向であること、岩松氏と簗田氏の陣所が離れていて連絡をとるのが簡単ではなかったため、近くに陣所がある人を頼んだ、と言いつくろっている。松陰としても、簗田持助から見放される事態は回避したかったからである。簗田持助は返答を了解し、今後は何か必要があれば奔走すると返事している。岩松氏にとって、簗田持助との絶交は回避できた。

岩松氏はその後、数年は印東氏を奏者に頼んでいたが、印東氏から突然に辞退の申し出があった時があった。横瀬成繁（国繁の子）と松陰はその理由を探るため、印東氏が優れた大

佐野市天明（命）◆享徳の乱以降、上杉方がたびたび陣を布いたのが現在の佐野市天明だ。その後、足利成氏の近習衆である印東氏の所領になった。室町時代初期から茶湯釜の一大生産地となり、鋳物師集団が集住した。天児屋根命（あめのこやねのみこと）が日本で初めて鍋釜を用いたことにちなみ、天と命を取って命名されたという　栃木県佐野市

左：近世の関宿付近想定模型◆利根川・江戸川の二つの大河に囲まれた城と沼沢地の様子が見て取れる　千葉県立関宿城博物館蔵

鷹を所持していることをもとに、それを貸してくれるかどうかで真意を探ることになった。そして印東氏に書状を送り、「成繁が所労で外出していないので、所持する大鷹を、鷹野に出たいので二十日ほど貸してほしい」と頼んだ。印東氏からは、「大鷹は成氏から預かったもので、数日前から鳥屋に入れているため貸せない」という返事であった。

　松陰は、印東氏には何か岩松氏に対し「真実の怨憎」があるとみて、奏者を頼むことはできないと判断し、新たな奏者に成氏の若衆で出頭人であった本間五郎を頼むこととした。その後、享徳の乱が終息してから十年以上が経った明応三年（一四九四）には、岩松氏は再び印東氏を奏者に頼んでいる（「松陰私語」）。奏者の選定や関係維持に、かなり気遣いが必要であったことがわかる。

関宿城本丸跡◆成氏の近習衆として活躍した簗田氏の居城。利根川の改修により城郭遺構は消滅している。左方の土手の先は利根川、右手には千葉県立関宿城博物館に建てられた模擬天守を望む　千葉県野田市

成氏・上杉方の大軍が広馬場で対陣。決戦の機熟す

この間、上杉方は白井城に在城を続けていたが、埒《らち》が明かないとして、文明九年**九月**二十七日に白井城を出陣して片貝（前橋市）まで進んだ。太田道灌は別に、それよりも北方に位置する荒巻・引田（前橋市）に軍を進めた。成氏勢を二分させようとする考えであった。すると、成氏は道灌の予測通り、結城・那須・佐々木・横瀬らの軍勢に長尾景春と同房清の軍勢を加えた大軍を派遣した。あらかじめ予測していたことであったため、道灌は塩売《しょうじ》原《はら》（前橋市）に攻め上って引田を前に陣取って待ち構えた。上杉顕定が「天子御旗」を掲げれば、その時に景春らの成氏方に攻めかかろうと考えていたが、顕定に対して慎重な意見を述べるものがいたらしく、合戦におよぶことはなかったという。それでも、**十一月**十四日に景春らの成氏方は退陣した。これをうけて道灌は、追撃して細井（前橋市）の用水堀辺りで合戦しようと考えたが、本軍から出陣してきた長尾忠景の到着が遅れ、機を逸してしまった。

成氏は**十二月**一日、下野の茂木治興《もてぎはるおき》に書状を送り、上杉顕定が武蔵と上野の境に在陣しているので、近く重ねて一戦に臨む意向を伝え、代官による軍勢を派遣することを要請している（戦古一七四）。茂木治興は、文明三年まで茂木氏当主としてみえる持知とは別系で、同四年から茂木氏当主としてみえる。

事情は判明しないが、持知から治興に家督の交替があったと考えられる。そこで成氏は、茂木三郎の帰宅についてそれを命じる御書を出していて、三郎が承諾してきたことに満足している。三郎とは茂木氏の嫡流の通称であることから、前代の持知の嫡子である可能性が高い。「帰宅」とは、茂木城への帰還と理解されるので、持知・三郎父子は成氏の下総没落後に上杉方に転じ、代わって治興・治泰父子が成氏方の立場をとって、成氏の古河城帰還にあ

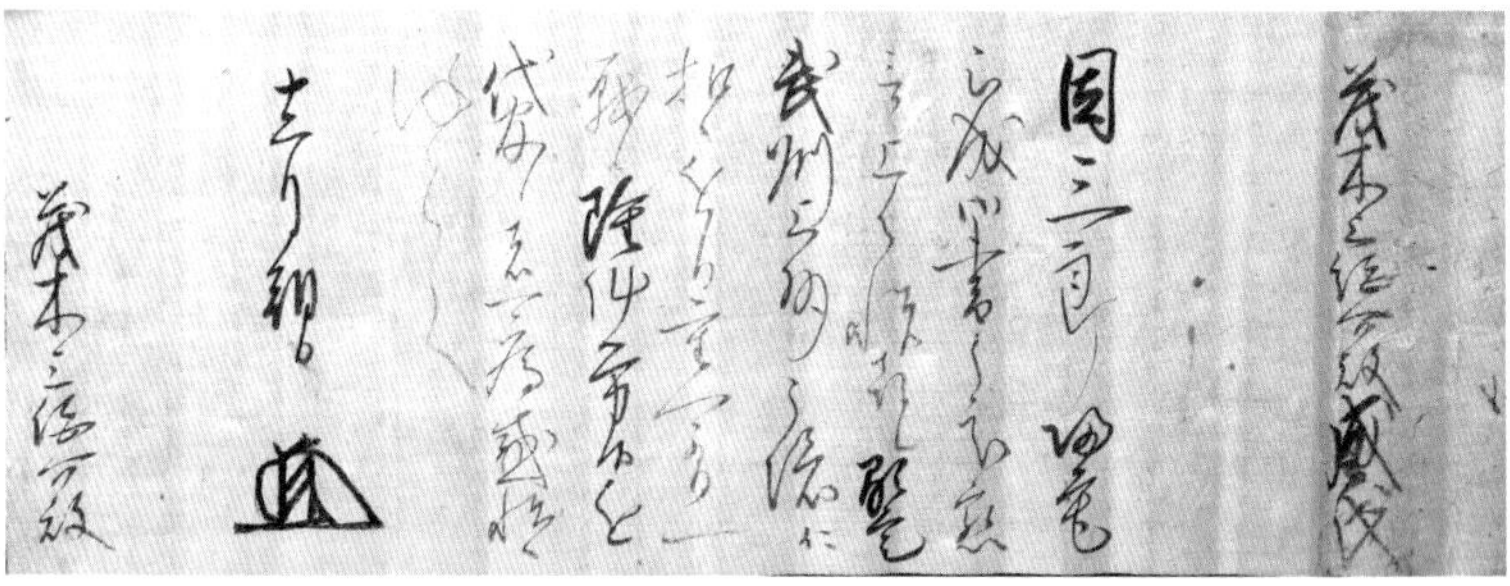

足利成氏書状◆文明9年12月、茂木治興に対し、顕定が上武の境に在陣しているため再度の戦いに臨む覚悟を伝え、参陣を求めている　茂木町教育委員会蔵

わせ茂木氏当主の立場を確立したのであろう。三郎の帰還は治興への屈服、それによる茂木氏の統一を意味しているのであろう。下野では、成氏方がさらに優勢を占めるようになっていたことがわかる。

成氏は、十二月二十三日になって一気に決着を付けようと、滝陣を出陣して北上、翌日に府中観音寺原（高崎市）を通って広馬場（榛東村）に陣を布いた。上杉勢も二十七日、片貝から移動して利根川を越えて漆原（吉岡町）に陣を移し、太田道真の軍勢を保戸田（高崎市）に派遣するとともに、本軍は水沢（渋川市）・白岩（榛名町）を廻って広馬場に出た。

このとき道灌は、「国分（高崎市）に出て背後から攻撃すれば勝利は間違いない」と主張して国分に進軍する作戦を提案したが、越後上杉勢から「白井城を背にして合戦するのが良く、そうでなければ同意しない」と反対されて、道灌の作戦は退けられてしまった。そうして両軍はわずか二里を挟んで対陣した。

しかし、いざ決戦を期したその日、俄に大雪が降ったため決戦は回避された。

茂木城◆宇都宮氏の一族として名を馳せた茂木氏代々の居城である。現在は城山公園となっており曲輪・土塁・空堀を見ることができる　栃木県茂木町／写真提供：茂木町教育委員会

茂木城山公園空撮◆栃木県茂木町
写真提供：茂木町教育委員会

IX 成氏が景春を見限り、道灌に討伐を指示

文明10年(1478)

大雪で両軍が和睦。〝前代未聞〟と評された退陣風景

これによって、両軍では和睦の気運が高まり、明けて**文明十年（一四七八）正月**一日、上杉顕定は、家臣の長井左衛門尉（憲康の父か）と寺尾上野介（憲明の子か）を使者として成氏の宿老・簗田持助のもとに派遣し、成氏と室町幕府との和解を仲介することを条件に和睦をもちかけた。成氏方はこの提案に逡巡したようだが、結果としてこれを受け容れることとし、翌二日に和睦が成立した。成氏はその日のうちに退陣して、峰林陣に移動した。四日、結城氏・宇都宮氏らの軍勢が陣を引き払い、五日には成氏方の軍勢はすべて、留守所要害をはじめとした陣所を自焼して引き払い、成氏も上野から退陣して、武蔵成田（行田市）まで引き上げた（「松陰私語」）。

成氏方軍勢の退陣にあたっての様子は、「前代未聞」といわれるほど慌ただしいものであったらしい。これをうけて太田道真は、白井双林寺《そうりんじ》に在陣していた上杉顕定を訪れて和睦成立を報告している。顕定はただちには納得しなかったが、「成氏が決めたことで、それを裏切るようなことはない」と説得している。ここで顕定が問題にしたのは、景春のことであったようで、これについて道真は、「成氏方との和睦と景春の問題とは別問題である。景春は山内上杉氏の領内で討ち取ればよい、足利成氏との和睦を実現させるほうがよい」と説得している。そうして白井に在陣していた顕定は、倉賀野（高崎市）まで進軍してきて、上杉勢は

同所に陣を移した。

太田道灌が上野に転戦している間、江戸城の近所では再び豊島勘解由左衛門尉が蜂起して、江戸城に対する対の城として今度は豊島郡平塚城（北区）を取り立て、またも河越城と江戸城の連絡を遮断していた。上杉定正や太田道灌らの扇谷上杉勢も倉賀野陣に在陣していたが、そのために帰国することにし、正月二十四日に倉賀野陣を出て河越城に帰陣した。上杉定正や太田道真は同城に在城することとし、道灌は翌二十五日、平塚城攻撃を図って進軍、膝折《ひざおり》宿（朝霞市）に着陣した。すると、豊島勘解由左衛門尉は抵抗をみせることなく平塚城から没落して、荏原郡丸子《まりこ》（川崎市）に逃れた。

成氏は二十四日に御一家の一色兵部少輔に書状を送って、上杉定正が河越城に帰還したことを伝え、武蔵児玉郡安保郷の安保氏泰からの書状を送っている（戦古一七五）。一色氏からは相模への軍事行動について連絡があったらしく、成氏の陣に参陣する意向が伝えられてきたようだ。しかし一色氏は病気であったらしく、そのため成氏は養生するようすすめている。事情は判然としないが、成氏方が相模に進軍する計画があったことがわかる。

倉賀野陣の跡◆太田道灌率いる扇谷上杉軍は倉賀野城に本陣を置いた。南麓には利根川へ合流する烏川が流れる　群馬県高崎市

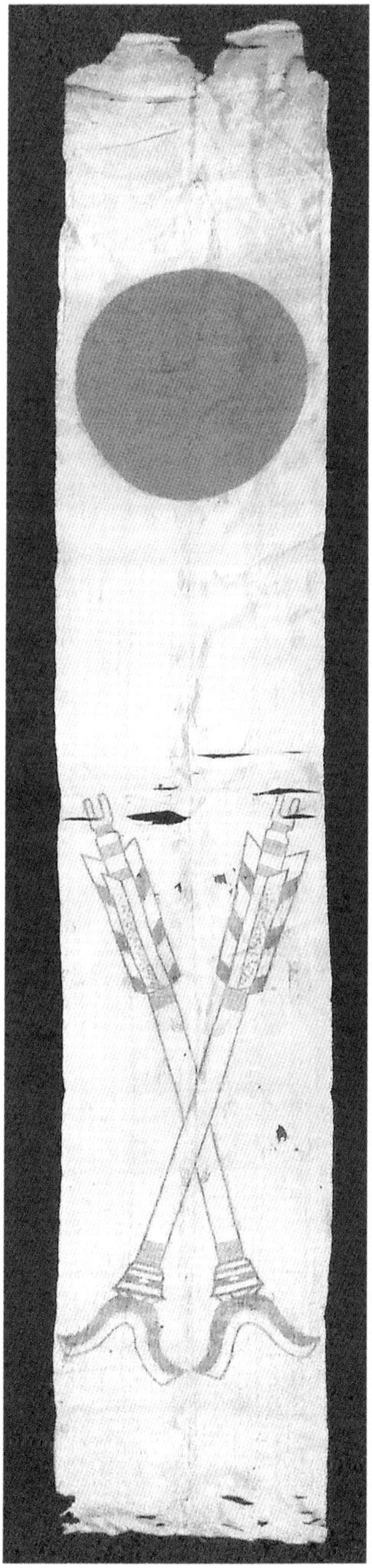

太田家軍旗◆大阪府東大阪市・専宗寺蔵　写真提供：新井浩文氏

成氏・上杉方の和睦と、倉賀野に陣を進める上杉顕定

太田道灌は、平塚城から退去した豊島勘解由左衛門尉を足立郡まで追撃したが、逃してしまった。そのため、いったん江戸城に帰城したうえで、ただちに豊島勘解由左衛門尉の追撃をすすめ、文明十年正月二十六日には丸子に着陣している。すると、豊島勘解由左衛門尉はさらに後退し、長尾景春方の拠点となっていた小机城に逃れた。この時の城主は成田氏であったらしい（「家伝史料」）。かつて長尾忠景が小机保を支配していた際に、その現地代官として成田三河入道がみえるので、おそらくは同人かその子であろう。景春の叛乱によって景春に味方したと推測される。これに対し道灌はさらに追撃して、二十八日には小机城近くまで陣を進めている。なお「太田道灌状」では、小机城攻めのための着陣を二月六日とするが、同月九日付の足利成氏書状（戦古一七六）では正月二十八日としているので、こちらが妥当で、二月六日というのは、さらに小机城に接近して陣取りした日にあたるのであろう。

成氏は上杉方との和睦をうけて武蔵成田に在陣したが、上杉方との停戦が完全に成立したわけではなかったようだ。和睦はあくまでも、上野からの退陣であったと思われる。河越城に帰城した上杉定正は、吉見方面（吉見町）に出陣して成氏方への軍事行動を展開してきた。また、道灌による小机城攻めへの支援のため、成氏に従って成田に退陣していたと思われる長尾景春が、二月七日に板屋に進軍している。そして景春に味方する下総千葉輔胤《すけたね》が、数日のうちに出陣してくる情勢となっていた。そうして成氏は、取り巻きの軍勢が少数になっているからと九日、下野小山梅犬丸（のち成長）に軍勢の派遣を要請している（戦古一七六）。

景春が進軍した板屋の場所は明確ではないが、「太田道灌状」には「この時に景春は浅羽《あさば》（坂戸市）に進軍した」と記しているので、これは浅羽にあたるのであろう。この進軍は河越城

太田道灌状 現代語訳⑤

一、倉賀野陣から当方（扇谷家）が別れて武蔵国へ出陣したときも、屋形（顕定）は少しお引き留めになった。しかし、武蔵国の平和がなければ、元のような状況に戻すことは難しいと考え、親の入道（道真）に相談し、修理大夫（上杉定正）を同道して、文明十年正月二十四日に河越へ到着した。

道灌は翌日、豊島勘解由左衛門尉が江戸に向かって平塚というところに、対の城を拵えて立て籠もっているため、平塚へ向かおうと膝折宿に着陣したところ、豊島はその日の明け方に没落した。道灌は武蔵国足立まで追いかけたが、遙か向こうに逃れたので、晩には江戸城へ帰り、翌朝、丸子に陣を張った。そして敵に向かって押し寄せたところ、豊島勘解由左衛門尉は小机城へ逃げ籠もったので、そのまま詰め寄り、二月六日に小机城近くに陣を張った。

修理大夫には親の入道を添えて一緒に河越にいたので、景春が蜂起して浅羽へ出陣し、吉里に一勢を加え、大石駿河守（憲仲）の居城である武蔵国二宮へ

の近くであり、上杉定正への牽制であった。そして家臣の吉里宮内左衛門尉《くないざえもんのじょう》の軍勢を大石憲仲《のりなか》の武蔵二宮《にのみや》城に派遣して、さらにそこから小机城への支援を行わせようとした。なお、その近所となる横山庄の長井広房は、顕定が白井城に在城している時に、すでに景春方から上杉方に転じてきていた。そのため、二宮城が最前線のかたちになっていたと考えられる。

また、二月二十八日になって、倉賀野陣にいた上杉顕定が大塚（藤岡市）まで陣を進めてきていて、これについて成氏は、武蔵安保氏泰から連絡を受けたことに対して状況の報告を求めている（戦古二〇七）。続けて**三月**三日、成氏は同じく安保氏泰から、「上杉勢から攻撃をうけたが撃退した」という連絡に対して、顕定が倉賀野に陣を移したという状況についての報告を求めている（戦古一七二）。

安保氏泰はこの時、成氏方の立場で、それが顕定から攻撃をうけているということは、いまだ双方の抗争は続いていたことがわかる。和睦は、あくまでも成氏と上杉勢との退陣のためで、その配下の勢力同士の抗争にまでおよんでいなかったことになる。ここでは成氏方の安保氏と上杉方勢力との抗争が続き、倉賀野陣の顕定は味方への支援を行い大塚まで進軍して安保氏を攻撃したが、敗北したために再び倉賀野陣に戻ったことが知られる。

倉賀野城碑◆利根川と中山道が通る交通の要地でたびたび上杉方の陣が置かれた。鎌倉時代から続く倉賀野氏の居城でもある　群馬県高崎市

着陣した。景春は小机陣への援軍をする計略であったが、三月十日に河越から浅羽陣へ軍勢を遣わし敵勢を追い散らした。そのため、景春は成田陣へ向かい、千葉介（千葉輔胤）と相談して小机へ出陣し、羽生峰に陣を取った。

三月十九日、小机陣から同名図書助（太田資忠）に一勢を加えて河越へ向かわせた。翌日に羽生陣へ修理大夫（定正）が出陣したので、千葉介と景春は戦火を交えず退散し、成田陣へ逃げていった。小机への援軍はこのような状況であったので、小机城は四月十日に没落した。

相模国にも敵方の城は五・六ヶ所あった。ひたすら金子掃部助が小沢城を再興して抱えている。相模国は当方（扇谷家の）分国であるので、急いで彼らを追放すべきと申す人もいる。しかし、まず当国（武蔵国）を平和にして速やかに屋形をお迎えに参りたいとして、大石駿河守（憲仲）が立て籠もる二宮に軍勢を寄せ降伏を勧めたので、大石は顕定への忠節に服した。二宮がこのようになったので、相模国磯部の城々も降伏し、小沢城は自ら没落した。景春方の残

小机城で豊島氏滅亡、道灌は江戸周辺の最大領主となる

さて、河越城の扇谷上杉勢は長尾景春勢からの圧力をうけていたため、**三月**十日に景春の浅羽陣を攻撃した。景春はこれに敗れ、足利成氏が在陣する成田陣にいったん退陣したが、そこに千葉輔胤の軍勢が進軍してきたため、今度はそれをともなって河越城に向けて進軍、羽生峰《はにゅうみね》（滑川村）に着陣した。ちなみに、この「羽生」を太田庄羽生（羽生市）にあてるものもあるが、正しくは比企《ひき》郡「羽尾」である。この景春の再度の進軍をうけて、道灌は河越城への支援のために三月十九日、小机陣から弟資忠《すけただ》の軍勢を河越城に向けて派遣した。同二十日、上杉定正は河越城を出陣して羽生陣に向けて進軍した。すると、景春勢は戦わずして成田陣に退いた。

こうして景春は、小机城に対する支援を実現することができなかった。道灌は小机城攻撃に専念でき、ついに**四月**十日に攻略を遂げた。同時に、豊島氏を滅ぼすこととなった。豊島氏は石神井郷から平塚郷などにかけ豊島郡に多くの所領を有していて、同郡最大の領主であった。その滅亡にともなって所領はすべて扇谷上杉氏が没収することとなり、多くは、実際には江戸城主として江戸城周辺の支配を管轄していた道灌の所領となるのであった。これによって、扇谷上杉氏は江戸城周辺地域で多くの所領を有することになった。しかも多くは道灌の所領となったから、道灌こそが江戸城周辺地域で名実ともに最大の領主となるのであった。

この頃には、下総葛西城の大石石見守も降伏していたとみられる。そのため、石見守のもとに移っていた武蔵千葉実胤も進退に窮まり、美濃に没落することになる。これによって分裂していた武蔵千葉氏は、道灌と親しい関係にあった弟の自胤によって統一された。すでに

党らは相模国奥三保へ立て籠もったが、道灌は武蔵国村山へ軍勢を寄せ、同名図書助・同六郎（資常か）は二方面より奥三保へ押し寄せた。すると、本間近江守・海老名左衛門尉・甲州住人加藤のほか、武蔵国国境の者たちが相談して、去月（四月）十四日に道灌の味方の陣へ攻め寄せてきたので、搦め手において図書助（資忠）が手を尽くして勝利を得た。

海老名左衛門尉を討ち取ったことを夜中に村山陣へ告げてきたので、道灌は未明に出立し、甲州境を越えて加藤の要害へ押し寄せて退散させた。さらに（甲斐国）鶴河をはじめ周辺を放火したので、そのまま相模国東西は平和になった。

吉良氏・宅間上杉氏・渋川氏も扇谷上杉氏の軍事指揮に従っていたし、大石石見守もこの後、扇谷上杉氏との関係を強めていくから、景春の乱の制圧を通じ江戸城周辺地域は完全に扇谷上杉氏の勢力が占めていった。

道灌は小机城を攻略すると、続けて武蔵南部の制圧を図った。すでに、相模でも金子掃部助が再び小沢城に蜂起し、東郡磯部《いそべ》城（相模原市）でも景春方が蜂起していた。扇谷上杉勢のなかでは、相模は扇谷上杉氏の分国であるため、そちらの制圧を優先すべきとの意見も出されたが、道灌は武蔵を制圧して上杉顕定を武蔵に迎え入れることを優先すべきと判断して、大石憲仲が在城する二宮城の攻略にあたった。城主大石憲仲は戦わずして降伏した。

この二宮大石氏の降伏を知って相模の景春方の磯部城も降伏、小沢城も落城し、それらは奥三保《おくさんぼう》（津久井地域）に後退した。

小机城跡◆鶴見川が取り巻く丘陵地にある。現在は城趾公園として整備され深い空堀など見所が多い　横浜市港北区

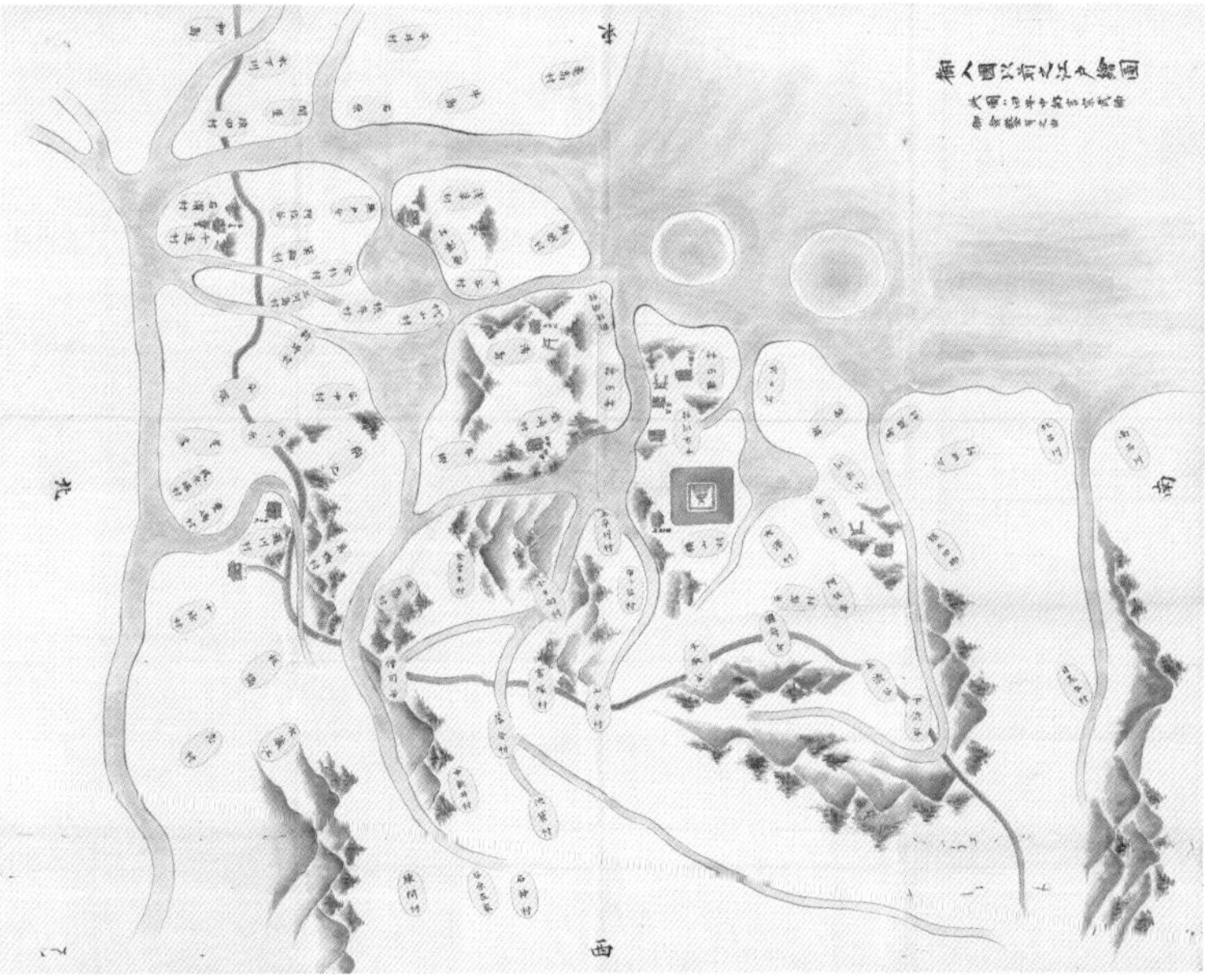

「御入国以前之江戸絵図」◆徳川家康が入国する以前の江戸を描いたもの。江戸期作で事実とは異なる記述も見られるため想像図とされるが、他に中世の江戸図は例がなく、江戸城を中心とした地名や地形など参考にできる部分も多い　個人蔵

道灌が小田原城攻略、大森氏嫡流を滅ぼし相模を制圧

道灌は、二宮城攻略後は北進して村山（武蔵村山市）に陣を進める一方、弟の資忠・六郎（資常か）の軍勢それぞれを二方面から奥三保《おくさんぼう》へ進軍させた。奥三保には、相模の景春方として、本来は足利成氏の直臣であった本間近江守・海老名左衛門尉、甲斐郡内《ぐんない》上野原（上野原市）の有力領主である加藤氏、武蔵国境の武士らが在陣していた。この景春方は、太田資忠・六郎の進軍をうけて四月十四日に攻め寄せたが、搦め手で資忠勢が奮戦し、これを撃退した。景春方では海老名左衛門尉が戦死している。

奥三保での勝報は、その日（四月十四日）の夜に村山に在陣していた太田道灌にもたらされ、これをうけて道灌は未明に出陣し、甲斐郡内に進軍した。おそらく、先の敗戦で景春方は奥三保から、さらに加藤氏の在所まで後退した。道灌は、すかさずそれを追撃したのであろう。そして加藤氏の本拠（上野原か）を攻略し、後退する敵勢をさらに追撃、鶴河《つるかわ》（上野原市）をはじめ周辺を放火して敵方を鎮圧した。これによって、相模の景春方についても制圧したという。

この時のこととみられるのが、成氏方である西郡小田原城の大森成頼攻略である。これは「太田家記」に同年としてみえるだけだが、それによれば、大森氏の惣領家《そうりょうけ》である小田原大森氏をこの時に攻略したという。具体的な時期は記されておらず、その後に道灌の動向が確認できるのは二ヶ月後の六月なので、その間の出来事であった可能性が高い。

大森氏には、小田原城を本拠にする惣領家と駿河御厨を本拠にする庶家があった。惣領家の成頼は、その実名が足利成氏から偏諱をうけているように、もともと足利方であったが、この時は景春に味方していたと考えられる。一方の庶流家の氏頼・実頼父子は上杉方で、実

太田道灌状 現代語訳⑥

一、大森信濃守（実頼）は、父子兄弟で分かれ最初から上杉方に味方した。江古田原・用土原・相州奥三保・下総境根原・臼井城下など所々で合戦し、一度も怠らずに戦功に励んだ。河村大和守は、どの合戦でも功績がなく、その上、文明十一年に臼井で戦況が困難なとき、お暇も申さず逃げ帰った。このような様子だったので大和守は考えをお変えになり、（河村への）無情の御扱いが難しい状況となった。

右：小田原城八幡古郭◆享徳の乱当時に遡る小田原城は、八幡古郭と呼ぶ一帯にあったと推定されている　神奈川県小田原市

左：小田原城小峯御鐘ノ台大堀切◆東堀蓮船寺の側面付近。時代は降るが、戦国北条氏の時代に構築されたもの。小田原市街を城塁で囲む総構（そうがまえ）の一部の巨大な空堀・土塁群である。小田原の地は、北条氏一二〇年の歴史でその居城であったように、上方から関東に入る第一の要所であった　神奈川県小田原市

頼は前年から道灌に従軍し奥三保攻めにも参加していた。「太田道灌状」にも、「大森信濃守（実頼）の事は、父子兄弟の間相分かれて最初より御方致し」と記されており、この景春の乱で大森氏一族が分裂していたことが確認できる。道灌方による小田原城攻撃の具体的な状況は明確でないが、成頼は退去して箱根山に逃れたという。これによって成頼は滅亡し、代わって庶家の実頼が惣領家の地位に取って代わり、小田原城に入ってその本拠とした。そのため大森氏は、駿河御厨と相模西郡を領国とする有力な国衆と化していくことになる。

先に成氏方の一色兵部少輔は、成氏に相模への軍事行動について相談していた。景春方に加わったものに本間近江守・海老名左衛門尉、そして大森成頼らがいたことから、それへの支援のためであった可能性がある。成氏が景春を支援したことで、相模では成氏方と景春方が一体になって上杉方に対抗していたことがうかがえる。それを道灌が、ことごとく制圧したのであった。

小田原城復興天守◆神奈川県小田原市

大森氏系図

- 頼明
  - 頼春
    - 明訓
    - 憲頼〈惣領家〉
      - 成頼
        - 氏康
    - 氏頼〈庶家・駿河御厨〉
      - 実頼
        - 定頼
        - 実円
        - 顗隆
      - 藤頼
      - 長実
    - 実雄 箱根権現別当
  - 証実 箱根権現別当

山内上杉氏が景春方の切り崩しをすすめる

一方、この間、上杉定正はそのまま景春との対陣を続けていた。戦況は膠着し、双方とも身動きがとれない状態になっていたらしい。太田道灌は**六月**二十五日、江戸城の鎮守社《ちんじゅしゃ》として城内に平河天満宮を建立、その日に落成させているから、それまでに相模から江戸城に帰陣していただろう。その後、定正救援のために江戸城を出陣し、いったん河越城に入った。次いで定正を河越城に帰陣させるため、七月上旬に河越城から出陣して井草（埼玉県川島町）に着陣し、十三日に青鳥（東松山市）に進み、十七日に荒川を越えて、景春の拠点であった鉢形城と、足利成氏が在陣する成田陣の間に陣を取った。

山内上杉氏でも、景春方の切り崩しをすすめていた。六月十五日に上野の長野左衛門五郎《さえもんごろう》が帰属したことについて、長尾忠景が帰属を取り次いだ傍輩の落合孫三郎に、上杉顕定に取り次いで承認を得たと伝えている。**七月**十三日、忠景は同じく落合孫三郎に、その忠信の功賞として兄孫次郎の遺領相続を顕定が承認したと伝えている（「落合文書」）。

長野左衛門五郎については明確ではないが、仮名から「左衛門尉」の子と推測されるから、おそらく景春方として前年の針谷原合戦で戦死した上州一揆大将の長野左衛門尉為業の子（顕業もしくは業尚か）ではないか。これによって、有力な景春方であった長野氏が山内上杉氏に帰参したことがわかる。山内上杉氏が足利成氏との和睦を機に、景春への攻勢に転じている状況をうかがうことができる。

ここにきて足利成氏は、上杉方との和睦を優先して景春の切り捨てを図り、太田道灌が成田陣に進軍してきた、七月十七日の夜中、宿老・簗田成助（持助の子）を道灌のもとに使者として派遣し、「上野で成氏と顕定の申し合わせによって主従御統一になったにもかかわら

青鳥城本丸とそれを取り囲む土塁◆青鳥は太田道灌が主君の扇谷上杉定正を救援するために在陣した地。この頃から青鳥城はあったと推定されている。城の規模としてはたいへん大きなものであるが、その歴史は詳らかではない。豊臣秀吉による小田原合戦で前田利家が松山城を攻める際に陣を置いている　埼玉県東松山市

右：長野氏歴代の墓所◆長野氏は現在の高崎市浜川を中心に盤踞した一族である。享徳元年と記す墓石も確認できる　高崎市・来迎寺　左：浜川砦跡（現、榛名神社周辺）◆長野氏が箕輪城に移る前、享徳の乱の頃の城館と推定されている。土塁や空堀跡が残る（近藤義雄『長野氏と箕輪城』より転載）

ず、景春が成氏の近辺にいるため困っており、すぐにそれを撃退するように」と伝えている。成氏は顕定との和睦によって古河城に帰還したかったが、景春が近所に在陣しているために行えないと、道灌に景春への攻撃を要請するのであった。

文明十年（一四七八）正月の和睦をうけて、成氏は上野から成田陣まで後退していたが、依然として成氏方と上杉方の抗争は継続されていた。そのため、成氏も上杉方を「敵」と表現し敵対姿勢を決して崩すことはなかったし、実際に上杉定正との対峙が続いていた。ところが、道灌が相模から武蔵南部の景春方勢力の鎮圧を果たし、定正支援のために近所まで進軍してきたことで形勢の不利を悟ったのか、上杉方との和睦を尊重する態度をとり、道灌に景春攻撃を要請することになったのだろう。

この足利成氏の要請をうけ、道灌はそれに応じることとした。そして、翌七月十八日の未明に出撃して、景春の陣所を攻撃した。景春は敗北して逃亡した。詳細は不明だが、のちの行動からみると秩父郡に逃れたとみられる。この時の秩父郡は、景春の叔父で出雲守家《いずものかみけ》を継承していた景明の勢力下に置かれていたと思われるから、おそらくはそれを頼ったのだろう。それによって、景春が蜂起の拠点としていた鉢形城も落城したと思われる。

翌十九日、成氏宿老の簗田成助は武蔵別府宗幸に書状を送り、「千葉輔胤と長尾景春の軍事行動について報告をうけた。それについて景春の軍事行動の内容、すなわち景春が敗退したことで成氏が古河城に帰還できるようになり満足である」と伝えている（戦房二二九）。そして二十三日、成氏はようやく利根川を越えて、古河城への帰陣を遂げるのであった（「松陰私語」）。

上杉顕定の鉢形入城と道灌の金山《かなやま》城訪問

この成田から利根川を越えて新田庄に移動するにあたって、成氏は武蔵玉井氏に案内役を命じ、岩松氏には後陣を命じた。これを岩松氏は「末代遺恨《まつだいいこん》」とひどく悔しがっている。岩松氏はいったん新田庄に帰陣していたが、利根川渡河にあたって成田陣への参陣を命じられ、応じている。そして、成氏の陣所の大手の警固にあたっていたため、大手の守備は岩松氏があたるべきと思っていたのかもしれない。しかし、成氏は玉井氏が成田陣の近所を本拠にしていたから、それに先導役を命じたのであろう。

これらの情勢をうけて上杉定正は森腰という地に在陣、道灌は成氏が在陣した成田陣に在陣、そして上杉顕定が上野から武蔵榛沢郡に到着するのを待った。ここで上杉方は、顕定の在所をどこにするかで議論があったが、道灌は鉢形城を推薦した。その理由は、顕定の本陣は大将の顕定だけがいて、防備が不十分であれば意味がない。一方、鉢形城は、祗候する人々が付き添い続けることができ、しかも、武蔵・上野を統治する重要な場所である、というものであった。長尾忠景ら何人かは納得しなかったが、最終的には道灌の意見が容れられて、顕定は鉢形城を本陣とすることになった。こうして、景春の本拠であった鉢形城は上杉方の本陣へと姿を替えた。ここに景春の叛乱は、上杉方の勝利で大勢が決したといってよい。

またこの時のこととみられるのが、道灌の上野金山城（太田市）訪問である。道灌が武蔵別府（熊谷市）に在陣していた時のことというから、これは成田在陣を指していると考えられる。金山城の岩松家純はこの時、成氏の古河帰還に尽力していた。ここで成氏と上杉方との和睦が本格化することにより、岩松氏では上杉方との親交を回復する必要が生じていた。岩松家純から家宰の横瀬国繁を陣所に派遣されて書状や進物が贈られ、また、道灌は国繁

金山城跡◆右写真は本丸へと続く石畳の虎口、左写真は馬場曲輪とその脇を通る大掘切　群馬県太田市

と談合した。道灌はそれに返礼し、さらに金山城を訪問することになった。同城に三日滞在して岩松家純と歌道や軍学について談義している。また、松陰とも軍学について談義している。そのうえで、金山城を「近比名城《ちかごろのめいじょう》」と、当代の名城であると褒めている。

　道灌が帰陣の際は、国繁が今井大橋の向かいまで見送り、国繁の嫡子横瀬成繁らは間々田（熊谷市）舟橋まで見送っている。さらに、横瀬成繁は中間《ちゅうげん》一人だけをともなって道灌の陣まで供奉《ぐぶ》したというから、これは道灌が帰陣するまでの安全を保障する行為であろう。道灌はこの金山城訪問で、山内上杉氏が岩松氏を攻撃しないという取り決めをしたらしく、これに岩松氏は大いに感謝し、直後に行われた道灌の下総攻めには二〇〇騎の軍勢を派遣している（「松陰私語」）。

鉢形城三の曲輪と秩父曲輪に復元された四脚門◆埼玉県寄居町

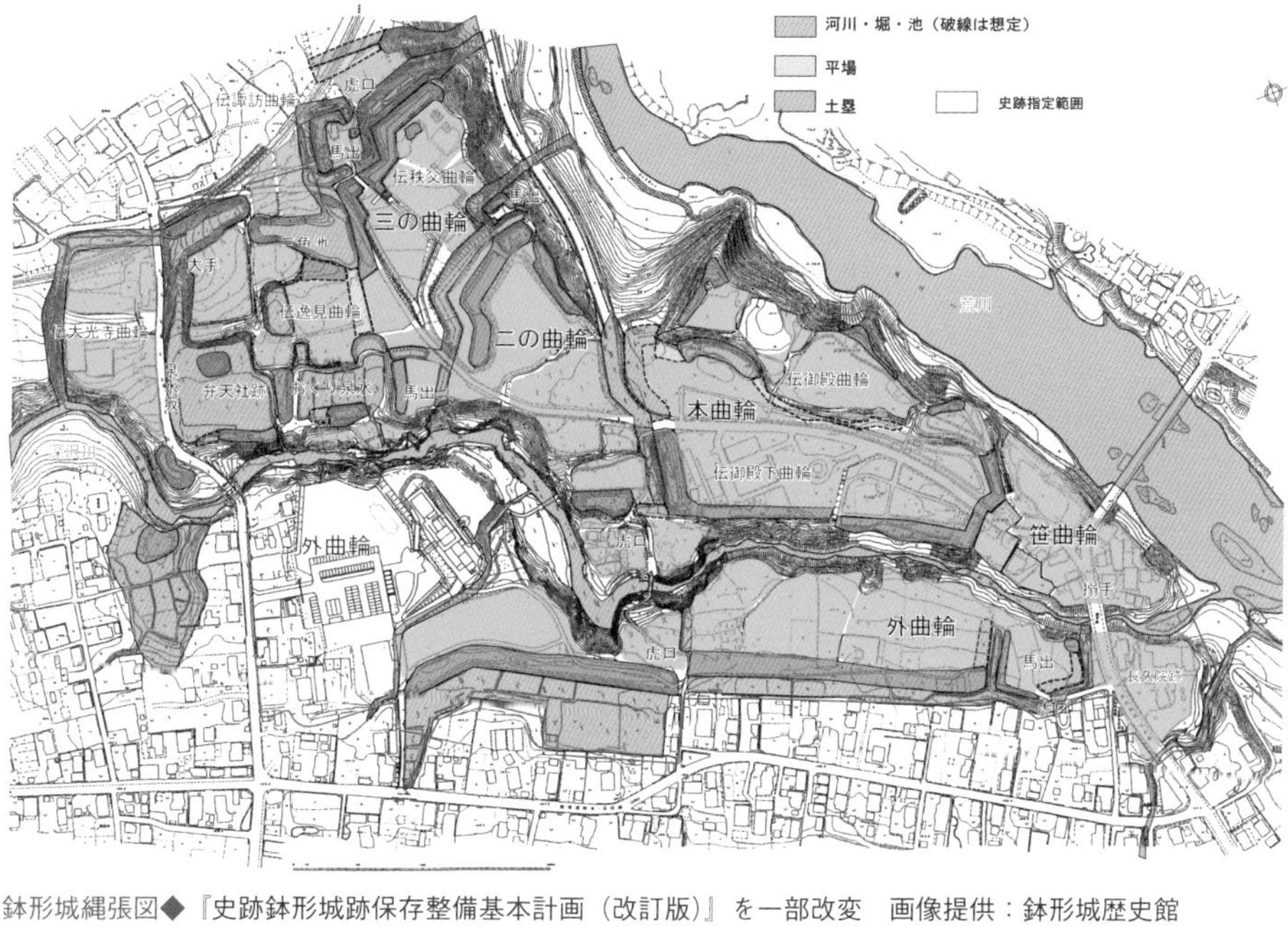

鉢形城縄張図◆『史跡鉢形城跡保存整備基本計画（改訂版）』を一部改変　画像提供：鉢形城歴史館

千葉氏嫡流の復帰へ向けた境根原での激戦、その痕跡は今も

太田道灌はその後、景春の有力与党であった下総千葉氏の追討を図った。千葉輔胤は、**文明十年（一四七八）三月**から**七月**にかけて、景春支援のため景春のもとに参陣していたが、景春の敗北にともなって輔胤も帰陣したと思われる。そのため道灌は、続いてその追討をすすめようとした。しかも、千葉氏は道灌にとって、江戸城東方で対峙する勢力であった。そもそも江戸城自体が千葉氏へ対抗する理由の一つとして構築されたものであった。さらに道灌はこの時、本来は千葉氏の嫡流筋で、享徳の乱初期に武蔵に追いやられていた武蔵千葉自胤を庇護していたから、これは千葉氏嫡流家の復活を図ったものでもあった。

道灌は千葉氏追討について上杉顕定・同定正に提案し、両者から足利成氏に申し入れてもらって了承を得ている。そのため道灌の千葉氏攻めは、足利成氏と上杉方双方の承認を得て行われるとともに、名目的には成氏による追討という体裁がとられたのであった。千葉氏は、成氏と幕府との和睦には反対する立場をとっていた。それは幕府方の千葉氏として武蔵千葉氏が存在していたから、和睦が実現すると自己の存立の保証が得られないと考えていたからと思われる。

しかし、成氏は太田道灌からの千葉氏追討の要請を容れた。千葉氏は、それまで成氏方の有力者として下総・上総の制圧に尽力し、成氏が先に古河城から没落した際には庇護した存在であった。成氏はその千葉氏を見限ったのである。成氏にとって上杉方に幕府との和睦仲介を要請するにあたり、それに反対する勢力の存在は好ましくなく、そのために追討を了承したと考えられる。とはいえ、実際に進攻した上杉勢の主力は、道灌率いる扇谷上杉勢と武蔵千葉自胤の軍勢であった。これについては、扇谷上杉氏の都合とする見解も出されたらし

国府台城◆太田道灌が下総千葉氏を攻撃するために布陣した。近年まではところどころに遺構が遺されていたが、住宅地開発によって本丸などの主要な曲輪は消滅した。写真は里見公園内に遺る空堀と土塁　千葉県市川市

く、それに対して道灌は、「景春の台頭を防止するため」と主張したようである。道灌が実際に下総に侵攻したのは、**十二月**に入ってからであった。江戸城から出陣して、隅田川を越え下総葛西に入り、続いて大井川を越え下総葛東郡に入り、国府台《こうのだい》（市川市）に陣を取った。千葉氏は、千葉孝胤（輔胤の嫡子）が本拠である千葉平山城を出陣して、境根原《さかいねはら》（柏市）まで進軍してきた。太田道灌も軍を進め、十二月十日に同地で合戦となり勝利した。この合戦に関しては弟資忠の書状があり、鎌倉黄梅院《おうばいいん》に合戦での勝利と敵兵数百人を討ち取ったことを報せている（戦房二七四三）。

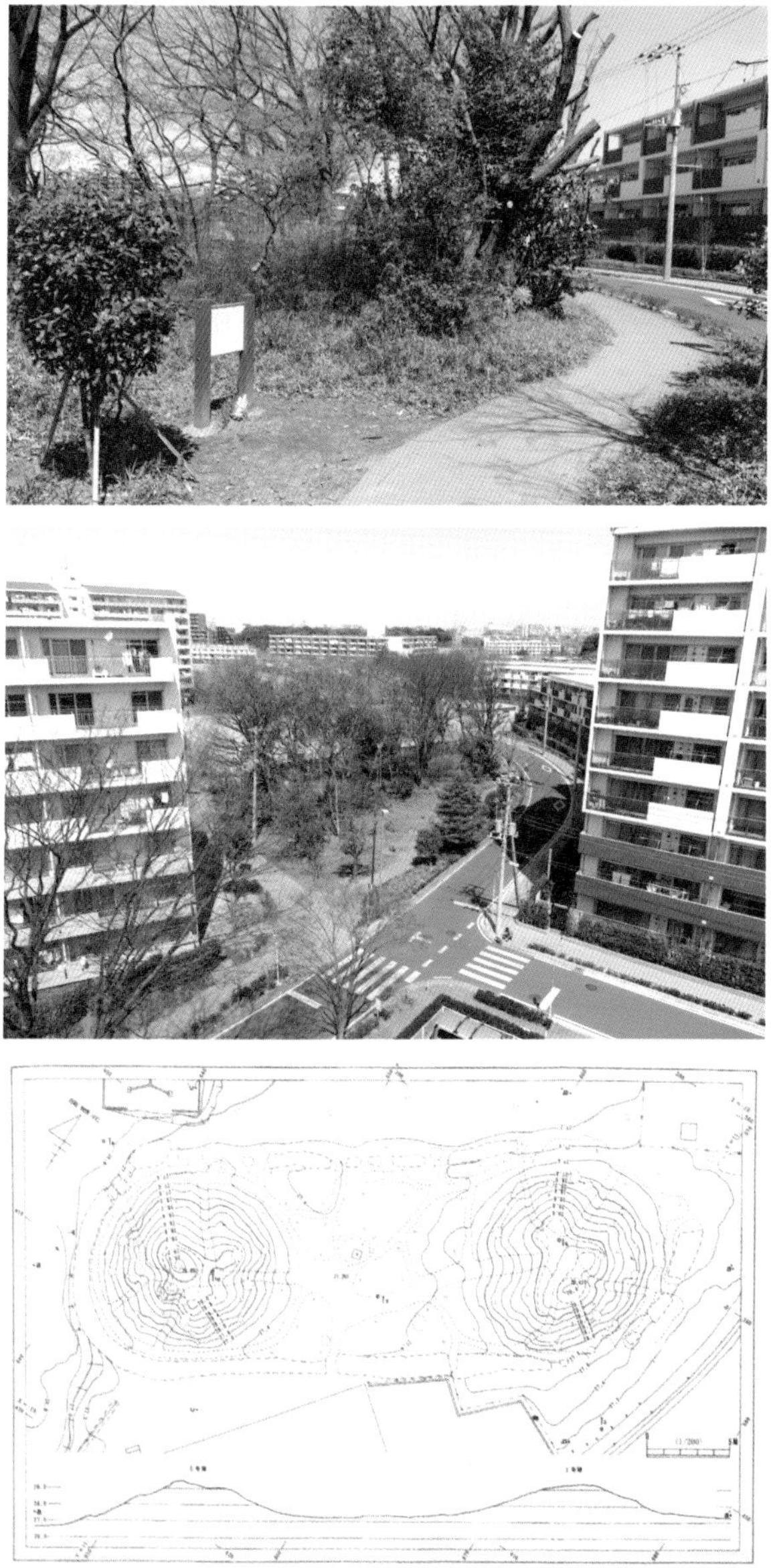

境根原合戦の古戦場◆激戦が行われたと伝わる一帯。光ヶ丘団地内の公園広場の南東端に、首塚・胴塚と呼ばれる二基の塚が残っている。道灌が境根原合戦の両軍の戦死者の首や胴体等を集めて葬ったといわれ、明治の頃には夥しい数の塚が周囲に遺されていたという　千葉県柏市

臼井城で弟資忠が討ち死に、成氏が弟を江戸城に派遣

前節の境根原合戦に関して注目されるのは、**翌文明十一年（一四七九）正月**八日付、足利成氏から武蔵安保氏泰に感状が出されていることである（戦古一七九）。安保氏泰は成氏に従う存在であり、それがこの合戦に参加して戦功をあげていることから、道灌が率いる軍勢に古河公方足利氏配下の軍勢も派遣されていたことがわかる。成氏は、上杉方による千葉氏追討を容認するだけでなく、自ら配下の軍勢を派遣していたのであった。

さらに**三月**付で、成氏の宿老簗田《やなだ》持助《もちすけ》が下総香取郡の香取社（香取市）に奉書禁制《ほうしょきんぜい》を出している（戦房二四〇）。これで、ただちに簗田持助が従軍していたとは判断できないが、禁制を足利成氏が出していることから、この軍事行動は名目的に成氏が行ったことがわかる。

しかも注目されるのは、簗田持助の奉書禁制で使用された年号が幕府・上杉方の文明年号になっていることである。成氏は、それまで幕府と敵対関係にあったため、享徳年号を使用し続けていた。それがこの時から幕府・上杉方の使用年号を採用している。これは、成氏が上杉方と和睦したことで、それを通じて幕府との和睦を図ろうとしていて、幕府と敵対関係ではないという姿勢の表明でもあった。

こうした状況をみると、成氏は正月における上杉方との和睦をうけ、七月に長尾景春を見限って、その追討を太田道灌に要請してからは上杉方との和睦を尊重する態度をとったこと

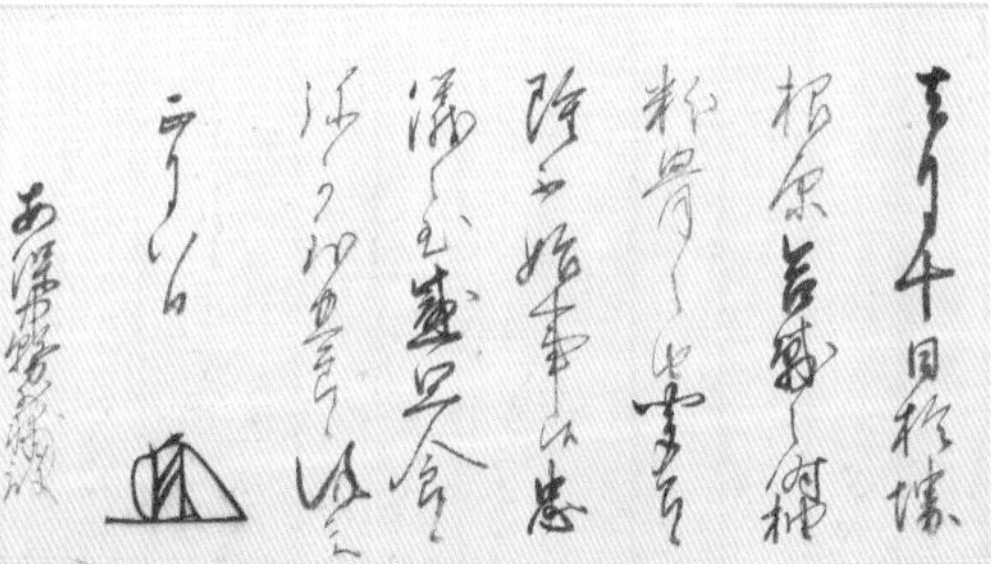

足利成氏感状◆文明11年正月8日付、安保氏泰に戦功を讃え宛てられた書状　埼玉県立文書館蔵

がわかる。そして、上杉方を通じ幕府との和睦が最優先と考えていた。ながく成氏方として尽力してきた千葉氏を見限ってでも、幕府との和睦成立を望んでいたことがわかる。享徳の乱で、成氏の政治的姿勢は幕府と対立が目的ではなく、あくまでも上杉方との対立であったことを、あらためて認識することができるであろう。

さて、境根原合戦に敗北した千葉孝胤が後退して臼井城《うすい》（佐倉市）に籠もったため、道灌は**文明十一年（一四七九）正月**に進軍し、十八日から同城を攻撃した（「鎌倉大草紙」）。しかし、容易に攻略できず長陣になってしまったため、道灌はいったん帰陣して、上杉顕定に「天子御旗」を掲げての出陣を要請した。この軍事行動が幕府軍としてのものであることを示すことで敵方の戦意を低下させ、戦況の打開を狙ったのであろう。その間、弟資忠・千葉自胤が大将となって攻撃を続けたが、依然として攻略できなかった。**五月**九日には「郷」で合戦があったらしく、負傷した七沢某が馬橋《まばし》（松戸市）で死去している（「本土寺過去帳」）。葛東郡《かとうぐん》でも攻防が行われていたことがわかる。

しかし、顕定の出陣はなかったため、道灌はいったん帰国することにした。それに際して軍勢を二手に分け、弟資忠に臼井城攻撃を続けさせ、千葉自胤には両総の千葉孝胤方の攻略に向かわせた。**七月**五日、下総飯沼（銚子市）の海上《うなかみ》師胤、上総長南（長南町）の上総介、同真里谷《まりやつ》（木更津市）の武田清嗣《きよつぐ》（信長の子）らが降伏して自胤に帰服した。武田清嗣は嫡子信嗣を本拠に残して、自身は武蔵に出仕してくることとなった。こうして千葉自胤は、本拠千葉への回復はならなかったが、両総の勢力の多くを従えることになった。

これをうけて長期の在陣にわたったため、道灌は資忠の軍勢をいったん帰陣させることにして、同十五日から退陣を始めた。すると城内から千葉勢が討って出てきたため、資忠は取って返して反撃し、そのまま攻め返して同城を攻略した。しかしこの合戦で、弟資忠、中納言某・

真里谷城跡◆上総に拠点を移した甲斐武田氏一族の武田信長が築き、以後、上総長南城と共に上総武田氏の拠点のひとつとなった。写真は本丸の土塁と虎口　千葉県木更津市

佐藤五郎兵衛・桂縫殿介《ぬいのすけ》ら五十三人にも及ぶ道灌の親類・傍輩《ほうばい》・被官が戦死してしまった（「鎌倉大草紙」）。資忠は臼井城の攻略を果たしたものの、自身は戦死を遂げてしまったのである。

そして臼井城は、千葉自胤の管轄となったようだ。敗北した千葉孝胤は本拠の千葉に後退したが、上杉勢も長陣のため追撃を諦めて帰陣した。千葉自胤も臼井城には代官を置いて、自身は本拠の石浜城に帰陣した（「鎌倉大草紙」）。こうして道灌による千葉氏追討は、臼井城の攻略を果たし、千葉方であった海上氏・長南上総介・真里谷武田氏を服属させるという成果をおさめた。

その後、成氏は太田道灌の江戸城に弟の熊野堂守実《しゅじつ》を派遣している。正確な時期は明確でないが、「太田道灌状」では臼井城攻略と、その後の長尾景春の再蜂起の間に記されているので、臼井城攻略後のことであろう。成氏が幕府との和睦斡旋を上杉方に求めるにあたって、守実が自ら証人を務めることを申し出た。そして上杉方を通じての和睦仲介が捗《はかど》らないため、道灌のもとに乗り込んできたらしい。成氏方は、上杉方が一向に幕府との和睦周旋に取り組まないことに業を煮やしていたことがわかる。

道灌は上杉方への取り成しを一方的に求められたかたちになるが、道灌としても千葉氏攻めでの成氏からの協力は大きかった。そのため、成氏から上杉方が幕府との和解仲介に取り組むことへの働きかけを強く求められれば、応えないわけにはいかなかった。道灌は否応なく、協力する立場に置かれることになった。このことは上杉顕定・長尾忠景から不興を買ったようで、その後に守実が顕定へ使者を派遣しても返事もなく、道灌は面目を潰していて「口惜しい」と強く不満を募らせるのであった（「太田道灌状」）。

この成氏から道灌への要請は、上杉顕定・同定正へ直接、幕府との仲介への取り組みを開始するよう働きかけを要請するものであった。ただし、成氏は道灌へと同時に、越後に帰国

太田図書資忠の墓◆資忠は太田道灌の弟　千葉県佐倉市

していた上杉房定にも働きかけをしている。七月十一日付で、房定に「八幡大菩薩」への照覧を誓約した書状を送っている（戦古一八二）。なお、この文書の年代は文明十二年に推定されることが多いが、現在では文明十一年と確定されている。そこでは、成氏が前年から室町幕府に対して野心のないことを言上しているものの、いまだ取り次がれていないことをうけて、幕府との和解への仲介を依頼している。

これをみると、成氏はすでに前年の時点で幕府に敵対の意向はなく、和睦を成立させたいという働きかけを行っていたことがわかる。どのような方法かは判明しないが、幕府までは取り次がれてはいなかった。そのため、成氏は上杉顕定・同定正に影響力を持つ上杉方の有力者であった房定へ、直接に幕府への取り成しを要請したと思われる。もっとも、房定はこれにしばらく反応することはなかった。

臼井城跡◆道灌が攻めた当時は、周囲を沼と断崖絶壁で囲まれた要害堅固な城郭であった　千葉県佐倉市

臼井城跡の土塁◆千葉一族の臼井氏が築城、千葉氏の一族である原氏の本拠ともなり、戦国時代には上杉謙信の猛攻に耐えた城として名高い　千葉県佐倉市

太田道灌状 現代語訳⑦

一、熊野堂様（守実）のご出発について、当方（扇谷家）からお願いしたものと考えている方々もいる。しかし、今まで守実様のご出発を要請したことはなかった。守実様が古河様（成氏）とご相談され、幕府との和睦仲介のための証人としてお発ちになるとおっしゃったところ、国中（上杉方）が古河様の思われるようになっておらず、結局、突然に守実が江戸城にお見えになった。

それ以後、秩父陣が困難な状況にあったとき、古河様が和睦仲介についてお話しになったことについて、守実が屋形（顕定）に無量寿寺をお使いとして遣わされた。

それに対するお礼などが屋形からあって当然だと道灌が申したところ、屋形はお返事をなさらず、道灌を疎んじておられる様子で、本当に口惜しく思っている。

再び景春が蜂起、長井の城と秩父に展開

文明十一年（一四七九）**九月**になると、長尾景春が再び武蔵で蜂起した。傍輩の長井憲康（左衛門尉の子か）を誘い、まずその本拠に入った。長井憲康の本拠は明確ではないが、その後の状況から推測すると児玉郡御嶽《みたけ》城（神川町）であろう。景春は、そこからさらに秩父（秩父市周辺）に入った。

この状況をうけて長尾忠景は、「先に秩父を攻略すれば、長井の城は自ずと敗退するであろう。長井の城を攻撃した場合、どの軍勢で秩父を攻略するのか」として秩父攻略を優先することを主張した。これに対して道灌は、「秩父と長井の城とどちらが攻略するのが簡単であろうか、攻略しやすいほうから攻めるのが得策」と主張した。結果として、道灌の意見が容れられ、「長井の城」から攻めることになった。

足利成氏も、景春が長井憲康の本拠に籠もったことから、**閏九月**二十四日付で別符宗幸に送った書状では、上杉顕定が景春への攻撃を行った際には協力して軍事行動を命じるとともに、崎西郡忍《おし》城（行田市）の守備を心配し、城主成田下総守と相談するように命じている（戦古一八〇）。この頃、景春方の勢力によって本拠の忍城の維持が脅かされていたこと、成田下総守もこの時には成氏に従っていたことがわかる。成田氏は、享徳の乱当初から上杉方に属していたから、おそらく景春の叛乱に与同し、景春が成田陣から敗退したことで成氏に従うようになったのではないか。

四日後の閏九月二十八日、景春は下野足利庄の鑁阿寺に書状を送っている（埼11五六五）。景春が「長井の城」に移ったことにともない、鑁阿寺からの挨拶に返事したものである。足利庄を支配する長尾房清は、景春の叛乱時には景春に味方していたが、足利成氏と上杉方と

忍城の復興された御三階櫓◆北に利根川、南に荒川が流れる扇状地に築城された難攻不落の城。成田氏代々の居城であり、豊臣秀吉の小田原征伐で石田三成の水攻めに際しても落城しなかった史実は、小説「のぼうの城」にも描かれ人口に膾炙している。本丸跡には御三階櫓が再建されていて、博物館として活用されている　埼玉県行田市

の和睦成立後の動向は明確ではない。ここで領内の鑁阿寺から景春に挨拶が行われていることからすると、依然として景春に味方していたようだ。

さて、道灌は「長井の城」攻略のため、**十一月**二十八日に江戸城を出陣した。当初、**十二月**十日に金谷《かなや》談所《だんしょ》（本庄市）への着陣を予定していた。「長井の城」攻略のために同地に在陣しようとしていたことからみて、「長井の城」は、同所の山頂に位置した御嶽城とみて間違いない。ところが、足利方の成田下総守の忍城で不穏な動きがあり、成田氏を支援するため翌二十九日に久下（熊谷市）に陣を取った。これによって忍城の状況もおさまったため、道灌は長井氏の御嶽城攻めに向かうことになる。

上：空から見た御嶽城跡　下：御嶽城本郭跡◆長尾景春の傍輩である長井憲康が籠もった「長井の城」とされる。標高343.4 mの高所に築かれ、郭・切岸・堀切などの遺構が遺されている　写真提供：神川町教育委員会

忍城復元模型◆「忍の浮城」という別名が示すように、広大な沼地と自然堤防を生かした城郭構造が見て取れる　行田市郷土博物館蔵

XI 将軍義政へ和議を乞う成氏

文明12年（1480）

戦勝に「生前《せいぜん》忘れ奉るべからず候」と謝意を示す景春

明けて**文明十二年（一四八〇）正月**四日、長尾景春は児玉郡に進軍してきた。長井氏への支援のためとみられる。そのため太田道灌は六日、上杉顕定が在城する鉢形城近くの塚田（寄居町）に進み、そこで味方軍勢を招集した。鉢形城では顕定が「天子御旗」を立てて、景春方を威圧した。上杉定正も河越城を出陣して大谷（深谷市）に陣を取り、十三日に沓懸《くつかけ》（深谷市）に進んだところ、景春が飯塚（深谷市）に転進してきた。それをうけて定正は、同陣へ夜襲をかけようとしたが、景春はその日の夜に後退した。続いて景春は、二十日になって越生《おごせ》（越生町）に進軍してきた。ちょうど同地の龍穏寺に太田道真が滞在していたため、道真が出撃して迎撃にあたり、景春はこれに敗北、再び秩父に後退していった。

ここで景春は長井氏の支援を行おうとしたが、上杉定正や太田道真の行動に阻まれてしまった。ただ、軍事的にはそのような事態となったが、景春は外交による支援をすすめていた。具体的には、上野岩松氏に味方に誘う働きかけを行っていた。二十七日付で、長井憲康が岩松氏一族の西谷右馬頭に宛てた書状に、景春から横瀬国繁・成繁父子に宛てた書状を送ったことを伝え、横瀬駿河守と相談して景春に味方するよう要請している（埼11五六六）。

続いて**二月**六日付で、景春自身が西谷右馬頭に書状を送っている。西谷からは色よい返事がおくられてきたらしく、さらに横瀬四郎なる者にも働きかけたが、こちらは上手くいって

龍隠寺◆太田道灌と父道真が再建した曹洞宗の寺で、道真が隠遁した際にたびたび参詣したこと、また滞在中に景春勢力と交戦し追い返したことなどが知られる。境内には道真・道灌父子の五輪塔がある。江戸時代には幕府から関東僧録司に任ぜられた　埼玉県越生町

いないことを伝えられ、さらなる働きかけを要請している。そして長井氏の御嶽城に対し、敵方が二度にわたって攻撃してきたが長井勢は撃退し、敵方に数百人の戦死者・負傷者を出したことを伝えて、今回の協力に景春は「生前忘れ奉るべからず候」と、最大限の感謝の意を示した（埼11五六七）。これによって、その日までに上杉方の御嶽城攻めが二度行われたこと、長井勢が撃退したことがわかる。御嶽城へは、道灌をはじめ山内上杉氏からも宿老の大石氏（源左衛門尉の弟定重であろう）が派遣され攻撃にあたっていた。しかし、攻略は簡単にはいかなかったことがうかがえる。そして景春は、岩松氏の一門・被官に味方化を働きかけ、相応の手応えを得ていた様子もわかる。結局は、道灌と大石氏は攻略を遂げるが、その時期は明確ではない。その後の動向は五月になってわかるから、その間であることは確実である。

太田道灌画像◆寛政８年に道灌の子孫である太田資順が描いた甲冑姿の道灌像　神奈川県伊勢原市・大慈寺蔵

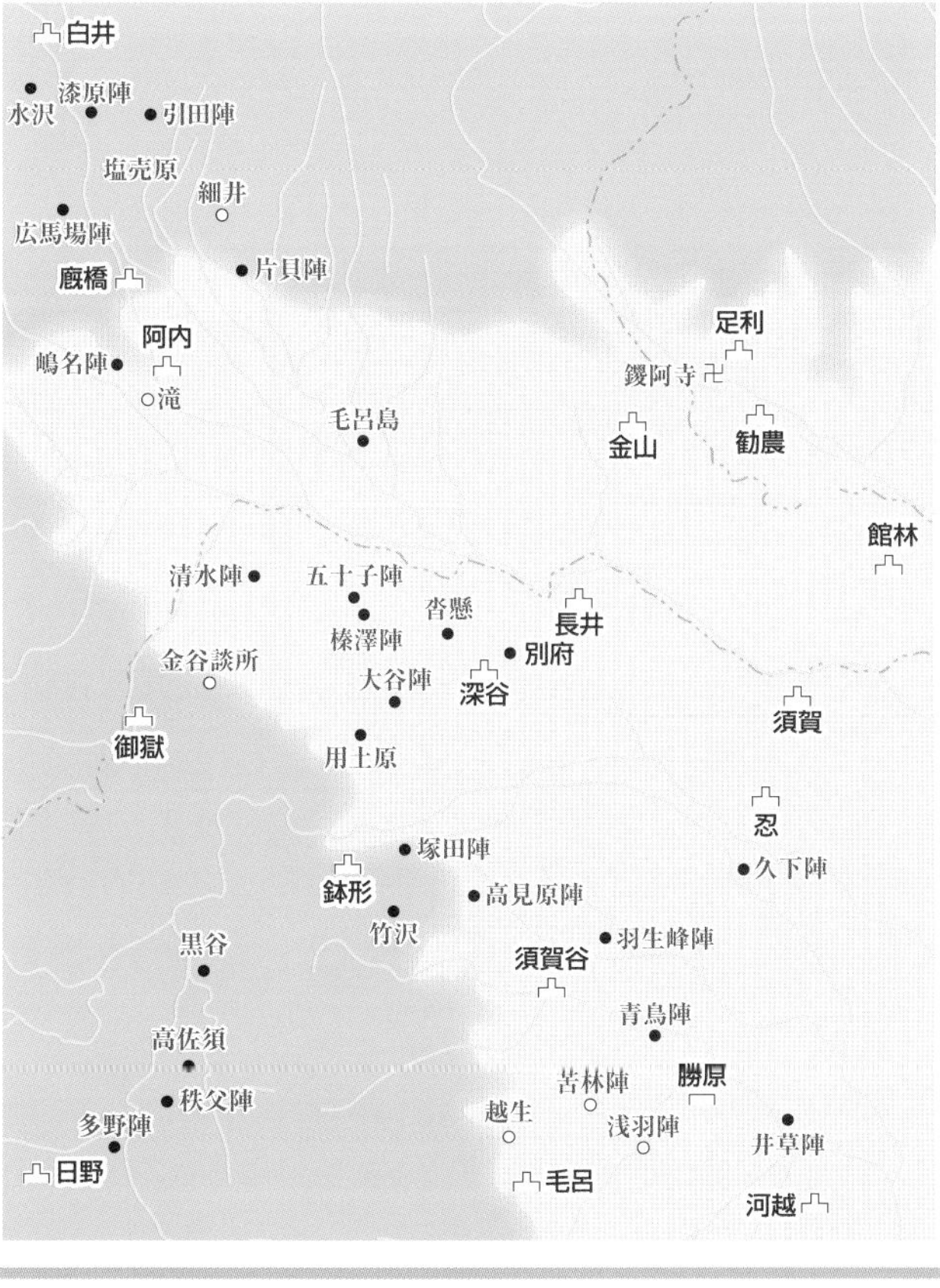

長尾景春の乱当時の関東西北部

成氏・景春が京の細川政元へ都鄙和睦の働きかけ

そうしたなか、長尾景春は足利成氏による室町幕府との和睦交渉に関わっている。**文明十二年（一四八〇）二月**二十五日、成氏は幕府管領家の細川政元（勝元の子）に宛てて書状を出した。「幕府への野心はないことを数年におよんで言上しているが、いまだ取り次がれていないところに、上杉顕定・同定正が和睦の仲介を申し出てきたので任せていたが、一両年にわたって対応してこない。今回は長尾景春を、かつての関東管領・山内上杉長棟《ちょうとう》（憲実）の名代として、和睦のことを取り次ぎさせることにした」と、和睦への尽力を要請している（戦古一八一）。

同日付で、景春はその副状を細川氏家臣の小笠原備後守に宛てて出しており、「古河様」足利成氏が和睦の実現を図る御書を出したことを伝えた。京都大徳寺の以浩《いこう》長老が在京しているので、それに交渉役を依頼したこと、和睦実現に尽力してもらいたいと、細川政元への披露を要請している（埼11五六九）。ここで景春が、細川政元家臣の小笠原宛に副状を出しているのは、景春が細川政元に直接に書状を送ることができない身分であったことを示している。これらにより、成氏は景春を取り次ぎとして幕府へ和睦の働きかけを行ったことがわかる。成氏はすでに前年七月、越後上杉房定に同様の働きかけをしていたが、房定からまったく反応が得られなかったため、今度は景春を通じて交渉に取り組もうとした。その取次に景春が選ばれたのは、景春がかつて上杉方の中心的な存在であったことから、そこでの人脈を頼ろうとしたと推測される。少なくとも、細川氏家臣へ直接に書状を出すことができる関係にあったことがわかる。

とはいえ景春は、成氏の書状と自身の副状を直接に細川政元に届けることはできなかった

細川政元画像◆室町幕府管領。細川氏本家である京兆家の生まれで、父は応仁の乱当時に東軍を率いた細川勝元である　京都市右京区・龍安寺蔵

室町殿◆「洛中洛外図屏風」に描かれた室町幕府の将軍御所　米沢市上杉博物館蔵

ため、景春はその仲介を、堀越公方足利政知の家宰の上杉政憲と、それに匹敵する地位にあったと思われる沙弥信照《しゃみしんしょう》に依頼している。そして上杉政憲と沙弥信照は、ともに三月二十日付で細川政元に宛てて書状を出し、足利成氏が幕府との和睦を望んでいること、景春がその取り次ぎにあたること、大徳寺以浩が交渉役にあたること、和睦成立に尽力を依頼することなどを伝えている（埼11五七〇〜一）。

ここで注目されるのは、堀越公方足利方の上杉政憲が、その仲介にあたっていることであろう。景春との関係からすれば、かつては同じ上杉方の有力者として交流やつながりがあったことは不思議ではない。しかしながら、今回の要請は堀越公方足利氏にとって、鎌倉公方の地位をめぐり対立する関係にある足利成氏と幕府との和睦に関わるものであったから、いわば敵対者への便宜を図るものになる。常識的に考えれば、それを手助けするとは考えがたいが、実際にそうしている。景春と上杉政憲との関係がそれほど深いものであったのか、上杉政憲に何らかの意図があってのことか、皆目見当もつかないが、そのような政治関係が行われたことは事実であった。

とはいえ、それらの文書もすぐに幕府中枢に取り次がれたわけではなかった。これらの文書が幕府中枢に取り次がれるのは、このあとの十月八日付で成氏、同月二十一日付で弟の雪下殿尊倣が、それぞれ大徳寺以浩に宛てて幕府との交渉の開始を催促する書状とともに（戦古一八二・一三二五）、翌文明十三年七月まで待たねばならなかった。成氏の要請は、まったく実現の目処が立たない状況にあった。

成氏の景春支援と道灌の献策を退ける顕定

上杉方が長井氏の御嶽城の攻略を遂げると、上杉顕定は景春の秩父における拠点となっていた日野要害（秩父市）の攻略をすすめることにした。そして同所に向けて鉢形城を出陣し、大森（所在地不明）に陣を布いた。ところが、ここで足利成氏が態度を豹変させ、景春支援に動いた。たび重なる和睦仲介の要請に、上杉方が一向に応えないことに苛立ったためと思われる。「太田道灌状」にみえる、江戸城を訪問した熊野堂守実が、和睦への取り組みを要請する成氏の意向を、無量寿寺を使者として顕定の秩父陣に申し入れたが、顕定は返事すらしなかったというのは、この時のことであろう。

これに関しては、この文明十二年（一四八〇）と推定される**四月**四日付で、太田道灌が足利成氏の奉公衆の梶原能登入道に宛てた書状がある（埼11五七二）。誤写とみられる部分が多く、十分に文意をとることはできないが、およそ以下のようなことが記されている。成氏の幕府への言上の取り成しについて、「両屋形」（顕定・定正）から「熊野堂殿様」守実へ宛てて、「罰文帳《ばつぶんちょう》」（起請文《きしょうもん》）で妨害している人がいるために進んでいないことを返事したこと、成氏の御料所や近習衆の所領については別紙の書状で返事すること、それはとても重大な事柄であり、天皇からの赦免を取りなさねばならず、それがさまざまな事情から進展していないこと、を伝えている。

これからすると、熊野堂守実からの申し入れはこれ以前のことで、この時には、それへの返事が一応は出されたことがわかる。「太田道灌状」では、返事すらなかったように記されているが、十分な返事ではなかったために、そのように表現されたとも考えられる。そして上杉方では、取り成しをすすめるにあたっての障害として、下総結城氏広の宿老である多

熊倉城の一の木戸◆左方の民家の屋号も「一の木戸」という　埼玉県秩父市

長尾景春の墓◆秩父市・法雲寺

賀谷入道（祥賀か）の存在をあげている。それが妨害の立場をとっており、その存在を容認している以上、上杉方の諸家の疑念はなくならないことを伝えている。ここから、上杉方では和睦に反対する存在を排除するよう求めていたと思われる。

成氏が上杉方への態度を変化させたのは、あるいはこの返事をうけてのことであったかもしれない。道灌は、成氏が景春支援に動いたことをうけて、顕定が在陣する大森陣に参陣するのである。そして「日野要害攻略は後回しにして、まずは武蔵国内の平定が先決である」と進言したが、顕定は聞き入れなかった。それならばと、道灌と山内上杉氏宿老の大石氏は扇谷上杉氏の勢力圏の比企郡竹沢か高見あたり（小川町）に出陣して、顕定は大山に紛れるようにして陣取りし、浦山川を前に「天子御旗」を森に隠れるように掲げ、秩父郡多野陣（秩父市）の軍勢で支援して、仮に武蔵中央部で戦況が悪化した場合は、顕定が出陣して、浦山川の陣所には旗本衆を配備し、多野陣衆を移動させ、高見在陣衆を峠に上げて山中を守備すればよい、と進言した。しかし、これについても顕定は聞き入れなかった。

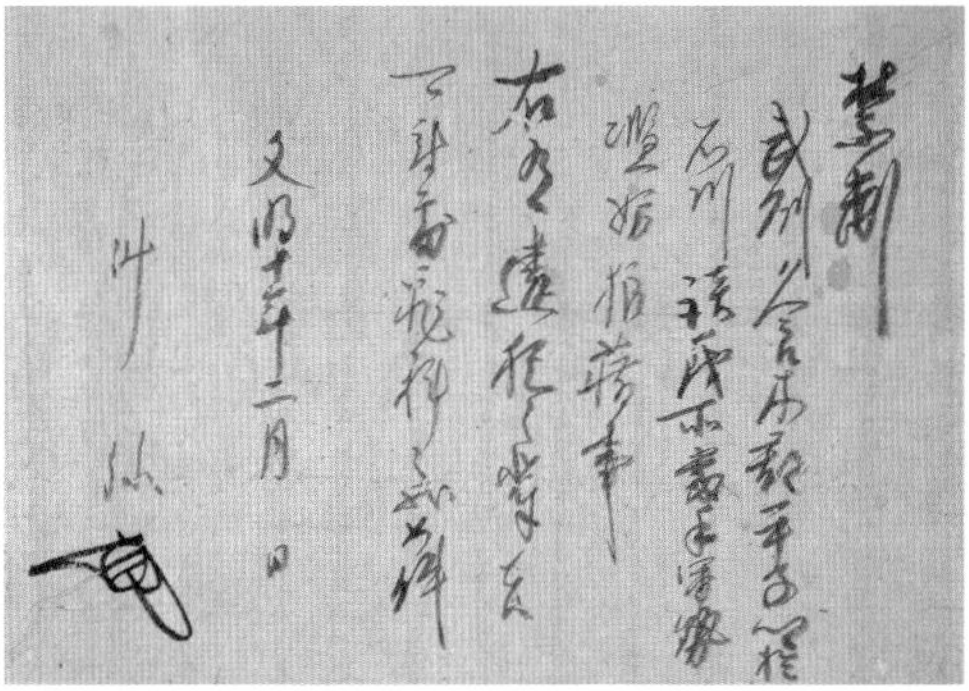

太田道灌禁制◆寶生寺への乱暴狼藉を禁じた文書でこの時道灌軍は小机城を包囲していた　横浜市南区・寶生寺蔵

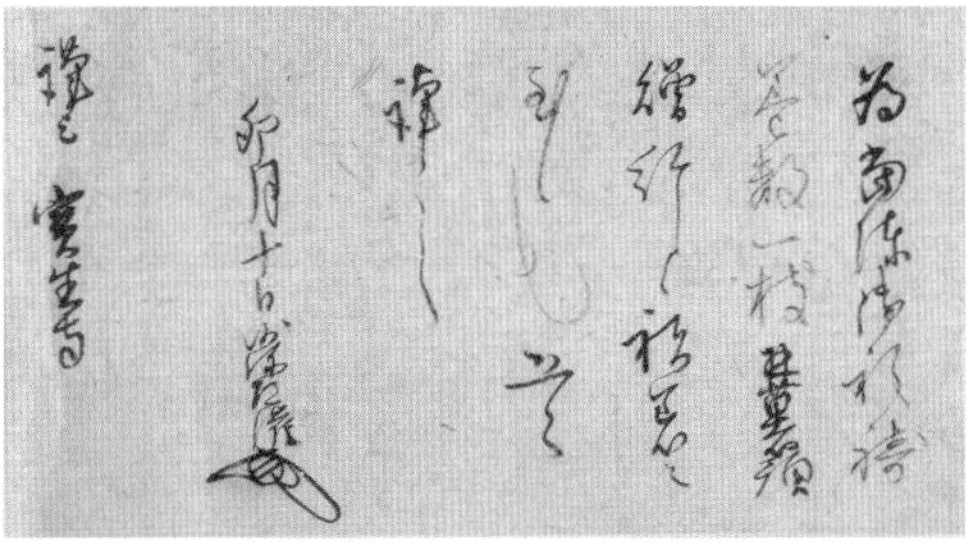

太田道灌書状◆太田道灌が寶生寺に対して出陣時の支援の礼を述べた文書　横浜市南区・寶生寺蔵

太田道灌状 現代語訳⑧

一、（文明十二年正月）廿日、景春が越生へ進軍してきたところ、ちょうど親の入道（道真）が竜穏寺に礼に来ていたので、道真が出陣して勝利をおさめ景春軍を追い返した。その後、道灌は長井の要害を攻めた。そうしたところ山内家から宿老の大石氏が遣わされ、大石氏と相談して長井の城を落城させた。武蔵国中を平定するために（顕定が）秩父へ出発されたところ、古河様（成氏）が態度をお変えになった。秩父郡内の御陣所が困難な状況になったため、まず景春の拠点・日野要害を後まわしにして国中を平定なさるべきと、道灌は屋形（顕定）の大森陣へ行って申したが、屋形は納得しなかった。

　それならば、大石氏と道灌が一緒に当所（扇谷家管轄）の武蔵国竹沢辺りか高見辺りかに出陣し、太山に紛れて陣取りなされ、天子の御旗を浦・山・河を前に森に隠してお立てになり、上野国多野陣衆を支援する。もし国中で戦況が悪化すれば屋形が御出陣なされ、浦・山・河の難所に御旗本衆を警護にあたらせる。多野陣衆を移動させ、高見在陣衆は峠に馳せ上って山中を警護すべきである。

景春の武蔵没落と秩父日野要害の陥落

太田道灌は武蔵中央部の安定を優先して考えたが、これはいうまでもなく扇谷上杉氏の勢力圏で、その維持を優先したからであろう。対して上杉顕定は、景春の討滅を優先させていたのであった。道灌としては顕定の判断に従わざるをえず、父太田道真を顕定のもとに派遣して顕定に従軍させることにした。そうして**五月**十三日に秩父に向けて出陣し、大石氏両人も翌日に秩父に出陣した。どうやら道灌らの扇谷上杉氏勢と大石氏は、すでに高見陣に在陣していたとみられ、そこから父道真と大石氏の軍勢を顕定のもとに派遣した。

ところがその後、東上野で成氏方が蜂起した。五月十三日に、結城氏広家臣の小塙《こばなわ》小五郎らが那波《なわ》要害（伊勢崎市）を攻略し（戦古二四三）、二十一日に、成氏が赤堀左馬助に帰参を促し、那波要害などの攻略をすすめている状況は（戦古二四〇）、この時のことかもしれない。ちなみに、赤堀左馬助がこの後の**七月**に成氏に帰参していたことが確認できる（戦古一七八）。

道灌は、武蔵における扇谷上杉氏勢力圏の状況も心配になったため、いったん江戸城に帰陣して、防備について在城衆に指示を出したあと、二日後に高見陣に戻った。江戸での在城衆には終始、道灌に協力していた吉良成高や木戸孝範らがいた。道灌は同陣で、一時的に帰陣していた軍勢をあらためて招集した。足利成氏は東上野から利根川を越えて武蔵に進軍してくると予想したが、成氏方は、むしろ退陣していったという。そこで道灌は長尾忠景と、こちらから利根川を越えて新田庄に進軍することを相談した。ここから、忠景は秩父陣に進軍していなかったことがわかる。忠景は鉢形城に在城し、留守を守っていたと推測される。

当初、忠景はこの意見に同意していたが、自身は鉢形城から出陣することはできないと断っている。おそらく、顕定に打診したところ許可されなかったのであろう。そのため道灌は、

その考えを意見したが聞き入れられず、もっぱら道灌は嶮難の地へ遁れたいと申しているように思う人もいた。だが、老父（道真）を派遣して屋形に添えて、五月十三日に秩父郡内へ出陣、大石氏両人は翌日に出陣したところ、東上野で成氏方が蜂起したので、影響があちこちに広がっていった。武蔵国の当方（扇谷家分国）の様子が心配になったので、道灌はすぐに江戸に向かい、成氏蜂起に対する防御のことなど申し付けた。

二日後に高見へ戻り、少々帰陣していた者たちを招集し、成氏勢が利根川端へ進軍すると考えたが敵方は退散した。忠景と相談して上野国新田へ向かい、利根川を越えようと相談し、はじめは同意し日程も決めていたが、忠景は自身は出陣できないと言ってきた。

六月十三日、秩父陣へ参陣し、利根川を越えることを屋形に伝えた。（忠景の子）長尾孫五郎（顕忠）と一緒に出陣するつもりでいたが、当御陣（秩父陣）に出仕して、まず日野城攻略を急ぐようにと仰せを受けたので、色々様々に手を尽くし日野城を落とすことができた。これも道灌の

六月十三日に秩父の顕定のもとに参陣して了解を得ようとした。道灌は利根川渡河の際に、忠景の嫡子顕忠を同陣させようと考えていたようで、その許可も求めようと思ったのであろう。道灌は顕定のもとに出仕すると、顕定から逆に日野要害攻略を命じられた。そこで道灌は、いろいろと手を尽くして敵方の調略《ちょうりゃく》を行い、毛呂三河守を敵城から出城させて上杉方に帰順させたり、景春方から帰参した武蔵国人の大串弥七郎の情報をもとに高佐須《たかさす》城（秩父市）を攻略した。そうして同二十四日に、日野要害の攻略を遂げるのであった（「源姓太田氏系図」）。

敗北した景春は武蔵から没落したようだが、その後は上野で活動しており、景春自身はまだ健在であった。もっとも黒谷（秩父市）において、景春の叔父で秩父郡に勢力を展開していた長尾景明が戦死している。景春が秩父郡を拠点にしたのは、この叔父の存在があったようで、その戦死により景明の勢力も没落した。また、秩父郡西方の高佐須城も落城しており、景春の勢力は秩父郡から没落したと思われる。

これまでは、景春の叛乱はこの日野要害の落城をもって、基本的に終息したとみなされることが多い。実際には、この後も景春の抵抗活動は継続されており、叛乱はいまだ続くのであった。とはいえ、武蔵での叛乱活動はこの秩父郡からの没落で終息したことは間違いない。景春の叛乱は、武蔵に置かれていた上杉方の本陣の五十子陣を崩壊させたことから開始された。そのことから考えれば、景春の武蔵からの没落は、その大きな画期とみることは可能であろう。

功績ではないか。いずれも屋形はご存じである。それほど経たないうちに（顕定は）そのことをお忘れになって、道灌が申すことに対して妨げる人々をお許しになる。彼らにどれほどの功績があるのか、承りたく思う。本当に自らを評した言い分は、かえって自分勝手な言い分ではないか。

上：熊倉城遠望　下：熊倉城の空堀と土塁◆埼玉県秩父市

足利成氏が千葉氏追討のため、自ら下総へ進軍する

文明十年（一四七八）正月、山内上杉顕定を首領とする上杉方は、室町幕府との和睦への仲介を条件に足利成氏と和睦を結んだが、その後、景春の乱の平定に追われ、一向にその動きをみせなかった。そのため成氏は文明十一年七月、上杉方の有力者の一人であった越後上杉房定に幕府への仲介を要請したものの、まったく反応を得られなかった。

文明十二年二月には長尾景春から堀越公方足利氏を通じて幕府との交渉を行おうとしたが、これも機能しない状態であった。そして四月までのうちに、太田道灌のもとに弟の熊野堂守実を派遣し、守実から顕定・定正に幕府への言上の取り成しを要請したが、顕定からは事実上、無視されるかたちとなっていた。

このような状態のため、成氏は同年**五月**に入って上杉方との和睦を破棄し、景春支援のための軍事行動を展開する。しかし、**六月**にはその景春が武蔵から没落してしまった。それをうけて成氏は、再び顕定への働きかけを行ったとみられ、**七月**二十一日付で東上野国人の赤堀左馬助に、「一両年」におよんで顕定が幕府との和睦の仲

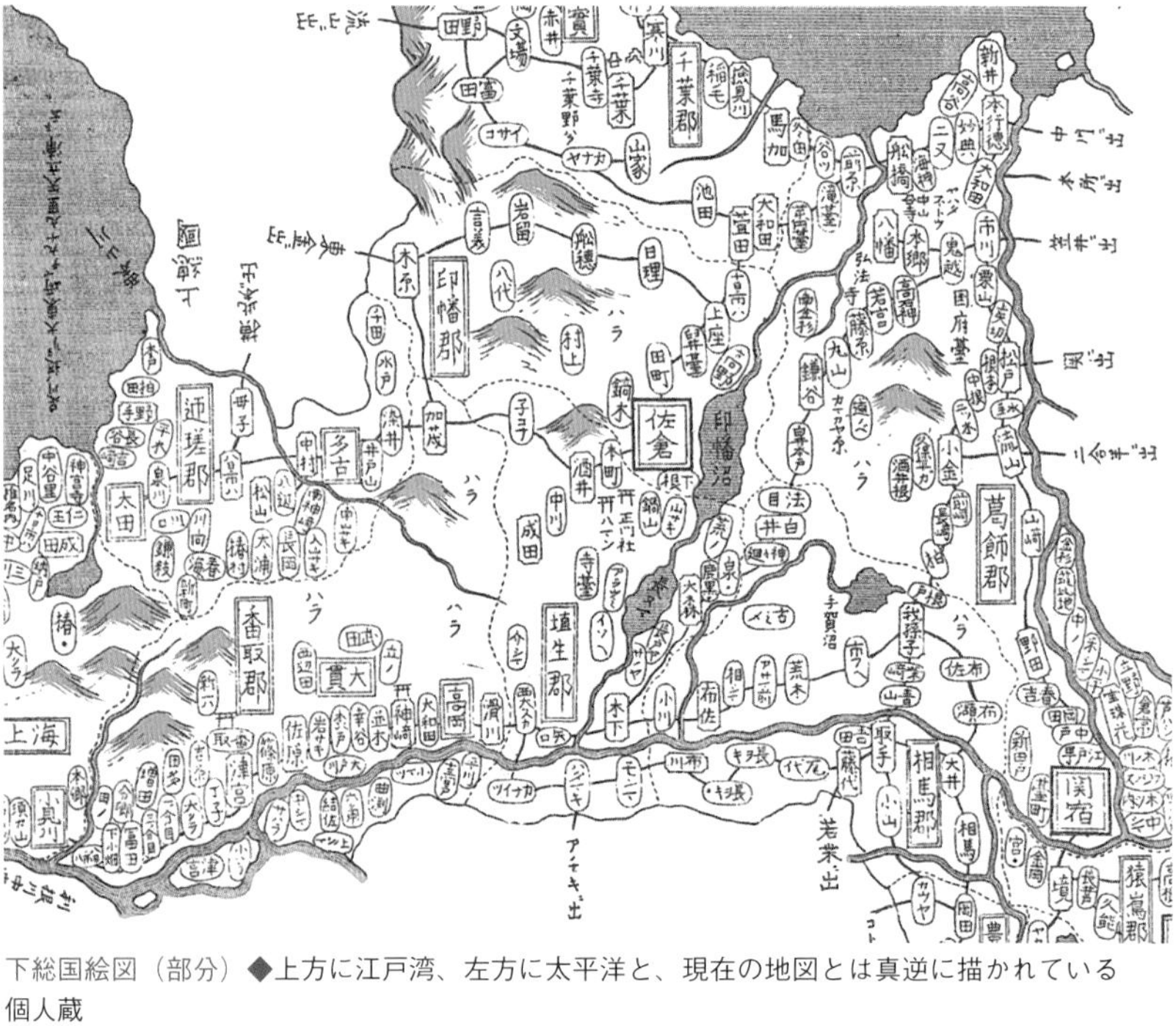

下総国絵図（部分）◆上方に江戸湾、左方に太平洋と、現在の地図とは真逆に描かれている　個人蔵

介にあたると申上してきたので、それを了承したこと、それにより不安に思わなくてよいことを伝えている（戦古一七八）。

次いで**八月**になると、成氏は下総への進軍を図った。これについては、八月十六日付で太田道灌が上野岩松氏の宿老の沼尻但馬守に宛てた書状のなかに、成氏による下総への「御調儀」が近く行われることがみえる（埼11五七三）。これまでこの文書の年代は文明十年に比定され、道灌の下総出陣に関わるものとされていたが、文中に「長井憲康の進退が保証され、その連絡をうけ次第に顕定に出仕することになっている」とみえる。長井憲康が道灌の攻撃によって降伏したのはこの年であり、その進退の取り成しについて道灌が関わっているのは、まさに道灌がその降伏を取り持ったことによる。したがって、この文書は文明十二年のものとみるのが妥当である。

この年に成氏が下総に進軍したことは他の史料にも記されており（「赤城神社年代記録」）、確かである。ただ、具体的な動向が不明のため、どのような事態であったのかはわからない。わずかに**十一月**二十七日に、下総我孫子で合戦があったことが確認できるが（「本土寺過去帳」）、これは成氏方の下総進軍に関わるものとみてよいであろう。そして下総への進軍ということからすると、千葉氏への攻撃であった可能性が高い。

千葉氏はかねてから成氏と幕府との和睦には反対しており、それを追討するものであったろう。幕府との和睦の仲介を上杉方に要請するにあたって、それに反対する勢力を放置することなく追討することで、上杉方に対して和睦実現への強い意向を示そうとしたのであろう。先に上杉方からは、和睦反対の多賀谷入道の容認を非難されていたこともあわせ考えると、その対応とみることができるかもしれない。

都鄙和睦の進展を願い幕府に働きかける成氏

しかし、上杉方による取り成しは開始されることはなかった。そのため、成氏は**文明十二年（一四八〇）十月**八日、弟の雪下殿尊倣が同月二十一日、かつて景春を通じ交渉役を依頼していた大徳寺以浩に書状を出して、細川政元にそれまでの書状を確実に届けて幕府との交渉開始の実現を促している（戦古一八三・一三二五）。さらに成氏は、同月二十三日付で細川政元と、その有力一族の細川政国にそれぞれ書状を出し、景春から大徳寺以浩を通じて幕府に私曲の無い旨を言上していることを伝え、それへの返事を求めている（戦古一八四～五）。

ここに成氏は、細川氏の有力一族で幕府重臣でもあった細川典厩家《てんきゅうけ》の政国を、新たな交渉先に加えている。それまでは景春を通じて交渉開始を図っていたが、おそらく景春には京都政界への政治力はなく、しかもこの年六月には武蔵から没落していたから現実的な働きかけも無理であり、そのルートでは埒が明かない状況のため、それを打開しようとしたのであろう。

そして、それへの交渉は、成氏の近臣であり有力大名であった結城氏広が取り次ぐことになったが、実際にそれが実現されるのは四ヶ月以上も経った翌十三年三月五日で、氏広はようやく細川政元・同政国それぞれに、成氏から両者宛の書状の副状《そえじょう》を出している（「蜷川家文書」）。氏広による取り次ぎが、なぜこれほどの時間を要したかわからないが、そもそも氏広は京都政界への政治力が小さく、さらにそれを取り次ぐルートの構築に時間がかかったのかもしれない。それらが幕府中枢に取り次がれるのは、それまでの景春を通じて送られた書状と同じく、同十三年七月のことであった。

ところが、この和睦交渉の進展は、それらとは異なる経路でみられた。文明十二年十月五日、越後上杉房定が細川政元と同政国それぞれに宛てて書状を出し、前年七月に成氏から送られた書状をその使僧の徳林西堂《とくりんせいどう》に預けて送り、和睦の要請を行っていた（「蜷川家文書」）。成氏から房定に送られていた先の書状は、実際には五ヶ月ほど後の十二月に、房定のもとにもたらされたが、それを房定はそれから十ヶ月が経って、ようやく細川政元のもとに送ったことになる。その際、仲介先に細川政国を選択している。成氏が政国を新たな交渉先に加えるのは、その二十日ほど後のことからすると、あるいは、それは房定からの連絡をうけてのものであったかもしれない。

そして、文明十三年七月十九日に、成氏が上杉房定に宛てた同十一年七月の書状をはじめ、成氏が幕府との和睦を求めるそれまでの書状群は、揃って細川政国の手から、ようやく幕府中枢に取り次がれた。成氏に対しては、最後に副状を出してきた結城氏広に宛てて、幕府との和睦を求める成氏の書状などを取り次いだことを伝え、交渉には上杉房定を介在させることを指示した（「蜷川家文書」）。こうして文明十三年七月になって、成氏と幕府との和睦交渉がようやく開始されるのである。

細川氏系図

頼之＝頼元―満元
- 持元
- 持之―勝元―政元
  - 成賢
- 持賢＝政国―政賢

足利将軍室町第址の碑◆足利義満が造営した将軍家の邸宅跡で、室町幕府が置かれていた。仙洞御所や公家邸宅の跡地に造営されたため邸内の樹木苑地が美しく「花の御所」とも称されていた。応仁元年に戦火で焼失し、文明年間に再建されたが、再び焼失してしまった　京都市上京区

XII 都鄙和睦《とひわぼく》と道灌暗殺―戦乱、未だ止まず

文明13年（1481）～長享元年（1487）

景春が山内上杉氏当主に憲房を擁立

成氏と幕府の交渉は、一向にはかどらなかったようである。具体的な経過は不明だが、交渉の成果があらわれるまでにはまだ一年以上の時間がかかるのであった。その間の関東での政治動向として注目されるのは、**文明十三年（一四八一）四月**に、長尾景春の活動が確認されることである。前年六月に上杉方の攻勢をうけて武蔵秩父郡から没落、その後の動向は不明であったが、一年近く経ってのこの時になって、ようやくその活動の状況が確認される。しかも注目されるのは、景春は主人として山内上杉氏一族の憲房《のりふさ》を擁立していることである。

景春はそれまでの叛乱で、顕定に代わる山内上杉氏当主を擁立することはなかった。しかし、ここでは憲房を「屋形《やかた》」と称して山内上杉氏当主に推戴している（山内参考二〇）。憲房は顕定の前代房顕の弟周晟の子で、この時、十五歳であった。おそらく、景春は憲房の元服をうけて顕定に代わる当主に擁立したといえ、しかも憲房は山内上杉氏一族としては最年長で、まさに最適任であった。ここで景春が憲房を擁立したのは、ようやく顕定に代わりうる存在が出現したからで、それまでは擁立しようにも該当者がいなかったからであったろう。

これによって、景春がこの時点でも顕定への叛乱を継続していたことがわかるが、その動向としては、足利鑁阿寺に祈祷を依頼していることが確認できるだけである。このことは、憲房・景春が鑁阿寺周辺に在所していたことをうかがわせる。足利庄は、景春の有力与党で

上杉憲房の墓◆昭和55年3月、東平井の円満寺境内の行人塚から「大永三年」銘の五輪塔が発見された。円満寺は上杉氏の祈願所であり憲房の没年と一致することから墓石と認定された。手前より憲房の墓、上杉顕定供養塔、上杉憲実供養塔、上杉氏累代の墓　群馬県藤岡市・円満寺

あった長尾房清の所領であり、その房清が顕定に帰参したことは確認できない。そうであれば、房清はいまだ景春を支援しており、憲房と景春はその支援のもとで顕定への対抗を継続していたと考えられる。

しかしその対抗の動向も、この後は確認されないまま享徳の乱の終息を迎える。そして景春と房清は、ともに成氏を頼って存在していく。擁立された憲房は、享徳の乱終息にともなって顕定のもとに帰参するのであった。顕定がこれを簡単に認めていることからすると、憲房の行動に主体性があったわけではなかったのであろう。そのため顕定は憲房の帰参を認めたようだ。

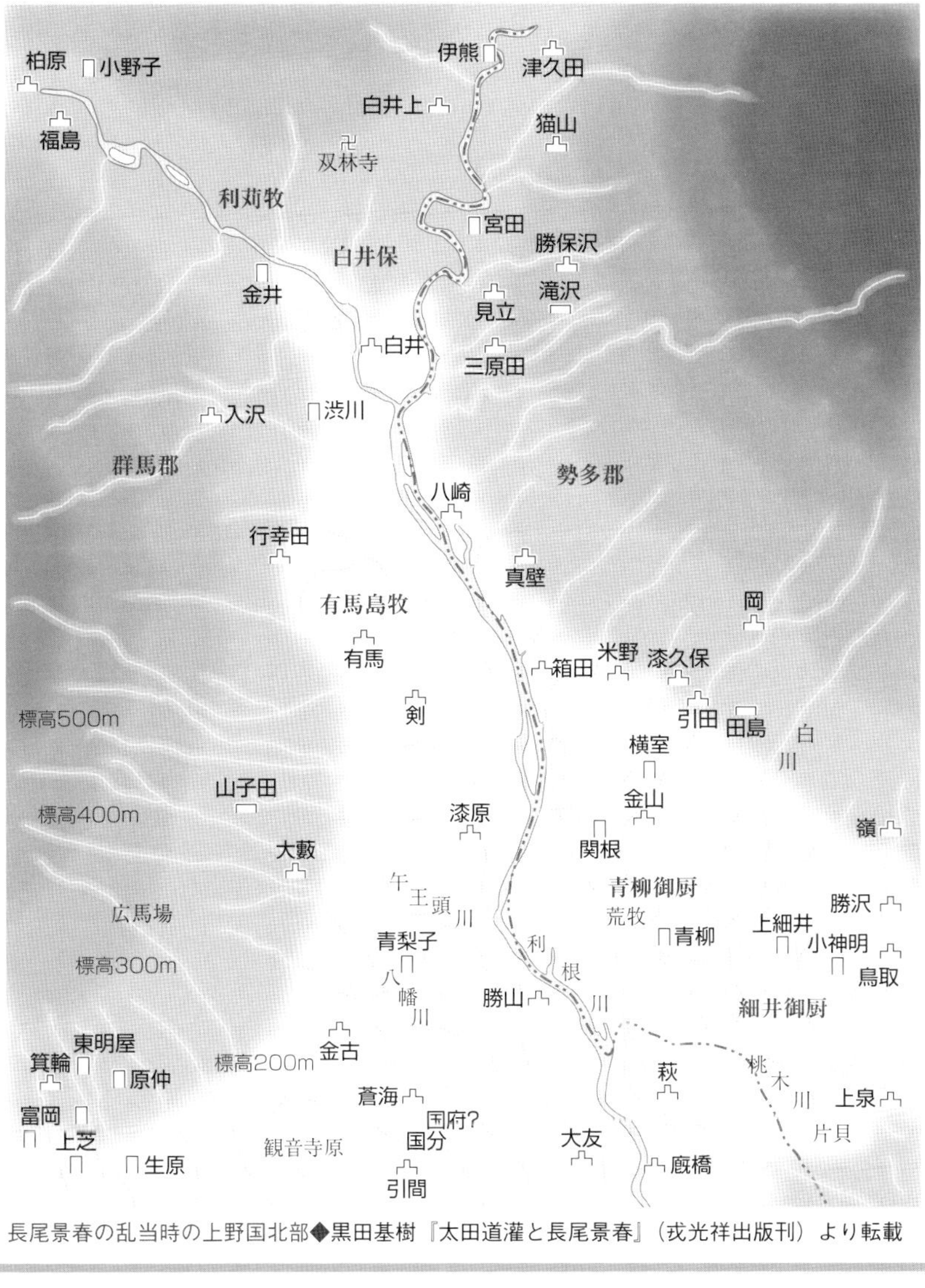

長尾景春の乱当時の上野国北部◆黒田基樹『太田道灌と長尾景春』（戎光祥出版刊）より転載

将軍義政と成氏の間に都鄙和睦が成立

上杉方ではこのように、**文明十三年（一四八一）四月**には、長尾景春が上杉憲房を擁立して、上杉顕定・長尾忠景に対抗するようになっていた。ただ、その後の状況は明らかではなく、関連史料もみられないことから、それほどの影響をもたらすものではなかったのかもしれない。足利成氏のほうは、同年**八月**に下総結城氏が古河城に向けて進軍してきたため、これを撃退したことがあったようである（戦古一八七）。

結城氏では先に、成氏の幕府への和睦要請の取り次ぎを結城氏広が務めていたが、この年の**三月**に死去してしまった。家督はわずか三歳の嫡子政朝《まさとも》が継いで、家政は家宰とみられる多賀谷和泉守が主導し、また、一族の山川景貞《かげさだ》の干渉もあったともいわれ、家中には混乱が生じていた。そうしたなかで、成氏と対立する動向があったのかもしれない。かつて太田道灌は、都鄙和睦の実現を妨害する存在として多賀谷入道（祥賀）をあげていた。それからすると、結城氏内で和睦に賛成する勢力と反対する勢力があり、反対派が成氏と対立するまでになっていたのかもしれない。

さて、都鄙和睦の交渉は、先述のように同年**七月**に幕府重臣の細川政国から幕府中枢に取り次がれ、交渉が開始されていた。幕府からは、成氏の取り次ぎにあたってきた結城氏広に対し、越後上杉房定を仲介にすることを指示していた。すでに氏広は死去していたが、その内容は成氏に伝えられたに違いない。その後、和睦の決定までに一年四ヶ月の期間が必要となったが、その間の動向は不明である。おそらく、房定によって、成氏と鎌倉公方の地位が競合する立場にあった堀越公方足利政知、上杉方の首領である上杉顕定・同定正らとの交渉がすすめられていたであろう。

足利義政の墓◆中央が足利義政で、藤原定家・伊藤若冲の墓と並んで葬られている　京都市上京区・相国寺

文明十四年十一月二十七日になって、政知は伊豆一国の支配権を管轄することで合意がみられたらしい。「室町殿《むろまちどの》」（足利将軍家の家長）足利義政は、足利政知と上杉房定に御内書を出し、政知へは、房定から政知の立場の確保が図られたとの連絡をうけて和睦を決定したと伝え、房定へは政知の立場が確保されることを了解し和睦を決定したと伝えて、その実現にあたるよう指示している（「喜連川文書」）。さらに、幕府政所頭人・伊勢貞宗から房定に副状が出され、「成氏から政知に御料所が割譲されており、政知が困らないよう保証するように」との義政の意向を成氏に伝達することを指示している（「喜連川文書」）。しかも、これには元の草案の存在が知られ、それによれば、政知に対して成氏から伊豆一国の管轄が割譲されることで両者の和睦を成立させるように、との指示を上杉顕定に出してもらいたいという房定からの要請を義政に報告したこと、成氏は政知に御料所の割譲を申し出ていることをもとに、成氏との和睦が決定されたこと、房定からの提案はすべて認められ、房定の面目が果たされたことが示されている（「諸状案文」）。

上杉房定は、成氏から政知に対して伊豆一国の支配権を割譲させることを条件に、和睦交渉をすすめていたことがわかり、政知がそれを了解したのであろう。それをうけて、房定から幕府中枢に報告され、十一月二十七日の「室町殿」足利義政による和睦成立の決定となった。実際の和睦は、この義政の決定をうけて房定から成氏と上杉顕定に、その条件の実現を働きかけられたのだろう。

現代の京都の様子◆下部の伽藍は東本願寺。右前方に見える森は京都御所。中央の大通りは京都を南北に貫通する烏丸通りで、後方には鞍馬・貴船の山々が見える

「太田道灌状」で顕定を痛烈に批判する道灌

その間、関東では都鄙和睦の交渉がなかなか開始されず、政治的な動揺もみられたらしい。前日の十一月二十六日付で、成氏宿老の簗田成助が扇谷上杉氏の姻戚である長井広房に宛てた書状があり（埼11五八七）、そこには成氏方内部の混乱がみられる。この書状はこれまで文明十二年に比定されてきたが、ここで成助は河内守を称しており、父の持助が死去した**文明十四年四月**以降の襲名と判断されるので、その年代はまさに都鄙和睦決定の直前の文明十四年に比定できる。

成助はこの書状で、「都鄙和睦の実現に尽力していたが、世間で動揺がみられるようになっていることを口惜《くちお》しい」と述べている。成助は前月十一日から病床にあって現在は快復しつつあるというが、成助に関わって「雑説」が流されていたらしく、それを嘆いている。病気もその心労によるものであったかもしれない。そして、有力大名である常陸小田成治・下野宇都宮成綱（正綱の子）は成助の味方であることを伝え、「思いがけない事態になっていることを察して欲しい」と述べている。

具体的にどのような政治関係があったのかは把握できないが、成氏方のなかで、あるいは上杉方の成氏方への対応において、成助の立場が悪くなるような事態があったことがうかがえる。成助は、かつて成氏が太田道灌に景春撃退を要請した際、その使者を務めていた。その父の持助も、上野で上杉方が成氏と和睦するにあたって使者を派遣した先であるし、道灌の下総進攻に際して奉書禁制を出していた存在であり、父子ともに和睦推進派であった。そのため成助自身は、変わらず都鄙和睦に尽力する立場であることを、長井広房に主張しているのであろう。

太田道灌状 現代語訳⑨

（最前部）大串弥七郎の出仕について、道灌は引き続き顕定に申し上げてきた。特に文明十四年九月、東上野に不穏な風聞があったため、屋形（顕定）のお側に道灌が参上したときから申していたが、おおよそ弥七郎の出仕を認める仰せを頂いたので弥七郎を連れ顕定のもとから退出した。しかし、いまだ顕定は弥七郎をお赦しになっていない。道灌が弥七郎の去就をお願いしたのは、敵味方をはじめ、その他隣国まで隠れないことである。しかし、弥七郎を疎み遠ざける人がいるためにお赦しが得られないのは、弥七郎にとって不運この上ないことだ。すでに弥七郎は、秩父高佐須で景春方の同心・傍輩中であり、身も心も高佐須の景春方と通じていたため高佐須城中の様子も知っていた。弥七郎の情報にしたがって戦術を廻らしたので、味方は一人として討たれることなく一心に敵数十人を討ち捕らえることができたのは屋形もご存じの通りで詳しく申し上げるまでもない。しかし、弥七郎の同類で屋形から扶持を与えられている人々が、もし弥七郎が出仕すれば他の人々も顕定に赦しを要求する

築田成助が上杉方で、かつ扇谷上杉氏の姻戚であった長井広房に伝えているのは、成氏方が決して和睦成立に後ろ向きではないことを上杉方に示そうとしたからであろう。また、これにより小田成治が、これまでに成氏方に帰参していたことがわかる。成治は文明三年に上杉方に転じ、翌年には成氏方から帰参を働きかけられていたが、その後の動向は定かではなかった。少し時期は空くが、成治もやがて成氏方に帰参してきたことが確認できる。

上杉方においても、同じような動揺がみられていた。足利義政による都鄙和睦決定の翌日の**文明十四年十一月**二十八日、太田道灌は上杉顕定の側近とみられる高瀬民部少輔《みんぶのしょう》に宛てて、残存部分だけで三十九ヶ条にもおよぶ長文の書状を出している。これが「太田道灌状」である。この書状は文明十二年のものと考えられてきたが、同年の秩父陣について「去々年」と記しているので、文明十四年と考えるのが妥当である。

そのなかで道灌は、乱鎮圧の過程で降参させて味方につけた景春方の武士たちに顕定が所領の安堵などを行っていないことについて「道灌の面目を失わせるもの」と抗議している。また、その直前に、顕定が上杉定正に何らかの申し入れを行ったことに、定正が強く不満を持って同意しなかったと記されている。そのうえで道灌は、この一、二ヶ月に顕定のもとへ出仕した際に感じたこととして、いまだに上野の戦乱がおさまっていないことをあげ、山内上杉氏の家中の統制も果たせない状態にあり、それでは顕定に関東を平穏にすることはできないであろう、と厳しく批判している。

上杉方では、乱鎮圧の後始末に山内上杉氏と扇谷上杉氏との間で、かなり深刻な対立が生じていたこと、上野では依然として反顕定の動向がおさまっていなかったことがわかる。上野での動向とは、おそらく長尾景春・同房清らによるものであったろう。

と申しているのか。弥七郎はその他の人々の事例のようには考えがたい。

一、降参人について、道灌が取りなした人々は屋形がお赦しになり、所領等も間違いなく安堵すると屋形が阿内滞在のおりに御証状を貰い受けた。道灌の身の程にできる限りの謀り事を廻らし、味方に招き入れた人は数名に及ぶだろうか。一人として一存で自由勝手に処理したわけではない。

（最後部）一、二ヶ月ほど屋形の近辺に出仕し感じたことは、「関東が平穏になることはきっと難しい。諸人の不運はこのときである。第一には（顕定の）御家中が調っていない。そのため上州辺りの状況はいつも混乱している様子だ。まさに、断るべきことを断れないためだろうか。古来より、国家を鎮めて大乱を治めることができるのは、徳の備わった人である。古人は、国に三不詳ある。賢人の存在を知らずが一不詳、知っていながら働かせないのが二不詳、働かせても任せないことが三不詳である。徳と失になぞらえれば、任と不任にある、ことになるのではないか。これらのことについて、（顕定の）御意を得たいと思う。恐々謹言。

和睦条件と、成氏の命で〝道灌責《せ》め衆《しゅう》〟が長南《ちょうなん》城を攻略

都鄙和睦に関しては、幕府の決定をうけ、上杉房定から成氏に和睦成立の条件、具体的には足利政知への伊豆一国の支配権の割譲が伝えられたと思われる。おそらく、これに対し成氏から出されたのが、上杉房定に送られた**文明十五年（一四八三）六月**十一日付の書状であろう（戦古一八八）。この文書は写本であり、そこには「文明十五年」の年紀が記されているが、書状であるから本来はないもので、写本の過程で追記されたと思われる。年代は、事態の経過を踏まえると、同年のこととみなして差し支えない。

ここで成氏は、和睦の申請がようやく幕府に達せられたことを喜ぶとともに、足利政知との和睦を成立させるように指示が出されたことを、越後の円通寺岳英と鎌倉の月輪院《げつりんいん》慈顕《じけん》から詳細を聞いたことをうけて、あらためてその旨を指示されれば、政知と和睦する意向であると伝えている。幕府からあらためて政知との和睦成立の条件となる事項について指示が出されれば、成氏は応じると返答したのであった。

ここで条件受諾を表明していることから、両者の和睦はすぐに実現したと思われるが、残念ながら明確な時期は明らかではない。ただし、同年**八月**十日付で、それまでは堀越公方足利政知が管轄していた鎌倉寺院への公帖《こうじょう》（禅宗寺院の住持職《じゅうじしょく》の任命書）を、成氏が発給していることから（戦古一八九）、先の房定宛の書状を出した六月十一日から、この公帖を出した八月十日までの間に、正式に都鄙和睦が成立したとみることができる。都鄙和睦の成立時期について、これまでは足利義政が決定した前年十一月二十七日とされることが多かったが、それはあくまでも幕府の決定で、実際の成立は条件を成氏が受諾し、実行に移したときであるから、それは文明十五年六月から八月の間であった。

長南城大鞍森付近の郭と切岸◆長南武田氏の本城と呼ぶにふさわしく、周辺の谷部を縦横に取り込んだ大規模な縄張りが特徴。長南武田氏は天正18年の豊臣秀吉による小田原合戦で北条氏と運命を共にした　千葉県長南町

この和睦によって、鎌倉公方の地位は成氏に認められるものとなった。公帖の発給が成氏に移管されているのは、そのことを端的に示している。対して、政知には伊豆一国の支配権が認められ、これによって堀越公方足利氏は京都将軍家の御連枝として、事実上は伊豆一国の大名という立場になった。こうして、足かけ二十九年にわたって展開されてきた上杉方と足利方との抗争である享徳の乱は、ようやく終息を遂げたのであった。

しかし、それで関東の戦乱がおさまったわけではなかった。和睦に反対する勢力も根強く、その最大のものが下総千葉氏であり、また、上野で反上杉顕定の活動を続けていた長尾景春・同房清らであった。それらに対し、成氏も上杉方も協同して鎮圧を続けるが、その動きが四年後の長享の乱（一四八七～一五〇五）勃発まで続いていく。最後に、その動向を簡単にみておくことにしよう。

千葉氏では、かつて上杉方に攻略された臼井城を奪還し、上杉方に降った長南《ちょうなん》上総《かずさ》氏も再

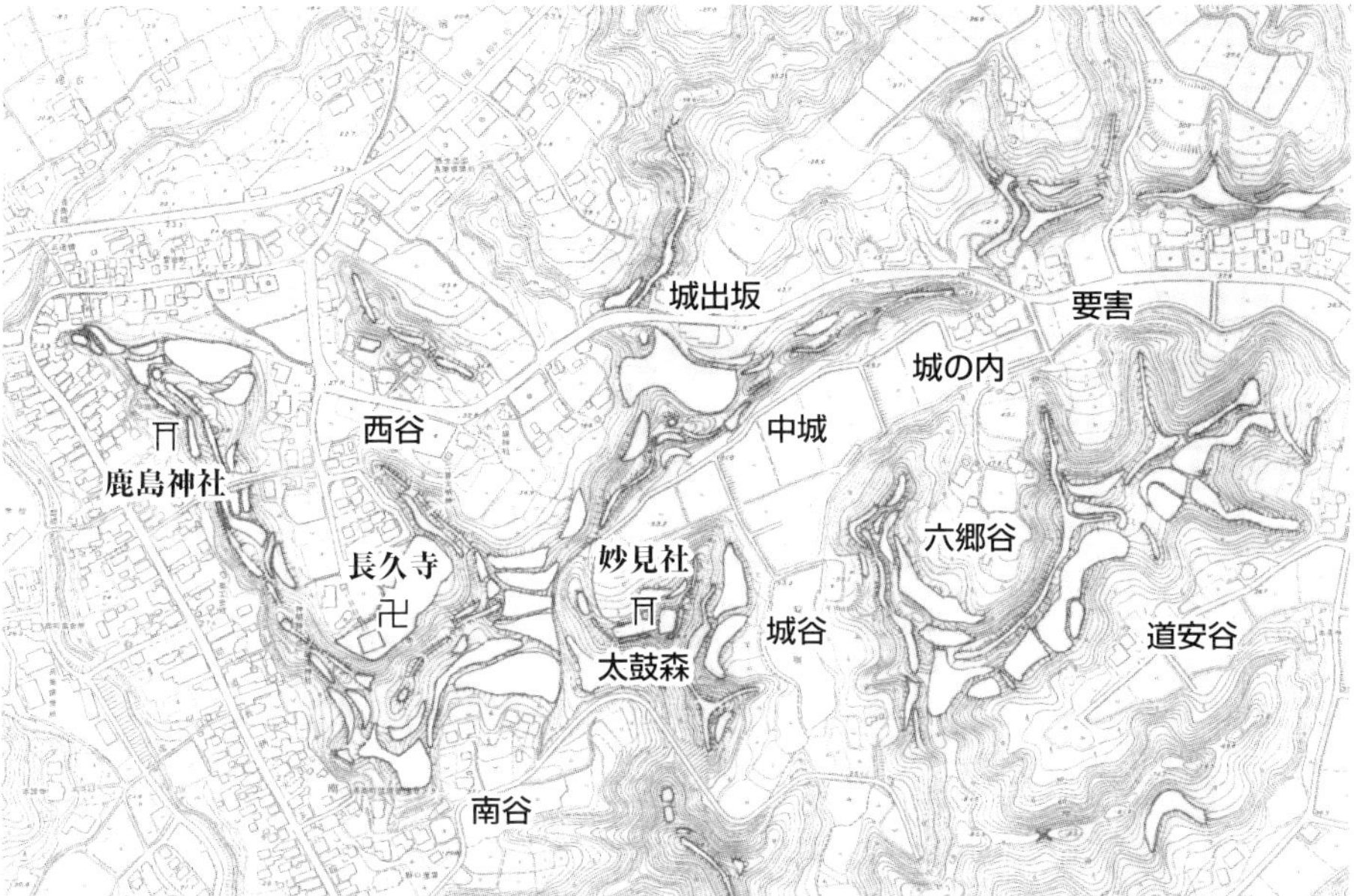

長南城跡の小字・地形図　提供：千葉県長南町

び千葉氏に味方していたようである。すでに、成氏と上杉方は文明十二年（一四八〇）に下総に侵攻していたが、都鄙和睦が成立した直後の**文明十五年十月**、再び下総・上総への進軍を行った。そこで両総への進軍を中心的に担ったのが、やはり太田道灌であった。

文明十五年十月五日、太田道灌が上総長南城を攻略している（「年代記配合抄」）。同城主の上総氏が、再び千葉氏に味方して敵対したため追討を行ったと思われる。「道灌責め衆」とあり、これが道灌を主将にして行われたことが知られる。しかし、この長南城攻めは道灌独自のものではなく、また、上杉方だけのものではなく、先の千葉氏攻めと同じく足利成氏によって行われたものであった。

成氏は十月十五日付で、下総国豊田郡古間木（常総市）在住の綿延（渡辺）縫殿助に対して、九月二十八日の長南城攻めにおける戦功を賞した感状を与えている（戦古一九〇）。ここから、この長南城攻めが成氏によるもので、その軍勢に成氏から派遣された軍勢が加わっていたことがうかがえる。この時の渡辺氏の立場については明らかではなく、豊田郡南部の豊田氏、同郡北部を勢力下に置くようになる結城氏家宰の多賀谷氏の配下、あるいは成氏の直接的な配下か、などが想定されるものの、少なくともその存在で長南城攻めが上杉方の軍勢だけではなかったことがわかる。この長南城攻略によって、長南上総氏は再び上杉方に従ったのであろう。しかし、没落したわけではなく、のちの延徳二年（一四九〇）二月には、その存在が確認されている（戦房二九八）。

長南武田氏代々の墓◆その家臣団といわれる一族の墓も大林寺・市野々玉泉寺・長南長久寺にある　千葉県長南町・大林寺

太田道灌が宿敵・千葉氏殲滅へ上総武田氏を調略

道灌は翌**文明十六年（一四八四）五月**十五日、下総葛東郡に進出して馬橋城（松戸市）を構築している（「年代記配合抄」）。さらに年代は不明だが、その近くに前崎《まえがさき》城（流山市）を構築したと推測され、同城には弟六郎（資常か）が在城したことがわかる（「本土寺過去帳」）。これらから、道灌は下総西部への進出をすすめていたことがうかがえる。

こうした道灌の進軍をうけてであろう、対する千葉孝胤は平山から長崎（所在地不明）に本拠を移し、さらに**六月**三日には佐倉城（酒々井町）を取り立て本拠を移している。千葉は東京湾に面していたため、対岸の武蔵側から道灌方の攻撃をうけやすかった。道灌の勢力が葛東郡に及んできたため、下総中央部の確保を図り本拠を移したのであろう。以後、千葉氏はこの佐倉城を本拠としていく。

続いて**九月**一日、上総真里谷の武田清嗣が鎌倉、次いで六浦（横浜市）を訪れ扇谷上杉方と対面しており、これは道灌からの指示をうけたものであるという。そして翌二日に武田氏は本拠真里谷に帰還している（「鏡心日記」）。真里谷武田氏も、かつては千葉氏に味方していたが、先の道灌方の攻撃によって上杉方に降伏していた。その際に当主の清嗣は武蔵に出仕し、真里谷城には嫡子信嗣を置いていた。ここでも引き続き上杉方の立場をとっていたとみてよく、この時に、道灌から千葉氏攻めに関する何らかの指示を得て真里谷城に帰還したと思われる。

武陽金澤八景略図◆武田清嗣が扇谷上杉方と対面した六浦を描いた江戸期の図。六浦周辺は江戸時代からの埋め立てが進み、現在は往時の景観を忍ぶべくもない　個人蔵

道灌は二年後の文明十八年になっても、その春に千葉氏を攻めるため下総に進軍している。武蔵と下総の間を流れる隅田川に、長橋（舟橋）を三本架けたというから（「梅花無尽蔵」）、それなりの大軍を侵攻させたことがわかる。そのなかで、**四月**十二日には上杉方の上総伊南城（万喜城、いすみ市）が落城し、伊南狩野氏が滅亡している。これは長南上総氏の攻撃によるとみられ、そうすると上総氏は、再び上杉方から離叛していたことになる（「本土寺過去帳」）。しかし、**六月**十日には、父道真の隠居亭であった越生の自得軒で詩歌会が催されており、道灌はそれに参加している（「梅花無尽蔵」）。この頃には、下総から帰陣していたことがわかる。この時の下総での動向はまったくわからないが、これは道灌が死去する一ヶ月ほど前にあたるから、道灌は最後まで千葉氏攻めをすすめていたことになる。

太田道灌の首塚◆大慈寺より川沿いを歩いた地にあって、道灌暗殺の後、その首が埋められたと言われている　神奈川県伊勢原市・大慈寺

太田道灌の胴塚◆神奈川県伊勢原市・洞昌院

道灌の胴塚と万里集九の手向けの松（明治時代の絵葉書）◆万里集九は美濃在住で当代一流の名高い禅僧・歌人であった。道灌の招きに応じ江戸城を訪れ関東の諸将と連歌会を行っている。道灌の死を惜しみ、子息資康の武蔵陣を見舞って美濃の旧居に戻ったが、いずれかの時期にこの墓に詣で供養に松を植えたのであろう　神奈川県伊勢原市

七人塚◆太田道灌と運命を共にした家臣七人の墓　伊勢原市

道灌が謀殺され、関東は「軍兵野にみてり」の様相へ

文明十八年（一四八六）七月二十六日、扇谷上杉氏で重大な事件が起きた。当主上杉定正が家宰の太田道灌を謀殺したのである。それにともなって、定正による江戸城の接収、道灌の嫡子資康《すけやす》の離叛、続く山内上杉顕定への参向、それに同調した三浦道含・武蔵千葉自胤というように、扇谷上杉氏では内部分裂が生じ、それが山内・扇谷両上杉氏の対立状況をもたらすようになった。

この道灌謀殺をうけ、千葉氏に対する道灌方の拠点になっていた馬橋城が落城した（「年代記配合抄」）。おそらく、この年と推測される**十一月**三日、弟六郎（資常か）が在城の前崎城が落城し、六郎が戦死している（「本土寺過去帳」）。これらは千葉氏による反撃と考えられる。

同年**十月**二十日、山内上杉氏の分国・上野でも戦乱が勃発、上杉顕定は上野府中（前橋市）に在陣していて、その様相は「軍兵野にみてり」というほどであった（「北国紀行」）。具体的な状況は判明しないが、翌年に山内上杉氏が足利長尾房清を攻撃していることから、長尾景春・同房清らとの抗争が続いていたことが考えられる。

翌**長享元年（一四八七）**になっても、山内上杉氏は**九月**にも上野国府での在陣を続けていて（「北国紀行」）、**十月**には扇谷上杉氏が江戸城を盛んに修築して臨戦態勢をとるようになっている（「梅花無尽蔵」）。そして**閏十一月**に山内上杉氏は長尾房清を攻撃し、上野東部では本格的な戦乱が開始される（群一七八九）。**十二月**八日には武蔵でも戦乱が生じている（景春二八）。これは山内・扇谷両上杉氏の抗争、いわゆる長享の乱が開始されたとみてよいであろう。こうして、都鄙和睦の成立からわずか四年後の長享元年、山内上杉氏と扇谷上杉氏をそれぞれ首領とし、再び関東の武家勢力を二分しての大規模な戦乱が開始されるのであった。

前崎（まえがさき）城跡◆道灌の弟六郎資常が守備していたが、道灌の死を受けて勢いを増した千葉氏によって陥落させられた。このとき、六郎がこの城で討ち死にしたという。太田一族の無念が詰まったこの城も、現在は本丸部分だけが城址公園として遺され、周囲に巡らされた見事な土塁が保存されている　千葉県流山市

主要参考文献（単行本のみを掲げた）

秋山　敬『甲斐武田氏と国人』（岩田書院、二〇〇三年）
荒川善夫『戦国期北関東の地域権力』〈戦国史研究叢書3〉（岩田書院、一九九七年）
同　編『下総結城氏』〈シリーズ・中世関東武士の研究8〉（戎光祥出版、二〇一二年）
家永遵嗣『室町幕府将軍権力の研究』〈東京大学日本史学研究叢書1〉（東京大学日本史学研究室、一九九五年）
石橋一展編『下総千葉氏』〈シリーズ・中世関東武士の研究17〉（戎光祥出版、二〇一五年）
市村高男『戦国期東国の都市と権力』（思文閣出版、一九九四年）
江田郁夫『下野の中世を旅する』（随想舎、二〇〇九年）
同　編『下野宇都宮氏』〈シリーズ・中世関東武士の研究4〉（戎光祥出版、二〇一一年）
同『中世宇都宮氏』〈戎光祥中世史論集9〉（戎光祥出版、二〇二〇年）
江田郁夫・簗瀬大輔編『北関東の戦国時代』（高志書院、二〇一三年）
久保健一郎『享徳の乱と戦国時代』〈列島の戦国史1〉（吉川弘文館、二〇二〇年）
久保田順一『新田一族の戦国史』（あかぎ出版、二〇〇五年）
黒田基樹『戦国期東国の大名と国衆』（岩田書院、二〇〇一年）
同『中近世移行期の大名権力と村落』（校倉書房、二〇〇三年）
同『扇谷上杉氏と太田道灌』〈岩田選書・地域の中世1〉（岩田書院、二〇〇四年）
同『戦国の房総と北条氏』〈岩田選書・地域の中世4〉（岩田書院、二〇〇八年）
同『図説 太田道灌』（戎光祥出版、二〇〇九年）
同『古河公方と北条氏』〈岩田選書・地域の中世12〉（岩田書院、二〇一二年）
同『戦国期山内上杉氏の研究』〈中世史研究叢書24〉（岩田書院、二〇一三年）
同『長尾景仲』〈中世武士選書26〉（戎光祥出版、二〇一五年）
同『太田道灌と長尾景春』〈中世武士選書43〉（戎光祥出版、二〇二〇年）
同『戦国期関東動乱と大名・国衆』〈戎光祥研究叢書18〉（戎光祥出版、二〇二〇年）
同　編『長尾景春』〈シリーズ・中世関東武士の研究1〉（戎光祥出版、二〇一〇年）
同『武蔵大石氏』〈論集戦国大名と国衆1〉（岩田書院、二〇一〇年）
同『扇谷上杉氏』〈シリーズ・中世関東武士の研究5〉（戎光祥出版、二〇一二年）
同『武蔵成田氏』〈論集戦国大名と国衆7〉（岩田書院、二〇一二年）

同　『山内上杉氏〈シリーズ・中世関東武士の研究12〉』（戎光祥出版、二〇一四年）
同　『上野岩松氏〈シリーズ・中世関東武士の研究15〉』（戎光祥出版、二〇一五年）
同　『足利持氏とその時代〈関東足利氏の歴史4〉』（戎光祥出版、二〇一六年）
同　『足利成氏とその時代〈関東足利氏の歴史5〉』（戎光祥出版、二〇一八年）
佐藤博信　『古河公方足利氏の研究』（校倉書房、一九八九年）
同　『中世東国の支配構造』（思文閣出版、一九八九年）
同　『続中世東国の支配構造』（思文閣出版、一九九六年）
同　『中世東国の権力と構造』（校倉書房、二〇一三年）
同　『中世下野の権力と社会〈中世東国論3〉』（岩田書院、二〇〇九年）
同　編　『関東足利氏と東国社会〈中世東国論5〉』（岩田書院、二〇一二年）
杉山一弥　『室町幕府の東国政策』（思文閣出版、二〇一四年）
中根正人　『常陸大掾氏と中世後期の東国〈戦国史研究叢書19〉』（岩田書院、二〇一九年）
則竹雄一　『古河公方と伊勢宗瑞〈動乱の東国史6〉』（吉川弘文館、二〇一三年）
平山　優　『戦史ドキュメント　川中島の戦い　上〈学研M文庫〉』（学習研究社、二〇〇二年）
峰岸純夫　『中世の東国　地域と権力』（東京大学出版会、一九八九年）
同　『新田岩松氏〈中世武士選書7〉』（戎光祥出版、二〇一一年）
同　『享徳の乱〈講談社選書メチエ661〉』（講談社、二〇一七年）
森田真一　『上杉顕定〈中世武士選書24〉』（戎光祥出版、二〇一四年）
山田邦明　『鎌倉府と関東』（校倉書房、一九九五年）
同　『享徳の乱と太田道灌〈敗者の日本史8〉』（吉川弘文館、二〇一五年）
湯山　学　『関東上杉氏の研究〈湯山学中世史論集1〉』（岩田書院、二〇〇九年）
同　『鎌倉府の研究〈湯山学中世史論集4〉』（岩田書院、二〇一一年）
『松陰私語〈史料纂集〉』（八木書店、二〇一一年）
『牛久市史　原始古代中世』（牛久市、二〇〇四年）
『茂木文書の世界』（茂木町まちなか文化交流館ふみの森もてぎ、二〇一九年）
『第92回企画展　関東戦国の大乱―享徳の乱、東国の30年戦争―』（群馬県立歴史博物館、二〇一一年）

新たな歴史的事実を解明——あとがきに代えて

享徳の乱については、いまだ謎が多い。この戦乱は関東の戦国時代の幕開けにあたるが、近年になって享徳の乱をタイトルにした博物館の展示や書籍が刊行されるようになってきた。少しずつではあるが、共通認識となってきているのだろう。しかし、具体的な動向や過程は十分に解明されておらず、その全貌を示すような書籍は刊行されていない。

享徳の乱は、康正元年（一四五五）から文明十五年（一四八三）まで関東を舞台にして展開された足かけ二十九年におよぶ長期の戦乱である。残された関係史料も多いとはいえず、多くは戦乱の一方の主役である古河公方・足利成氏が出した文書である。年号が記載されていない文書がほとんどで、年代を特定することが容易ではなく、そのため経緯を把握することが難しかった。

この戦乱は、鎌倉府が管轄した関東八ヶ国・伊豆を中心に、隣接する駿河・甲斐・信濃・越後・陸奥・出羽の勢力、さらには京都の室町幕府も関わる。そこで独自の地域抗争が行われ、それも少なからず関わりを持つため、それらを把握するのも容易ではない。各地域でも同じように関係史料が少なく断片的な動向しかわからない。そのため、享徳の乱との関わりについて十分に把握するのが難しい。

とはいえ、戦乱の動向を把握するうえでの中心的史料は、足利成氏の発給文書である。そして戦乱に関わった中心的な勢力は、関東の武家領主であった。戦乱の動向を把握するうえでは、まずはそれらの動向の解明が基本になる。これに関しては、足利成氏の無年号文書について、年代の特定が精密化され、年代特定ができないものについても年代の上限と下限がかなり明確になってきた。戦乱のもう一方の主役は、関東管領・山内上杉家とその同族の扇谷上杉家であるが、それらの動向についてはほぼ把握することができるようになっている。さらには戦乱が展開された地域のうち、研究が遅れていた房総・下野・常陸について、戦乱の動向が可能な限りで解明がすすんできている。

こうした状況から、ようやく享徳の乱について、その基本的な動向を把握することができる環境がみられるようになってきたといえ、そこで本書を刊行することにした。戦乱は、古河公方・足利成氏と、室町幕府、堀越公方・足利政知、関東管領・山内上杉家を代表とする上杉方勢力との抗争として展開されたが、その中核は、足利成氏と上杉方勢力との抗争であった。戦乱は足利成氏による関東管領・山内上杉憲忠の謀殺から出発しているとともに、足利成氏はこの戦乱をあくまでも上杉方勢力との抗争として認識しつづけていたのであった。

古河公方の前身である鎌倉公方足利氏と関東管領・山内上杉家の政治対決は、成氏の父持氏が幕府との戦争で滅亡した永享の乱（一四三八～三九）にさかのぼる。享徳の乱勃発の二十年近く前からのことであった。その後も、結城合戦（一四四〇～四一）では成氏の兄安王丸・春王丸の叛乱があり、成氏が鎌倉公方に就任したあとも江の島合戦（一四五〇）があった。永享の乱以来、鎌倉公方足利氏と上杉方勢力の政治対立は繰り返されていたのであった。享徳の乱勃発は、明らかにその延長に位置した。しかし本書においては、それらの前哨については取り上げない。それらについては、拙著『長尾景仲』、拙編『足利持氏とその時代』『足利成氏とその時代』を参照されたい。

本書では享徳の乱の基本的な動向を扱うものとし、そのため足利成氏と上杉方勢力との抗争の過程を中心にまとめた。これがこの戦乱の基本であるとともに、それがこれまでは十分に明らかにされていなかったからである。本書によってようやく、享徳の乱の基本的な動向を把握することができるようになろう。各地域の動向や隣接地域の動向も、その内容をもとにさらに解明が進展していくことになるであろう。

享徳の乱は、関東戦国史の幕開けにあたることから、その戦乱を通じて、室町社会から戦国社会への転換がすすんでいった。それは政治・文化・経済などあらゆる側面にわたった。享徳の乱を評価するということは、この社会転換の有り様を評価することである。本書では、政治動向を中心に取り上げたが、領主支配の性格の変化について触れるようにした。これによってこの戦乱を通じて、社会が転換していく様子を多少なりとも認識することができるであろう。

二〇二一年一月

黒田基樹

【著者略歴】

黒田基樹（くろだ・もとき）

1965年生まれ。

早稲田大学教育学部卒。駒沢大学大学院博士後期課程満期退学。

博士（日本史学、駒沢大学）。

現在、駿河台大学教授。

著書に、『長尾景仲』『図説 戦国北条氏と合戦』『太田道灌と長尾景春』『増補改訂 戦国大名と外様国衆』『戦国期関東動乱と大名・国衆』（いずれも戎光祥出版）、『戦国期山内上杉氏の研究』（岩田書院）、『戦国大名』（平凡社）、『戦国大名・伊勢宗瑞』（ＫＡＤＯＫＡＷＡ）、『北条氏綱』（ミネルヴァ書房）ほか多数。

編著に、『北条氏直』『上野岩松氏』『山内上杉氏』『鎌倉府発給文書の研究』『今川義元とその時代』（いずれも戎光祥出版）ほか多数。

図説《ずせつ》 享徳《きょうとく》の乱《らん》 **新視点《しんしてん》・新解釈《しんかいしゃく》で明《あ》かす 戦国最大《せんごくさいだい》の合戦《かっせん》クロニクル**

2021年4月1日　初版初刷発行
2022年3月1日　初版第2刷発行

著　者　黒田基樹
発行者　伊藤光祥
発行所　戎光祥出版株式会社
〒102-0083 東京都千代田区麹町1－7 相互半蔵門ビル8F
TEL：03-5275-3361（代表）　FAX：03-5275-3365
https://www.ebisukosyo.co.jp
印刷･製本　株式会社シナノパブリッシングプレス
装　　丁　堀 立明

※当社で撮影の画像の転載・借し出しにつきましては
当社編集部（03-5275-3362）までお問い合わせください。

ISBN：978-4-86403-382-4